Die 99 schönsten RADTOUREN für CAMPER

in Deutschlands Mitte und den Benelux-Ländern

Die 99 schönsten RADTOUREN für CAMPER

in Deutschlands Mitte
und den Benelux-Ländern

Impressum

1. Auflage 2022

Touren/Texte: Oliver Kockskämper, Köln

Titelfoto: © Sina Ettmer/AdobeStock; ewg3D/iStock; Wavebreakmedia/iStock

Fotos: Oliver Kockskämper (S. 87, 89, 103, 137, 145, 155, 157) sowie
© Schmallenberger Sauerland (S. 8, 11, 12, 15, 99), © Ralf Gervink/Pixabay (S. 19), © Michielverbeek/wikimedia (S. 21), © Huhu Uet/wikimedia (S. 23), © W_Bulach/wikimedia (S. 25), © djedj/Pixabay (S. 27, 32/33), © Zairon/wikimedia (S. 29), © Rob van der Vloed/Pixabay (S. 31), © Quistnix at Dutch/Wikipedia (S. 33 unten), © Henk Monster/wikimedia (S. 35), © Rolf Cosar/wikimedia (S. 37, 39), © Tuxyso/wikimedia (S. 41, 151), © zobby/Pixabay (S. 43), © Velvet/wikimedia (S. 45), © giggel/wikimedia (S. 47), © Sekau67/Pixabay (S. 49), © Thorsten de Jong/Pixabay (S. 51), © Bryan Tong Minh/wikimedia (S. 53 oben), © Kleon3/wikimedia (S. 53 unten), © Erich Westendarp/Pixabay (S. 55, 85), © Dietmar Rabich/wikimedia (S. 57, 83, 129), © Dominik Ketz/Tourismus NRW eV (S. 59, 67), © 19420761/Pixabay (S. 61), © Horst_J_Meuter/wikimedia (S. 63), © Carolus Ludovicus/wikimedia (S. 65), © Geolina/wikimedia (S. 69), © Thomas Max Müller/pixelio.de (S. 71), © Heribert Pohl/wikimedia (S. 73), © Frank Vincentz/ wikimedia (S. 75, 171), © Buendia22/wikimedia (S. 77), © DiAuras/wikimedia (S. 79), © Dominik Wesche/wikimedia (S. 81), © Grugerio/wikimedia (S. 91), © Tsungam/wikimedia (S. 93), © Ferienwelt Winterberg (S. 95), © Gimo61/wikimedia (S. 97), © Johannes Martin Conrad/wikimedia (S. 101), © Michielverbeek/wikimedia (S. 105), © Rolf Kranz/wikimedia (S. 107, 111), © Goi/Pixabay (S. 109), © Wolfgang Staudt/wikimedia (S. 113), © sophie duchesnet/Pixabay (S. 115), © PixHunter/wikimedia (S. 117), © Benh LIEU SONG/wikimedia (S. 119), © Tourist-Information Bitburg (S. 121 oben), © Colling-architektur/wikimedia (S. 121 unten), © Хрюша/wikimedia (S. 123), © Schweich/wikimedia (S. 125), © Trier Tourismus und Marketing GmbH/ CHRISTIAN MILLEN (S. 127), © Mag4music/wikimedia (S. 131), © fritz zühlke/pixelio.de (S. 133), © Gaby Stein/Pixabay (S. 135), © René Müller (S. 139), © Alexander Fox | PlaNet Fox/Pixabay (S. 141 oben und unten), © Oktobersonne/wikipedia (S. 143), © Klaus Peter Kappest (S. 147 oben), © HerrHofnarr/wikimedia (S. 147 unten), © Sfintu1/wikimedia (S. 149, 159), © Joerg Braukmann/wikimedia (S. 153), © pictavio/Pixabay (S. 161), © Wolkenkratzer/wikimedia (S. 163), © Valeri Koshelev/wikimedia (S. 165 oben), © Losch/wikimedia (S. 165 unten), © Nawi112/wikimedia (S. 167), © Christian Graef/wikimedia (S. 169), © Kuller Keks/Pixabay (S. 173), © B. Schmidt/Pixabay (S. 175), © neufal54/Pixabay (S. 177), © Clemensfranz/wikimedia (S. 179), © A Savin/wikimedia (S. 181), © Z thomas/wikimedia (S. 183), © Radler59/wikimedia (S. 185), © Joerg Blobelt/wikimedia (S. 187), © Eckehard Jagdmann/Pixabay (S. 189 oben), © Michael Wittwer/wikimedia (S. 189 unten), © RudolfSimon/wikimedia (S. 191), © lapping/Pixabay (S. 193, 194 oben, 205), © D689K/Wikipedia (S. 194 unten), © Stadtverwaltung Erfurt/Vitalik Guertler (S. 195), © Tobias Nordhausen – flickr.com (S. 197), © Steffen Schmitz/wikimedia (S. 199), © Ansgar Koreng/wikimedia (S. 201), © Krzysztof Golik/wikimedia (S. 203), © Dieter_G/Pixabay (S. 207), © User-Kolossos/wikimedia (S. 209), © Toni Paul/Pixabay (S. 211), © Daniel Bahrmann/Pixabay (S. 212), © Stephan M Hoehne/wikimedia (S. 215), © lohoyski/Pixabay (S. 217 rechts), © Peter Emrich/wikimedia (S. 217), © Julian Nyča/wikimedia (S. 219), © André Beer/Pixabay (S. 221 links, 223 oben), © Wolfgang Eckert/Pixabay (S. 221 rechts), © Stadt Burgkunstadt (S. 223 unten).

Buch- und Umschlaggestaltung: Horst Krückemeier, Bielefeld, www.hokrue.de

Kartografie: BVA BikeMedia

ISBN: 978-3-96990-107-6

Inhalt

Die 99 schönsten Radtouren für Camper in Deutschlands Mitte und den Benelux-Ländern

Niederlande

Nordrhein-Westfalen

Ob mit Familie, als Paar oder mit Freunden: Campen und Radeln sind die idealen Zutaten für den perfekten Urlaub!

Radeln und Campen – Naturgenuss pur!

Camping ist IN – und Radfahren ist IN! Und beides gehört schon fast zwangsläufig zusammen: Kaum ein Camper macht sich mit seinem Wohnmobil, Wohnwagen oder Zelt auf Reisen, ohne ein Fahrrad dabei zu haben. Der Grund liegt auf der Hand: Wenn wir einmal einen schönen Campingplatz oder einen schönen Stellplatz gefunden haben, können wir unsere mobile Unterkunft einfach dort stehen lassen und genießen die umliegende Region hautnah mit dem Fahrrad. Diese perfekte Symbiose hält uns fit, lässt uns die Gegend mit ganz anderen Sinnen wahrnehmen und schont natürlich auch die Umwelt.

Camper – so unterschiedlich und doch so gleich!

Die Campingbranche wächst in den letzten Jahren scheinbar unaufhörlich. Fast jedes Jahr werden neue Zulassungsrekorde bei neuen Wohnmobilen und Wohnwagen gemeldet. Die Bandbreite der rollenden Hotels wird dabei immer größer: Viele beginnen mit einem kleinen, gebrauchten Wohnwagen, steigen dann um auf einen neuen Wohnwagen mit deutlich mehr Komfort. Fünf bis acht Meter Aufbaulänge sind dabei meist der Standard und im Innern lassen Sitzgruppe, Küche, Badezimmer mit WC und Dusche sowie Betten mit Lattenrosten ein heimatliches Feeling aufkommen. Auf dem Campingplatz wird rasch das Vorzelt aufgebaut, das für üppige Platzverhältnisse sorgt.

Andere Camper steigen mit dem berühmten „Bulli" ein, bei dem die Sitzbänke mit wenigen Handgriff en zu Betten umfunktioniert werden können. Dem Platzangebot und dem Komfort sind gerade bei den Wohnmobilen nach oben keine Grenzen gesetzt: Vom praktischen ausgebauten Kastenwagen, der in der Stadt große Vorteile bietet, über Alkoven-Mobile, in denen wir über dem Fahrerhaus nächtigen, geht die Tendenz vielfach zu teilintegrierten Wohnmobilen. Hier wird

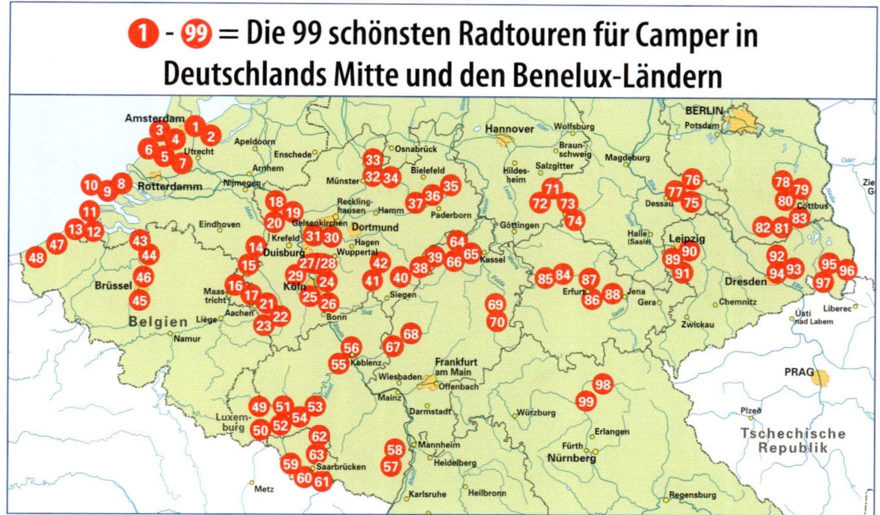

die Fahrerkabine geschickt in den Wohnraum integriert, an den sich eine geräumige Küche, Badezimmer mit allen Extras und ein einladendes Schlafzimmer anschließen. Die Krönung des mobilen Reisens sind die sogenannten „Liner", die gerne einmal die Ausmaße eines Reisebusses annehmen können. In diesem Luxus-Segment ist alles möglich: Ein Wohnzimmer, dass als „Slide-Out" zur Seite vergrößert werden kann, Badezimmer mit separater Dusche, Schlafzimmer mit Queensbett und einer Garage, in der oftmals ein ganzes Auto Platz findet. Sogar Spezialanfertigungen mit einer Dachterrasse oder einer Outdoor-Ausstattung für Wüstensafaris sind möglich. Schnell wird hier ein größerer sechsstelliger Betrag fällig.

Aber es gibt auch noch die Puristen unter den Campern, die auf der grünen Wiese ihr Zelt aufschlagen und die Heringe in den Boden bringen. Aber auch dabei gibt es inzwischen viele Varianten: Die einen sind mit wenigen Handgriffen fertig mit dem Aufbau: Dann steht das Wurf-, Trekking oder das Igluzelt. Wer´s etwas größer mag, baut das Familienzelt auf und noch eleganter geht's mit den „Faltern", die als kleiner Anhänger auch hinter weniger starken PKW gezogen werden. Mit wenigen Handgriffen erwächst daraus dann ein bis zu 40 qm großes Zelt mit Küche, Betten und anderen Extras.

Und nun kommt das ganz Besondere an der „Spezies Camper": Egal, ob er morgens aus dem kleinen Igluzelt krabbelt oder mit der Tasse Kaffee aus dem Vollautomaten vor seinem Luxusliner steht: Auf dem Campingplatz sind alle gleich – Statusdünkeln ist einem Camper völlig fremd! Und so kommen alle schnell miteinander ins Gespräch – sei es über das Wetter, die Ausstattung des Campingplatzes oder der nächste Tagesausflug. Soziale Interkation ohne eine Frage nach der Herkunft – das ist Camping!

Radeln und Campen

Und auch das eint die Camper: Viele haben ihr eigenes Fahrrad dabei: Auf dem Autodach, auf dem Anhänger, auf der Wohnwagendeichsel oder am Radträger am Heck des Wohnmobils.

Wer das eigene Rad nicht mitbringen mag, hat auf sehr vielen Campingplätzen oder zumindest in der näheren Umgebung die Möglichkeit, sich eines zu leihen. Alte Drahtesel wird man hier vergeblich suchen: Die Mieträder sind stets gut in Schuss und oftmals haben wir sogar die freie Auswahl: Trekking- oder Citybike, Mountainbike, Rennrad, E-Bike – für jeden Geschmack sollte sich da etwas finden lassen.

Damit die Symbiose aus Radeln und Campen perfekt gelingt, haben wir in diesem Buch ausschließlich Touren gewählt, die direkt an mindestens einem Campingplatz oder Wohnmobilstellplatz starten und an denen noch weitere Campingplätze liegen. Die meisten der Touren enden als Rundtour auch genau wieder dort, wo wir losgeradelt sind. Ab und an empfehlen wir Streckentouren, an deren Ende wir aber einfach in die Bahn steigen und uns zurück zum Camp bzw. zum Nachbarort zurückbringen lassen können.

Und noch etwas spricht für die Kombination aus Radeln und Campen: Die Camper wissen schon, wo es schön ist in dieser Republik. Aus dem Grunde ist es auch kein Zufall, dass unsere Radtouren in aller Regel in wunderschönen und touristisch bestens erschlossenen Regionen verlaufen.

Die Auswahl der Camps und der Touren

„Die 99 schönsten Radtouren für Camper in Deutschlands Mitte, Belgien, Luxemburg & den südlichen Niederlanden" möchten wir Ihnen hier vorstellen. Doch wonach sollten diese ausgewählt werden?

Ganz gleich, ob mit Zelt, Wohnwagen oder Wohnmobil – alle Camper haben eines gemeinsam: Sie reisen gerne, sehen den Weg schon als Ziel und scheuen auch weitere Entfernungen nicht.

Aus diesem Grunde haben wir uns entschlossen, das „Einzugsgebiet" für dieses Buch über die deutschen Landesgrenzen hinaus zu ziehen. Bei vielen deutschen Urlaubern stehen die Niederlande als Ziel seit vielen Jahren immer wieder im Fokus. Das ist auch kein Wunder, denn die Infrastruktur ist einfach perfekt: Es gibt vorzügliche Campingplätze, teils mit erstaunlichen Ausmaßen und Angeboten, aber auch kleine „Minicampings". Diese sind oft auf Bauernhöfen gelegen, verfügen über gute Sanitäreinrichtungen und verbreiten einen familiären Charme.

Wer „Ne" sagt, der muss auch „Be" und „Lux" sagen, denn alle drei „Beneluxländer" sind beliebte Urlaubsziele für deutsche Camper. Also werden wir auch in diesen beiden Ländern einige Tourenvorschläge für Sie bereithalten.

Unsere Tourenvorschläge beginnen in „DEM" Touristen-Mekka der Niederlande und zugleich in deren Hauptstadt: Amsterdam hat gleich mehrere Camps „vor der Türe", von denen aus wir uns ins Getümmel der Grachten stürzen und eine Flut an Sehenswertem genießen können. Nachdem wir uns die Umgebung der „blauen" Stadt Delft gewidmet haben, konzentrieren wir uns auf die Küsten und erkunden die Regionen um die äußerst beliebten Destinationen Renesse und Domburg. Das Grenzgebiet zu Deutschland ist ein Ziel für viele Wochenend-Ausflügler, daher zeigen wir Ihnen auch schöne Touren rund um Roermond, Venlo und Maastricht.

Der niederländische Süden grenzt direkt an Belgien und ist zugleich eine herrliche Urlaubsregion: Lange Sandstrände halten sich nicht an innereuropäische und nicht mehr wahrnehmbare Grenzen. Daher rollen wir unbeschwert von Nieuwfliet hinüber ins mondäne belgische Seebad Knokke-Heist. Hier beginnt die „Kust-Tram". Die längste Straßenbahn der Welt erschließt die gesamte Nordseeküste des Landes. Klar, dass wir uns das auch ansehen und gleich zwei Rundtouren um Bredene herum drehen. Deutlich städtischer geht es bei unseren kurzen, aber intensiven Touren in Antwerpen zu. Nachdem wir auch der hektischen, aber dennoch wunderschönen belgischen Hauptstadt Brüssel einen Besuch abgestattet haben, widmen wir uns dem südlichen Nachbarland Luxemburg. Hier touren wir um die gleichnamige Hauptstadt und erkunden das weniger bekannte Tal der Sauer.

Der Fokus des Buches liegt bei den Touren in der Mitte Deutschlands, die wir von West nach Ost erkunden. In Nordrhein-Westfalen dürfen natürlich die großen Städte wie Köln, Düsseldorf, Bonn, Aachen oder Münster nicht fehlen, die wir meist bequem und schnell mit dem Fahrrad vom Campingplatz aus erreichen. Auch der Niederrhein mit seinen ausgezeichneten Radwegen, das Ruhrgebiet mit seiner

Sogar in gebirgigen Regionen wie hier im Sauerland sind entspannte Touren für Jedermann möglich

Industriekultur, Ostwestfalen mit seinen teils mystischen Orten und das Sauerland mit seinen Talsperren und Sport-Zielen dürfen bei unserer Auswahl natürlich nicht fehlen.

„Weinseelige" Touren erwarten uns in Rheinland-Pfalz, wo wir entlang der Mosel und in der Pfalz zu herrlichen Rundtouren aufbrechen. Das Saarland bezaubert uns mit Historie an der Saar, erstaunt uns aber auch mit den Bergen rund um den Bostalsee.

„Bahntrassenradeln" ist in Hessen angesagt, wenn wir rund um Fulda unsere Kreise ziehen. Ganz anders sind die perfekt ausgebauten Strecken an der Lahn, die bereits mehrfach ausgezeichnet wurden und ebenso für Unterhaltung sorgen wie die Radrunden, die in Nordhessen auch für den ein oder anderen Schweißtropfen sorgen.

Das südliche Niedersachsen und das angrenzende Sachsen-Anhalt entführen uns in den wundervollen Harz, wo wir uns auf die Spuren der Hexen begeben. Die Lutherstadt Wittenberg allein ist schon Programm genug – bei unseren beiden Radtouren rund um das Ziel vieler Busgruppen lernen wir aber weitere, sehenswerte Ecken des Bundeslandes kennen.

Gurken, Kähne, Fließe, und ganz viel Grün erwarten uns bei gleich mehreren Rundtouren, die wir durch den Spreewald drehen – den Radius haben wir groß gewählt, so dass wir auch die alte Kutscherstadt Cottbus kennenlernen. Vor den Toren von Cottbus lernen wir auch das „neue Land" kennen, das sich nach dem Ende des Braunkohle-Tagebaus entwickelt.

Genau das können wir in Perfektion schon südlich von Leipzig erleben, denn hier lieferten die alten Löcher der Tagebaue eine Grundlage für eine Seenlandschaft, die Urlaubsfeeling pur verspricht.

Nachdem wir uns Sachsens Highlights in Dresden und im Elbsandsteingebirge angesehen haben, geht's noch ganz weit in den Osten. Hier radeln wir auf bekannten Fernradwegen und entdecken die geschichtsträchtigen Städte Bautzen und Görlitz.

Thüringen lockt uns mit reichlich Kultur und Historie nach Erfurt und Weimar, bevor wir uns im Naturpark Hainich auf die Suche nach einer der scheuen Wildkatzen begeben. Und direkt an Thüringen grenzend ist das Bundesland Bayern, dem wir auch noch zwei Besuche abstatten und uns in Bamberg und Coburg in längst vergangene Zeiten begeben.

Sie sehen: Die Möglichkeiten für Radtouren ist in der Mitte Deutschlands und den BeNeLux-Ländern ungemein groß – da fiel die Auswahl nicht wirklich leicht!

Die Auswahl der Camping- oder Wohnmobilstellplätze fiel mindestens genauso schwer.

„... im Frühtau zu Rade..."

desland absolute Hot-Spots für Touristen gibt. Und an denen gibt es dann freilich auch eine entsprechende Infrastruktur, die nicht nur Hotels und Ferienwohnungen, sondern auch Camping- und Wohnmobilstellplätze umfasst. Nicht zuletzt haben die Städte und Gemeinden auch erkannt, dass Camper eine durchaus solvente Kundschaft darstellen: Sie genießen die Sehenswürdigkeiten genauso wie die kulinarischen Genüsse und bescheren den Betrieben vor Ort lukrative Einnahmen.

Auf eine ausführliche Auflistung aller Camps verzichten wir ganz bewusst, denn zum einen würde das den Umfang des Buches sprengen, zum anderen gibt es in unserer schnelllebigen Zeit immer wieder Camps die neu öffnen oder schließen. Ein Blick ins Internet oder ein Anruf bei den regionalen Touristeninformationen bringen hier Klarheit.

Zum Abschluss noch ein ganz wichtiger Hinweis: Klar, wir haben unser eigenes Bett dabei. Dennoch ist es auf vielen Camps unerlässlich, rechtzeitig einen Stellplatz zu reservieren. Das gilt sowohl für die Camping- als auch für die Wohnmobilstellplätze. Und das gilt für das ganze Jahr, denn in den Schulferien sind die Anlagen ohnehin sehr voll. Außerhalb dieser Zeiten kommen aber dann gerne die „nicht mehr schulpflichtigen Cam-

Denn da, wo es schön ist, gibt es auch reichlich Möglichkeiten für uns Camper, den perfekten Stellplatz zu finden. Erstklassige und mehrfach prämierte Plätze sind in den besuchten Regionen wahrlich kein Mangel, und daher ist die Auswahl letztendlich eine willkürliche Wahl – gleich um die Ecke des beschriebenen Platzes kann es durchaus einen ebenso guten oder vielleicht sogar besseren Platz geben. Aber genau dafür geben wir im Infoblock Hinweise auf Alternativen entlang der Strecke.

Bei genauem Hinsehen stellen wir aber fest, dass es in jedem Land bzw. in jedem Bun-

per". Auch zu bestimmten Anlässen wie Weinlesen, Stadtfesten, Festivals etc. wird es sehr schnell voll auf den Anlagen.

Dieses Buch

Dieses Buch soll Ihnen „Appetit" machen auf die Kombination von Campen und Radfahren. Wir haben versucht, die schönsten Radwege Deutschlands rund um besondere Camping- und Wohnmobilstellplätzen ausfindig zu machen und sie anhand einer Kurzbeschreibung darzustellen. Dabei wurde versucht, einen Spagat gleich in mehrere Richtungen hinzubekommen: Klar, besonders schön sollten sie in jedem Falle sein – wenn das Buch schon diesen Titel trägt! Familienfreundlichkeit stand ebenfalls an oberer Stelle der Auswahlkriterien.

Zudem sollte aber auch eine einigermaßen gleichmäßige Verteilung der vorgestellten Touren in Deutschland erfolgen. Ihnen hat die Beschreibung Appetit auf mehr gemacht? Sehr schön – der BVA BikeMedia Verlag hält zu allen in diesem Buch beschriebenen Touren umfangreiches Material bereit. Mit ADFC-Regionalkarten, mit BVA - Radwanderkarten und Spiralo-Karten, in denen ausführliche touristische Informationen enthalten sind, dürfte die Streckenfindung kein Problem sein.

Zusätzlich haben Sie die Möglichkeit, die in diesem Buch als Kartentipp ausgewiesenen ADFC-Regionalkarten auch als App für Ihr Smartphone oder Tablet zu erwerben – inklusive GPS-Positionsanzeige und der Möglichkeit, GPX-Tracks zu importieren und aufzuzeichnen. Zu finden ist dies unter **http://www.fahrrad-buecher-karten.de/rk-digital**.

Weiteres Überblickswissen zu unserem Pedal-Hobby liefern die Sammelwerke wie z.B. „Die 75 schönsten Urlaubstouren Deutschlands", „Die 44 schönsten Wochenendtouren Deutschlands"; „Die 55 schönsten E-Bike-Touren Deutschlands", „Die 50 schönsten Radfernwege Deutschlands" und „Die 33 schönsten Flussradwege Deutschlands", „Die 111 schönsten Radtouren Deutschlands", oder „Die 50 schönsten Bahntrassen-Radwege Deutschlands".

Für eine schnelle Orientierung und Einstufung dienen die Infokästen zu Beginn jeder Beschreibung – wir haben sie „CamperTourenInfo" getauft. Hier finden Sie die wesentlichen Eckpunkte zu jeder Tour, wie z.B. Distanz, Wegbeschaffenheit, Hinweise auf Steigungen, Beschilderungen sowie Start- und Zielpunkt. Auf den meisten Strecken gibt es nur wenige Probleme, den rechten Weg zu finden. Wenn es komplizierter wurde, haben wir die Beschreibungen etwas genauer gestaltet. Auf eine allzu detaillierte Streckenbeschreibung wurde aus Platzgründen aber verzichtet.

Bei den meisten Radwegen ist zudem die Beschilderung so perfekt, dass man sich kaum verfransen kann. Eine gute Radkarte im Maßstab 1:75.000 (z.B. die ADFC-Regionalkarte des BVA) gehört aber immer ins Reisegepäck. Ein Hinweis ist besonders wichtig: Bitte betrachten Sie diese Distanz-Angaben als grobe Orientierung für Ihre Tour! Ein paar „Schlenker" zu Sehenswürdigkeiten, ein Abstecher in Innenstädte, einmal „verfahren" oder andere Kleinigkeiten führen schnell zu einer Abweichung der eigenen gefahrenen Kilometer.

Zu Gunsten der Übersicht ist jede Tour auf zwei Seiten reduziert. Die abgebildete Karte wird Ihnen im Zusammenspiel mit der in Blau gedruckten Streckenbeschreibung helfen, sich vor Ort zurecht zu finden. Ausführlicher werden die Sehenswürdigkeiten beschrieben – denn wir radeln ja nicht (nur) des Radelns wegen, sondern um die Gegend kennen zu lernen. Die Tipps weisen den Weg zu ausgefalleneren Attraktionen, die wir eventuell verpassen würden, weil sie etwas abseits liegen, nicht beschildert oder einfach wenig bekannt sind.

Der Spaß am Radfahren

„Mit dem Auto erlebt man Land und Leute wie im Kino, auf dem Rad ist man mittendrin und erfährt unzählige schöne Augenblicke und kleine Abenteuer" – diese Schwärmerei eines erfahrenen Reiseradlers trifft es auf den Punkt: Radfahren ist DIE Möglichkeit, unabhängig und frei von Ort zu Ort zu fahren und an den herrlichsten Stellen zu rasten. Wir lassen den hektischen Alltag, das Verkehrschaos der Städte hinter uns und genießen die Individualität der Freizeit. Selbst die vermeintlichen Nachteile des Radfahrens bzw. eines Radurlaubes erweisen sich, wenn wir ehrlich darüber nachdenken, als Vorteile: Die Möglichkeit, bei einem Regenschauer pudelnass zu werden oder bei Hitze den Schweiß über den Körper rinnen zu fühlen, lässt uns das Wetter viel intensiver wahrnehmen als beim Blick aus dem Fenster.

Mit Kindern radeln

Die meisten der beschriebenen Radwege sind wie geschaffen für Familien mit Kindern. Im Infoblock wird darauf hingewiesen, wenn viele Steigungen oder Straßen dagegen sprechen würden. Meist rollen wir auf breit ausgebauten Radwegen mit besten Fahrbahnuntergründen und nahezu keinem Straßenverkehr. Wenn der Nachwuchs selbst radelt, ist zu beachten, dass kleinere Kinder nicht auf Straßen, sondern auf dem Bürgersteig fahren müssen. Zwar sind die Touren mühelos auch mit kleineren Kindern zu bewältigen, doch verlangt der Nachwuchs auch nach anderen Beschäftigungsmöglichkeiten. Dies gilt vor allem dann, wenn Kleinkinder in entsprechenden Sitzen oder in einem Anhänger transportiert werden. Vergessen Sie niemals, die Kinder auf diesen Mitfahrgelegenheiten entsprechend zu sichern – der Helm dürfte ebenso selbstverständlich sein wie die Gurte. Vor allem in den Mitfahrgelegenheiten können sich die Kleinen nicht ausreichend bewegen, was bei niedrigen Temperaturen auch zu Unterkühlung führen kann – häufigere Pausen sind also angesagt!

In vielen Orten liegen immer wieder gut ausgestattete Spielplätze direkt am Wegesrand. Pausen werden ohnehin eingelegt, warum also nicht gleich hier? Aber es gibt noch viel mehr zu entdecken: Interessante alte Orte, die Spuren unserer Vorfahren, historische Technik und regionale Lebensarten in Museen, Tiere in Parks und Zoos und natürlich Badespaß in den Frei- und Hallenbädern der Region. Auf viele dieser Aktivitäten wird im Buch hingewiesen.

Beachten Sie auch, dass die Räder deutlich kleiner, oftmals auch einfacher ausgestattet sind. Weshalb diese Binsenweisheit? Nun, nicht selten werden Familien gesichtet, bei denen die Eltern mit 26´´-Mountainbikes oder 28´´-Tourenrädern und einer 21-Gang-Schaltung vorweg brausen und die Kinder auf ihren kleinen Rädern mit Dreigang-Schaltung hinterher hecheln. Hier ist der Ärger vorprogrammiert. Und genau den wollen wir ja mit diesem Familienausflug vermeiden! Sie werden sehen: Wenn wir auf die Kinder eingehen, werden diese schnell Spaß an der sportlichen Betätigung mit Mama und Papa an der frischen Luft finden.

Die beste Reisezeit

Unsere Radwege können ganzjährig gefahren werden, wobei der Winter eher selten die Wahl sein dürfte. In einigen Mittelgebirgs- oder Voralpenregionen könnte es zudem auch Probleme mit der Witterung geben. Ab Beginn des Frühlings kommt man vielfach bereits in den Genuss unseres milden Klimas – in den höher gelegenen Regionen und am stürmischen Meer kann es allerdings noch „frisch" werden. Dennoch ist der Frühling eine der optimalen Reisezeiten, vor allem wegen der nachstehenden Umstände: Im Sommer gibt es Wettergarantie. Es kann mitunter recht heiß werden, vor allem, wenn wir durch enge Täler radeln. Ein Nachteil der Sommer-Radeltour ist sicherlich, dass wir nun wahrlich nicht alleine unterwegs sind.

Es macht nur noch wenig Vergnügen, wenn wir ständig Acht geben müssen, uns nicht aus den Augen zu verlieren und mit keinem zu kollidieren. Der entspannte Plausch entfällt dann auch, denn nebeneinander radeln können Sie zur „Rushhour" getrost vergessen. Und gerade das ist ein unbestrittener Vorteil der Bahntrassen-Radwege. Daher der Tipp: Im Sommer auf die Wochentage ausweichen und an den Wochenenden auf die touristisch weniger überlaufenen Wege auswei-

Wo fahren wir heute hin? Unser rollendes Heim wartet hier auf uns.

chen – in diesem Buch werden Sie dafür reichlich „Stoff" finden.

Der Herbst ist als Radelzeit beliebt und empfehlenswert zugleich. Die Wege sind lange nicht mehr so überladen, die Temperaturen sind im „goldenen Herbst" zumeist ideal. In vielen Orten finden – wie schon im Mai / Juni – nach Ausklang der Sommerferien Feste statt, was unsere Touren noch kurzweiliger ausfallen lässt. Besonders beliebt sind Stadtfeste, Märkte, Schützenfeste, Kirchweihfeste und in den Weinregionen natürlich die unzähligen Weinfeste.

Doch Vorsicht: Auch auf dem Rad wird die Fahrtüchtigkeit durch den Genuss von Alkohol erheblich eingeschränkt. Nicht verschwiegen werden darf, dass im Herbst auch die Zeit der organisierten Reisen gekommen ist. So ist es z.B. nicht gerade einem entspannten Stadtbesuch zuträglich, wenn gerade mehrere Reisebusse ihre Ladung über den Ort ergossen haben.

Der Rat zum Rad

Die beschriebenen Touren stellen keine besonderen Ansprüche an Mensch und Material. Für längere Strecken, mit Gepäck oder bei gelegentlichen Steigungen ist es allerdings angenehm, ein paar mehr Gänge zur Verfügung zu haben. Wichtiger noch als die Anzahl der Gänge ist die Robustheit des Rades – was nützen die Gänge, wenn alle paar Kilometer Reparaturen vorgenommen werden müssen?

In den meisten größeren Städten, die wir tangieren, gibt es zwar Rad-Werkstätten, doch eine Panne tritt „bestimmt" während deren Mittagspause, nach Geschäftsschluss oder am Wochenende auf. Dass sich das Fahrrad in verkehrssicherem Zustand befindet, sollte Voraussetzung für jede Radeltour sein. Dazu gehören z.B. intakte Bremsen und Reifen, geschmierte Kette, Beleuchtung, Reflektoren, Schutzbleche, etc. Vor dem Fahrtantritt sollten Sie Ihr Fahrrad kurz durchchecken – es kostet Sie vor der Fahrt gerade einmal 5 Minuten, eine Panne kann den ganzen Tag kaputt machen. Hier die einfachen Handgriffe:

- Vorder- und Hinterrad abwechselnd vom Boden heben und daran rütteln bzw. seitlich wackeln, um festen Sitz und Lagerspiel zu testen
- Am Sattel drehen und ziehen – er muss absolut fest sitzen
- Kontrollieren, ob die Schnellverschlüsse der Bremsen geschlossen sind, ferner, ob die Bremshebel sich nicht bis zum Lenker ziehen lassen und selbständig zurückgehen

- Die Bremsbeläge auf Verschleiß prüfen
- Vorderbremse ziehen und das Rad nach vorne schieben, um das Steuerlager auf Spiel zu testen
- Durchtesten aller Gänge im Reparaturständer
- Luftdruck in den Reifen prüfen

Wenn es bei aller Vorbereitung doch zur Panne kommt, muss folgendes Bordwerkzeug mitgeführt werden:

Faltdecke (»Mantel«)	☐
Schläuche	☐
Pumpe	☐
Inbusschlüsselsatz	☐
Nippeldreher	☐
Ventilverlängerung	☐
Öl	☐
Deckenheber	☐
Flicken	☐
Gummilösung	☐
Flickzeug	☐

Noch ein Tipp zu diesem Thema: lassen Sie sich doch einfach von der Werkstatt Ihres Vertrauens mit den wichtigsten Handgriffen vertraut machen.

Und ein ganz wichtiger Hinweis noch: Hoffen wir, dass Sie es niemals brauchen, aber ein kleines Erste-Hilfe-Täschchen gehört IMMER ins Gepäck, auch bei jedem noch so kleinen Ausflug.

Bekleidung

Ein Blick in die Textilecke des Fahrradladens reicht aus, um zu erkennen: Das Angebot der Fahrradbekleidung ist unüberschaubar! Seit einigen Jahren bieten auch Discount-Märkte rechtzeitig zur Saison entsprechende Artikel an. Was Sie wählen, hängt nicht zuletzt auch von Geschmack und Geldbeutel ab, doch unbedingt zu empfehlen ist folgende Ausstattung:

- Helm (absolut unverzichtbar!)
- Radhose in kurzer und langer Version
- Radtrikot in kurzer und langer Version
- Handschuhe
- Radbrille (gegen UV-Strahlung und Insekten)
- Leichte, faltbare Regenjacke / -hose

Darüber hinaus gibt es weitere sinnvolle Accessoires, wie z.B. Funktionsunterwäsche, Radschuhe (mit Klickplättchen gegen das Abrutschen von den Pedalen), Windweste, Armlinge und Beinlinge.

Das braucht der Mensch: Essen und Trinken

Viele der im Buch vorgestellten Regionen stellen alles andere als touristisches Entwicklungsland dar. Vielmehr lebt häufig ein Großteil der Bevölkerung vom Geld der Besucher. Die Verpflegung ist aber auch in den eher ländlichen Gebieten kein Problem – in jedem größeren Ort gibt es Einkehr- und Einkaufsmöglichkeiten. Das Angebot reicht von Hausmannskost in rustikalem Ambiente bis zum Nobelrestaurant.

Nicht versäumen sollten Sie den Besuch der für die Region typischen Gaststätten, um die kulinarischen Genüsse der Gegend kennen zu lernen – nicht selten speist man hier sogar noch günstiger.

GPS

Immer mehr Freizeitradler nutzen die Vorteile der elektronischen Medien. Internet und GPS-Geräte gehören bei vielen schon zum Standard, wenn es darum geht, eine Fahrradtour vorzubereiten. So können die Touren präzise am PC bzw. am Notebook geplant und jeder Weg gefunden werden. Je exakter die Klicks im Internet, umso genauer das Ergebnis für die Länge der Tour und das passende Höhenprofil. Böse Überraschungen können so deutlich minimiert werden – und das alles, ohne jemals vorher da gewesen zu sein.

Auch für dieses Buch möchten wir Ihnen als zusätzliche Hilfestellung die Nutzung auf ihrem GPS-Gerät anbieten: Für jede der

Zeichenerklärung

Radrouten

Radroute

benachbarte Route

Fähre für Radfahrer

Straßen

Autobahn

Fernstraße

Hauptstraße

Nebenstraße

Sonstige Straße

Bahnen

Bahnlinie mit Bahnhof

Gewässer

See

Strom

Fluss

Sonstige Objekte

Campingplatz (in Auswahl)

Wohnmobilstellplatz (Auswahl)

Sehenswürdigkeit

Flughafen, Flugplatz

Flächen

Bebauung

Industriegebiet

Wald

Park

Freifläche

Weinberg

Sperrgebiet

Grenzen

Staatsgrenze

In den Tourenkarten stecken viele nützliche Radler-Infos, die als Signaturen dargestellt werden. Bitte benutzen Sie diese Legende, um die Signaturen zu »entschlüsseln«.

im Buch aufgeführten Touren finden Sie auf unserer Internetseite entsprechende Track-Daten für Ihr Mobilgerät. Mit Hilfe des Zugangscodes **CAMPM-01-107-561-RF** stehen Ihnen die Daten auf der Seite **www.fahrrad-buecher-karten.de/gps-tracks** kostenlos zum Download zur Verfügung.

Helfen Sie mit!

Die in diesem Buch enthaltenen Informationen wurden sorgfältig nach bestem Wissen und Gewissen zusammengetragen. Dennoch gibt es in unserer schnelllebigen Zeit ständig Veränderungen: Straßennamen und Wegführungen werden verändert, ebenso Anschriften und Öffnungszeiten. Helfen Sie uns mit, dieses Buch ständig aktuell zu halten, in dem Sie uns etwaige Änderungen unter karten@bva-bikemedia.de mitteilen. Unser Dank ist Ihnen so gewiss wie der Dank der anderen Leser!

Zum Abschluss bleibt nur noch eines:
VIEL SPASS BEIM RADELN!

1 Viel zu viel zu sehen für nur einen Urlaub

Von **Amsterdam-Zeeburg** über Amsterdam-Mitte

CamperTouren Info

ca. 18 km ohne Abstecher, regionale Radweg-Beschilderung sowie teils Beschilderung als Radfernweg LF7 und LF Zuiderzeeroute. Keine größeren Steigungen. Die Route führt meist über separate Radwege, einige Passagen auf losem Untergrund.

Start / Ziel: Camping Zeeburg Amsterdam, www.campingzeeburg.de

Auswahl weiterer Camps entlang der Strecke: Camping Vliegenbos

In kaum einer anderen europäischen Stadt vergnügen sich so viele Touristen wie in Amsterdam. Auch wenn das Radeln in der quirligen Großstadt gute Nerven erfordert: Dem Charme Amsterdams erliegen wir schon nach wenigen Minuten.

Perfekter können wir nicht residieren, wenn wir uns auf Entdeckungstour in Amsterdam begeben wollen, denn unser „**Campingplatz Zeeburg Amsterdam**" liegt in direkter Nähe zur Innenstadt – und doch herrlich idyllisch im Grünen und am Wasser. In rund 15 Minuten sind wir mit den Rädern in der City, die Bahn verkehrt im 5-Minuten-Takt.

Los geht's an der Ausfahrt unseres Campingplatzes, die wir nach rechts auf dem Zuider Ijdijk verlassen, um unter der Brücke her zu radeln. Hinter der Rechtskurve noch vor der Brücke links, ehe wir nach rechts die Schnellstraße queren, um neben dieser links über die Brücke zu rollen. Nachdem wir das Wasser überquert haben links und weiter entlang dem Schellingwouderdijk. In der Linkskurve geradeaus, nach einigem Schlängeln auf den Nieuwendammerdijk, dem wir einige Kilometer folgen. An der Auffahrt zur mehrspurigen Straße vorbei, dann rechts über den Kanal und dahinter direkt links. Nun geht's auf dem LF7 geradewegs zur Fähre und mit dieser hinüber zum Knotenpunkt 5 und zum Hauptbahnhof.

Wir beginnen unsere Amsterdam-Tour auf dem weniger besuchten Ufer der Ij. Die ehemaligen **Werften** sind die Heimat vieler kreativer Köpfe geworden, zudem gibt es spektakuläre Neubauten zu sehen, wie das **A´dam Toren mit Europas höchster Schaukel**. Ganz in der Nähe steht der „weiße Wal". Im Innern dieses außergewöhnlichen Gebäudes ist das **EYE Filminstitut** untergebracht, in dem die Historie des Films nachgezeichnet wird.

Weiter geht´s vom Hauptbahnhof, den wir den Schildern Richtung Knotenpunkt 56 folgend durch die Innenstadt hindurch verlas-

Grachten, Brücken, historische Häuser - so sieht Amsterdam an jeder Ecke aus!

sen, wobei wir um den Bahnhof herum und dann entlang der Geldersekade radeln. Die Radschilder führen uns über mehrere Brücken und entlang der Amstel. Vor der Brücke am Youseum rechts, dann über den Kanal und links direkt am Kanal entlang über den Ringdijk zum Knotenpunkt 54. Hier links der LF Zuiderzeeroute folgen. Die bringt uns zu jener Brücke, an der auf der anderen Seite unser Camp liegt.

Der Tourentitel ist bewusst gewählt: Über **8.000 Baudenkmäler**, **90 Inseln**, die von **160 Grachten** umflossen und mit mehr als **1.000 Brücken** verbunden werden, machen Amsterdam vielfältig und absolut einzigartig. Die alten **Grachtenhäuser** sind meist sehr schmal, was an der damaligen zu zahlenden Abgabe lag. Daher sind die Treppen äußerst eng, so dass die Möbel meist von außen über Flaschenzüge hinein bugsiert werden müssen.

Tipp: Die vermutlich schönsten und berühmtesten Grachten sind **Heren-, Keizers- und Prinsengracht**, die zum geschützten Grachtengürtel gehören. Die Häuser daneben ruhen auf **Pfählen**, die bis zu 18 m tief durch Schlamm und Moor in den Sand getrieben wurden. Nicht nur auf den drei genannten Grachten dümpeln **hunderte von Hausbooten**, die bei einer Fahrt mit dem Ausflugsboot aus einer ganz besonderen Perspektive zu betrachten sind.

Allein die Sehenswürdigkeiten in der Innenstadt zu beschreiben, würde ein ganzes Buch füllen. Daher heißt es einfach: Sich durch die Gassen treiben lassen, dabei auf einem der zahlreichen Märkte der Stadt nach Ausgefallenem stöbern und staunen. Denn hinter jeder Ecke entdecken wir etwas Aufregendes, wie z.B. das **Koninklijk Palais** oder die **Oude Kerk** die mitten im Rotlichtviertel steht. Auf alle Fälle gibt es genug Gelegenheiten, uns zu einem Tässchen Kaffee niederzulassen, um die ganze Szenerie auf uns wirken zu lassen.

Kartentipp:
ADFC-Regionalkarte Nord-Holland/Amsterdam,
1:75.000, ISBN 978-3-96990-008-6, € 9,95
Digital für Smartphones und Tablets:
www.fahrrad-buecher-karten.de/rk-digital

2 Amsterdamer Vororte – mehr als nur Wohnungen

Von **Amsterdam** über Amstelveen

CamperTouren Info

ca. 19 km ohne Abstecher, regionale Radweg-Beschilderung sowie teils Beschilderung als Fernradweg LF Zuiderzeeroute. Keine größeren Steigungen. Die Route führt meist über separate Radwege, einige Passagen auf losem Untergrund.

Start / Ziel: Camping Zeeburg Amsterdam, www.campingzeeburg.de

Auswahl weiterer Camps entlang der Strecke: Camping Amsterdam Forrest, Camping Amsterdam Gaasper

Kaum haben wir das Stadtgebiet Amsterdams verlassen, erwartet uns ländliche Idylle mit blumengeschmückten Klinkerhäusern, großen und kleinen Kanälen mit weißen Klappbrücken.

Wer sein mobiles Heim nicht mit vor die Tore der Großstadt bringen möchte, ist dennoch auf unserem Camp richtig, denn hier können wir ganz besondere Unterkünfte mieten: **Knallig-bunt** lackierte **Holzunterkünfte**, teils direkt am Wasser stehend, stehen zur Verfügung. Nicht minder bunt gestaltet sind übrigens das **Hauptgebäude** und die Sanitäranlagen – da kommt direkt gute Laune auf!

Los geht's an der Ausfahrt unseres Campingplatzes, die wir nach rechts und links über die Brücke hinweg verlassen, um dann wieder links zu fahren. Bei Knotenpunkt 54 links (Richtung Knotenpunkt 56) und dann immer am Kanal entlang, wobei die Straße zunächst Ooster Ringdijk und nach Querung der Bahnschienen Ringdijk heißt. Beim Youseum treffen wir auf die Amstel, deren Ufer wir links den Schildern über Knotenpunkt 50 zur 61 folgend nach bis Amstelveen begleiten.

Amstelveen ist ein wunderschöner, ruhiger Vorort mit einer Mischung aus moderner und historischer Bebauung. Vor allem die kleinen **Klinkerhäuser** mit dem bunten Blumenschmuck geben schöne Fotomotive ab. Es gibt mehrere Parks, von denen der **Amsterdamse Bos** sicherlich der schönste ist. Auf den vielen Wasserläufen wurde auch eine **Regattastrecke** angelegt.

„Das könnte klappen" – die weißen Klappbrücken von Ouderkerk

Weiter geht´s von Amstelveen, wo wir an Schild 62 vorbei nach Ouderkerk rollen. Hier verlassen wir das Kanalufer nach links auf dem Middenweg. Vor der Autobahn rechts, wenig später mit dem Meibergpad links über die Autobahn hinweg. Bei den Schildern 63 und 64 geradeaus, gegen den Uhrzeigersinn um den See herum, an der Querstraße rechts, bei Knoten 65 geradeaus über den Kanal und mit einer S-Kurve zur 43. Wir fahren wieder am Kanalufer entlang, dem wir bis hinter der Autobahn folgen. Hier rechts, bei Knoten 15 links und mit dem LF Zuiderzeeroute wieder zurück zum Camp.

Wir tangieren die Ortschaften Ouderkerk, Driemond und Overdiemen, die einen richtig ländlichen Charme entfalten. Hier entdecken wir viel Grün an den **Kanälen**, markante **Kirchen** direkt am Wasser, weiß getünchte **Klappbrücken** und vor allem viele, tiefenentspannte und freundliche Menschen.

Am Ende der entspannten Tour bleibt vielleicht noch Zeit für einen Abstecher in die Innenstadt Amsterdams, um sich das eine oder andere **Museum** anzusehen.

Tipp: Auf dem Pflichtprogramm eines jeden Amsterdam-Aufenthalts steht ein Besuch im **Anne-Frank-Haus**. Beeindruckt sehen wir die kleine Kammer, in dem das dramatische Tagebuch des Mädchens entstand. Die furchtbare Geschichte wurde in 60 Sprachen übersetzt in der Hoffnung, dass sich so etwas niemals wiederholen wird.

Die Auswahl an Museen ist unglaublich: Neben dem international bekannten und stets gut besuchten **Rijksmuseum** können wir z.B. wählen wischen Tulip Museum, Cheese Museum, **Rembrandthuis**, van Gogh Museum, Amsterdam Museum, **Madame Tussauds**, Woonboot Museum, Bijbles Museum oder dem Tropenmuseum. Mal etwas völlig anderes sind beispielsweise die Exponate im **Hash- Marihuana & Hemp Museum**, im Sexmuseum oder in der **Heineken Experience**, die Bezug auf das leckere Bier nimmt. Noch hochprozentiger wird's dann im **House of Bols**, das uns in die Welt der Liköre entführt.

Kartentipp:
ADFC-Regionalkarte Nord-Holland/Amsterdam,
1:75.000, ISBN 978-3-96990-008-6, € 9,95
Digital für Smartphones und Tablets:
www.fahrrad-buecher-karten.de/rk-digital

3 Blumenbadeort Europas

Von **Wassenaar** über Noordwijk

CamperTouren Info

ca. 43 km ohne Abstecher, regionale Radweg-Beschilderung sowie Beschilderung als Fernradweg LF Kustroute. Keine größeren Steigungen. Die Route führt meist über separate Radwege, einige Passagen auf losem Untergrund.

Start / Ziel: Duinrell Ferienpark, www.duinrell.de

Auswahl weiterer Camps entlang der Strecke: Camping De Zuiduinen, Molecatenpark Noordduinen, At Camp Good Hope, Buitenplaats de Strandwal, Camping de Duinpan, Camping „de Wulp", Camping Oase Warmond

Wir campieren mitten in einem Abenteuerpark mit rasanten Fahrgeschäften, Tikibad und vielem mehr. Da fällt es echt schwer, sich auf die Bikes zu schwingen. Doch kaum angekommen, verzaubert uns die wunderschöne Küste mit ihren mondänen Seebädern.

So einen Platz finden wir wirklich nicht überall, denn genau genommen haben wir in dem riesigen **Freizeitpark Duinrell** die Wahl zwischen 12 unterschiedlichen Campingplätzen. Hier stehen wir mit Privatsanitär auf dem Stellplatz, dort klar gegliedert unter prächtigen Bäumen und andernorts in einer Nische zwischen hohen Hecken.

Los geht's am Knotenpunkt 47, direkt an unserem Campingplatz, den wir parallel zur Storm van ´s-Gravesandeweg nach links verlassen, um an der nächsten Kreuzung auf den Katwijkseweg wieder links abzubiegen. Bei Knoten 43 geradeaus. Beim Knotenpunkt 41 erreichen wir den Fernradweg LF Kustroute, den wir nach rechts folgen. Dieser folgt der Küstenlinie und geleitet uns über die Punkte 97, 63, 22, 32, 43 und 42 durch Katwijk aan Zee und Noordwijk aan Zee nach Noordwijkerhout.

Der 5 km lange **Strand** machte aus dem kleinen Fischerdorf Katwijk aan Zee einen beliebten Urlaubsort. Der Ortsteil „Katwijk am Rhijn" wird, wie der Name schon sagt, vom Rhein durchzogen. Damit alles trocken bleibt, wurden an der See mächtige **Schleusen** errichtet. Schön anzusehen ist der weiße **Leuchtturm**, der mit dem nicht minder weißen **Turm** der Kirche um die Wette strahlt. In der **Kinderboerdereij de Wilbert** können Kinder auf Tuchfühlung mit Ziegen und anderen Tieren gehen.

Tipp: Von Noordwijkerhout (Knotenpunkt 43) aus können wir dem LF Kustroute noch ein Stück weiter folgen und kommen am **Naturschutzgebiet Amsterdamse Waterleidingduinen** vorbei. Die von Wander-

„Windlust" – passender kann der Name einer Windmühle nicht sein!

wegen durchzogenen Sanddünen bieten einen Rückzugsort für verschiedene Wildtiere. Noch ein Stück weiter an der Küste entlang liegt Zandvoort. In die Nummer 2 der beliebtesten niederländischen **Badeorte** kommen seit dem 19. Jh. Kurgäste, unter ihnen Österreichs Kaiserin „Sissi". Die kleine **Fußgängerzone** mit Cafés und Biergärten zieht sich bis zum 15 km langen **Strand**. Seinen Verlauf begleitet eine **Promenade** mit Casino, Beachclubs und Strandcafés. Herrlich ist es, hier einzukehren!

Auch Noordwijk hat sich in den letzten Jahren zu einem Touristenmagneten entwickelt. Endlose **Sandstrände**, Strandpavillons und jede Menge Einkehr- und Shoppingmöglichkeiten lassen kaum einen Wunsch offen. Deutlich spannender zeigt sich die **Space Expo** – immerhin ist es die größte Raumfahrtausstellung in Europa.

Narzissen, Hyazinthen, Dahlien und natürlich Tulpen: Rund um Noordwijk tauchen wir im Frühjahr ein in ein Meer aus Blumen – kein Wunder, dass man das Seebad Noordwijk auch gerne als „**Blumenbadeort**" bezeichnet.

Weiter geht´s von Noordwijkerhout, wo wir am Knotenpunkt 42 rechts fahren und mit mehrmaligem Abbiegen wir den Knotenpunkten 69, 33, 24, 34, 20, 64, 62, 96 und 93 durch Noordwijk und Katwijk zurück nach Wassenaar folgen. Am Knoten 43 links und wenig später bei 47 rechts abzweigen, um zurück zum Camp zu gelangen.

In Wassenaar haben es sich gut betuchte Städter hinter den Dünen gemütlich gemacht: Inmitten weitläufiger **Parks** entdecken wir prachtvolle **Villen**. Näher heran dürfen wir an die „klassischen" Sehenswürdigkeiten wie die 1668 erbaute **Kornwindmühle** namens „Windlust" und an das **Wassenaar Brandweermuseum**. Dieses interessante Feuerwehrmuseum ist im Untergeschoss des Rathauses untergebracht.

Kartentipp:
ADFC-Regionalkarte Nord-Holland/Amsterdam,
1:75.000, ISBN 978-3-96990-008-6, € 9,95
Digital für Smartphones und Tablets:
www.fahrrad-buecher-karten.de/rk-digital

4 Beneidenswerte Studierende

Von **Wassenaar** über Leiden

CamperTouren Info

ca. 25 km ohne Abstecher, regionale Radweg-Beschilderung. Keine größeren Steigungen. Die Route führt meist über separate Radwege, einige Passagen auf losem Untergrund.

Start / Ziel: Duinrell Ferienpark, www.duinrell.de

Auswahl weiterer Camps entlang der Strecke: Camping Maaldrift, Camping Stochemhoeve

weg verlassen, um am Knotenpunkt 61 rechts abzubiegen. An den Knoten 51, 50 und 49 geradeaus und parallel zur Autobahn, ehe wir in einem Rechtsbogen die A44 kreuzen können. Dahinter bei 79 biegen wir rechts auf den Rijndijk, 53 geradeaus und bei 2 links. Den Bahnhof lassen wir links liegen und gelangen über die 86 und 16 zum Knoten 75, wo wir an der 14 vorbei dem „zackigen" Verlauf des Kanals Maresingel folgen. Die Innenstadt liegt rechts von uns.

Diese kurze Tour bringt uns am Anfang und am Ende vorbei an zwei beliebten Ausflugsgebieten im Hinterland. Zwischendurch besuchen wir das paradiesische Leiden. Nachdem wir uns den herrlichen Grachten gewidmet haben, rollen wir auf gewohnt guten Wegen wieder retour.

Der **Freizeitpark Duinrell** ist eine echte Herausforderung, denn Jung und Alt wissen gar nicht, was sie als Erstes erleben möchten: Ein Besuch im Wasserpark mit Tikibad, Kids Wasserpark, Rutschenland oder Außenbereich? Auch der Erlebnispark mit seinen 40 Attraktionen wie Waterspin, Mad Mill, Schip Ahoi oder Dragonfly sorgt für Adrenalinkicks.

Los geht's am Knotenpunkt 47, direkt an unserem Campingplatz, den wir geradeaus über die Straße Storm van ´s-Gravesande-

Kurz bevor wir Leiden erreichen, liegt links von uns das **Valkenburger Meer** mit seinem Sandstrand.

Dann tauchen wir ein in Leiden, das ohne Frage eine der schönsten Städte der Niederlande ist. Endlose Grachten, darunter die prachtvolle **Rapenburggracht**, durchziehen die Innenstadt und legen sich wie ein Stern einmal um das historische Zentrum. **Turfmarksbrug**, **Blauwspoortsbrug**, die Mühle „**De Put**", Rembrandts **Geburtshaus**, unzählige historische Häuser und natürlich die **Universität** lassen keine Langeweile aufkommen. Hier studierten übrigens auch die Mitglieder des Königshauses – schließlich ist es die älteste Uni der Niederlande.

Tipp: In Leiden gab es einst 30 Mühlen – aus dieser Zeit erzählt das **Mühlenmuseum**. Wir finden es in einer 7-stöckigen Getreidemühle untergebracht, die 1743 in einem

Kalorienzufuhr mit bester Lage in Leiden

hochwassergeschützten Bereich erbaut wurde und zur Stadtbefestigung gehörte. Wer noch Wissensdurst hat, besucht ein weiteres der elf anderen Museen der Stadt.

Lohnenswert sind auch die alten „**Hofjes**" anzusehen, wobei das am Doelensteeg Nr. 7 besonders idyllisch ist.

Weiter geht´s auf unserem Weg entlang des Zijlsingel, dessen Verlauf wir eine ganze Weile an den Knotenpunkten 13 und 12 vorbei folgen. Am Knoten 11 links, dann links-rechts über den kleinen Kanal und über die Lorentzkade entlang des Kanals „Stadmolensloot". An dessen Ende rechts, und bei nächster Gelegenheit links über den Kanal hinweg, auf der anderen Seite beim Knoten 70 rechts. Nun bei 16, 9, 3 und 91 geradeaus, rechts über den Kanal, dahinter links und den Schildern 90, 52, 51, 61 und 47 folgend wieder zurück zu unserem Camp.

Unsere Tour tangiert den 13 km langen „**Bollenstreek**", der ab dem Frühjahr ein echtes Meer aus Blumen ist. Ab 1593 züchtete der Botaniker l`Ecluse Tulpen, nachdem er zuvor einige Zwiebeln geschenkt bekommen hatte – inzwischen ist die Region zum Blumenparadies Europas gewachsen. Viele Reisegruppen steuern den **Keukenhof** an. Im Bollenstreek finden wir aber auch Ecken mit deutlich weniger Besuchern, so dass wir die Blüten ohne (Menschen-) Trauben fotografieren können.

Auf dem Rückweg tangieren wir das Seengebiet namens **Vlietland**, das sich mit Badebuchten, Kletterpark, Surferstrand und vielem mehr zu einem beliebten Ausflugsziel entwickelt hat.

Kartentipp:
ADFC-Regionalkarte Nord-Holland/Amsterdam, 1:75.000, ISBN 978-3-96990-008-6, € 9,95
Digital für Smartphones und Tablets:
www.fahrrad-buecher-karten.de/rk-digital

5 Delfter Blau – mal auf Porzellan, mal ganz nass

Von **Delftse Hout** über Delft-Mitte

CamperTouren Info

ca. 10 km ohne Abstecher, regionale Radweg-Beschilderung. Keine größeren Steigungen. Die Route führt meist über separate Radwege, einige Passagen auf losem Untergrund.

Start / Ziel: Vakantiepark Delftse Hout, www.delftsehout.de

Keine weiteren Camps entlang der Strecke

Gerade einmal 10 km lang ist diese Radtour. Zu wenig für einen Tag? Keineswegs, denn wir besuchen die Innenstadt von Delft, die deutlich mehr zu bieten hat als „nur blaue Kacheln".

Unser „**Vakantiepark Delftse Hout**" punktet natürlich damit, dass er in fußläufiger Nachbarschaft zur Delfter Innenstadt liegt. Mit 175 **Fliesen** im Delfter Blau wurde die Rezeption des Camps gestaltet. Alle Stellplätze werden gerahmt von hohen Hecken und liegen auf der grünen Wiese.

Los geht's an der Ausfahrt unseres Campingplatzes, die wir nach rechts verlassen, um den Schildern zum Knotenpunkt 2 zu folgen. So kommen wir unter der A13 her und auf die Straße Bieslandsekade. An deren Ende rechts auf Van Lodensteynstraat, an der nächsten Ecke links in die Maria Duystlaan und dann immer geradeaus. So gelangen wir ins Herz von Delft.

Der weitläufige **Markt** ist mit dem Denkmal für den Delfter Völkerrechtler Hugo Grotius unser erstes Ziel in der Innenstadt von Delft. Von hier aus schauen wir auf die **Nieuwe Kerk**, die im gotischen Stil errichtet wurde, während ihr Turm in Brabanter Gotik und mit **Glockenspiel** ausgestattet wurde. Gleich gegenüber der Kirche steht das fantastische, 1618 erbaute **Stadhuis**, in dem noch immer der Stadtrat sitzt. Übrigens: Der Rathausturm namens „**Het

Steen**" war einst das Gefängnis von Delft.

Wenn wir um die Nieuwe Kerk herumfahren, gelangen wir zur **Oorsteinde-Gracht**, die uns geradewegs zum **Oostpoort** führt. Wenn wir hier auf einen der **Türme** steigen, liegt uns Delft mit all seiner Pracht zu Füßen.

Tipp: Barockmaler Jan Vermeer fand in Delft viel Inspiration. Kaum ein anderer Künstler seiner Zeit konnte die Bilder mit einer derartigen Perfektion aus Licht und Schatten gestalten. Klar, dass man dem 1632 hier geborenen Sohn der Stadt ein Museum widmete. Hier im Vermeer Centrum erfahren wir, dass rund 700 Maler in der Epoche, die man „**Goldenes Zeitalter**" nannte, zehntausende

In Delft ist ja doch nicht alles blau!

von Kunstwerken schufen. Vermeer war tatsächlich damals nur einer von vielen Malern und so blieben von ihm gerade einmal **37 Bilder** für die Nachwelt erhalten, unter ihnen das weltberühmte „Mädchen mit dem Perlenohrgehänge".

Ansehen müssen wir uns auch die Oude Kerk mit ihrem **schiefen Turm**, neben der gleich die **Oude Delft**, die vielleicht schönste Gracht der Stadt funkelt. Prinsenhof, Stadswaag, Gemmenlandshuis, das **Oostpoort** – die Liste der Top-Sehenswürdigkeiten ist lang. Auch die Hofjes müssen wir sehen, denn die „begrünten Wohnanlagen" wurden im 16. Jh von Bürgern finanziert und für Witwen und Senioren erbaut. Mehrere kleine Häuser und ein Gemeinschaftsgarten mitten in der Stadt – schon interessant, dass es seinerzeit schon das gab, was wir heute als „Urban Gardening" als Innovation feiern.

Im Rotterdamseweg 196 liegt der Betrieb von **Royal Delft**. Hier können wir zuschauen, wie die zerbrechliche Keramik entsteht.

Weiter geht´s von Delft, das wir am Markt entlang und hinter dem Stadhuis rechts verlassen. Wir folgen zunächst dem Verlauf des Kanals, wobei der Weg in die Voorstraat übergeht. Geradeaus über Kolk und Annastraat, dann vor dem Knotenpunkt 50 rechts in den Koningsplein. Der trifft beim Punkt 62 auf den Kanal, wo wir erst rechts über die Brücke fahren und direkt danach wieder rechts die nächste Brücke nehmen und dahinter gleich links eine ganze Zeit dem Kanal zu folgen. (Achtung: wir bleiben auf dieser Kanalseite und folgen nicht der Ausschilderung zum Knotenpunkt 63.) Hinter der Groten Plas fahren wir am Knotenpunkten 67 geradeaus auf dem Hazepad und weiter zur 89, geradeaus, über den Kanal, rechts zur 88, über den Kanal zur 87 und dort rechts. Am Ende des Weges (4) rechts und direkt wieder links (3), so gelangen wir wieder zurück zu unserem Campingplatz.

Mit dem **Dobbeplas** und dem **Grote Plas** liegen auch noch zwei größere Seen an unserem Wegesrand. Auch das **Landschaftsschutzgebiet De Balij en het Bieslandse Bos** liegt gleich in der Nähe unseres Camps.

Kartentipp:
ADFC-Regionalkarte Nord-Holland/Amsterdam,
1:75.000, ISBN 978-3-96990-008-6, € 9,95
Digital für Smartphones und Tablets:
www.fahrrad-buecher-karten.de/rk-digital

6 Das größte Seebad der Niederlande

Von **Delftse Hout** über Scheveningen

CamperTouren Info

ca. 55 km ohne Abstecher, regionale Radweg-Beschilderung sowie Beschilderung als Fernradweg LF Kustroute. Keine größeren Steigungen. Die Route führt meist über separate Radwege, einige Passagen auf losem Untergrund.

Start / Ziel: Vakantiepark Delftse Hout, www.delftsehout.de

Auswahl weiterer Camps entlang der Strecke: Vakantiepark Kijkduin, Minicamping Zwetzone, Camperpark Den Haag

Die gute niederländische Nummerierung mit den „Knotenpunkten" sorgt dafür, dass wir uns in der dicht besiedelten Region zurechtfinden. Und so radeln wir durch das schicke Den Haag nach Scheveningen, den wichtigsten Badeort des Landes.

Der Park liegt eingebettet in die üppige Natur des „**Recreatiegebied Delftse Hout**", die teils sogar unter Schutz gestellt wurde. Nicht minder eindrucksvoll ist die **Fliesenwand** im 2021 fertiggestellten Sanitärhaus. Die Kacheln zeigen natürlich im Delfter Blau einen Blick auf die Stadt, wie Vermeer ihn schöner nicht hätte darstellen können. Wer „noch mehr" möchte, bucht eines der top ausgestatteten Mietobjekte, springt ins kühle Nass des Pools oder lässt sich auf der Aussichtsterrasse mit Leckereien verwöhnen.

Los geht's an der Ausfahrt unseres Campingplatzes, die wir nach rechts verlassen, um vor der Autobahn rechts und gleich wieder links abzubiegen. So kommen wir unter der A13 her und auf die Straße Bieslandsekade. An deren Ende rechts, dann links und direkt hinter der Kanalbrücke beim Knotenpunkt 2 rechts. Immer am Kanal entlang folgen wir den Knotenpunkten 62, 61, 70, 71, 44, 28, 31, 26 und 24 nach Scheveningen.

Den Haag, das eigentlich s´Gravenhage heißt, wird gerne als „**größtes Dorf Europas**" bezeichnet, weil es nie zur Stadt erhoben wurde. Und das, obwohl hier die Königsfamilie und die Regierung ihren Sitz bezogen haben. Das imposanteste Bauwerk ist der Binnenhof, ein riesiges Schloss, das sich malerisch im Wasser des **Hofvijer** spiegelt. Der Prachtbau ist Sitz des niederländischen Parlaments. Nicht weit entfernt liegt der **Buitenhof**, wo wir uns Foltergeräte des Mittelalters ansehen können. Danach besuchen wir die **Oude Kerk** mit dem 6-eckigen Turm, von

Ein gelandetes UFO? Nein, die Seebrücke von Scheveningen

dem aus es eine unglaubliche **Aussicht** gibt und die noble **Gravenpassage**.

Abwechslungsreich geht es weiter am Oude Markt, mit dem **Oude Stadthuis** und der Butterwaage vorbei zum Vredespalais, mit dem Sitz des **Internationalen Gerichtshofs**.

Nach etwas Ruhe im **Palaistuin**, dem Garten des königlichen Schlosses, machen wir uns auf zum „**Panorama Mesdag**". Das kreisrunde Gemälde mit den sagenhaften Maßen von 120 x 14 Metern zeigt Scheveningen im 19. Jh.

Weiter geht´s von Scheveningen, das wir auf der LF Kustroute am Strand entlang über den Strandweg verlassen. Beim Knotenpunkt 39 verlassen wir die LF Kustroute und die Knoten 36, 35, 34, 33, 32 und 30 bringen uns zum Schild 28 zurück. Hier biegen wir links ab, bei den Schilden 44 links über den Kanal, 71 rechts und 70 links zur 66. Nun rollen wir den Knotenpunkten 65, 20, 21, 89, 88, 87, 4 und 3 folgend wieder zurück zu unserem Camp.

Als erstes erreichen wir den **Hafen** in Scheveningen mit dem Leuchtturm namens **Vuurtoren** und einer Auswahl guter Restaurants. Ein endloser Sandstrand und eine perfekte touristische Infrastruktur sorgen dafür, dass Scheveningen zum **beliebtesten Badeort der Niederlande** wurde. An der **Promenade** finden wir eine eigene breite Trasse zum Radeln während sich Cafés, Restaurants, Bars, und vieles mehr lückenlos aneinanderreihen.

Tipp: Das Ziel Nummer 1 ist in Scheveningen der 381 m lange **Pier** mit seiner eindrucksvollen Glasfassade. Mutige genießen hier den Blick vom **Riesenrad** und Adrenalinjunkies springen kopfüber am Bungeeseil in die Tiefe.

Museumsfans zieht es in Scheveningen in die **kulturhistorische und meeresbiologische Sammlung** oder ins Museum Belden aan Zee mit mehr als 600 Skulpturen. Familien steuern eher das **Legoland Discocery Centre Scheveningen** an und bestaunen die Kunststoff- Kunstwerke. Ein Erlebnis für Groß und Klein ist auch der Miniaturpark **Madurodam**, wo die Niederlande mitsamt Grachten, Mühlen und Schlössern im Maßstab 1:25 nachgebaut wurde.

Kartentipp:
ADFC-Regionalkarte Nord-Holland/Amsterdam, 1:75.000, ISBN 978-3-96990-008-6, € 9,95
Digital für Smartphones und Tablets:
www.fahrrad-buecher-karten.de/rk-digital

7 Atemberaubende Architektur

Von **Delftse Hout** über Rotterdam

CamperTouren Info

ca. 56 km ohne Abstecher, regionale Radweg-Beschilderung sowie Beschilderung als Fernradweg LF Maasroute. Keine größeren Steigungen. Die Route führt meist über separate Radwege, einige Passagen auf losem Untergrund.

Start / Ziel: Vakantiepark Delftse Hout, www.delftsehout.de

Auswahl weiterer Camps entlang der Strecke: Delftlandhoeve, Camping Abtswoudehoeve, Stadscamping Rotterdam

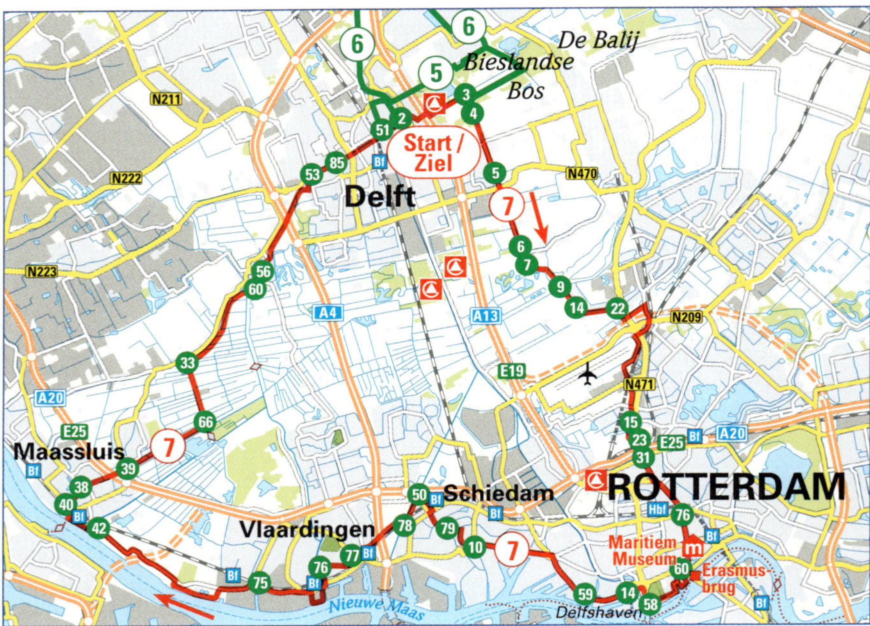

Auf dieser Tour geleiten uns gewohnt gute Radwege – eine gewisse Affinität zum Verkehr in der Großstadt brauchen wir allerdings. Entschädigt werden wir von einer der eindrucksvollsten Städte Europas: In futuristischem Design präsentieren sich Hochhäuser, Kubushäuser, Erasmusbrücke, Markthalle und vieles mehr.

Los geht's an der Ausfahrt unseres Campingplatzes, die wir nach links verlassen, um am Knotenpunkt 3 rechts abzubiegen. Den Knoten 4, 5, 6, 7, 9, 14, 22, 15, 23, 31, 4, 76 und 69 folgend gelangen wir geradeaus weiter an die Erasmusbrug von Rotterdam.

Die extravagante, 1996 fertiggestellte **Erasmusbrug** ist ein guter Ausgangspunkt, um Rotterdam zu erkunden. Die „Schwanenbrücke" bekam ihren offiziellen Namen vom Humanisten Erasmus von Rotterdam, der hier ab 1467 lebte. Gleich nebenan können wir mit einem der Ausflugsboote zur **Rundfahrt durch den Rotterdamer Hafen** starten.

Die Stadt selbst hingegen bekam ihren Namen, als der Fluss Rotte im 13. Jh. durch

In Rotterdam stehen sogar die Häuser Kopf!

einen Damm von der Maas getrennt wurde. Zweimal wurde die Stadt dem Erdboden gleich gemacht: 1563 war es ein Großbrand und 1940 deutsche Bomber, die unsägliches Leid über die Menschen brachten.

Die zukunftsgewandten Niederländer nahmen den Wiederaufbau als Chance für eine komplett neue Innenstadt: Wohnviertel, Straßenzüge mit Geschäften, breite Rad- und Fußwege, und die erste **Fußgängerzone** Europas wurde realisiert. Drum herum wachsen moderne Häuser in den Himmel – oftmals mit einer **atemberaubenden Architektur**.

Und das ist schon fast Tradition in Rotterdam, denn schon im Jahre 1984 entstanden die sogenannten **Kubus-Wohnungen**. Der Architekt Piet Blom entwarf nicht nur Wohnungen im Format eines Würfels, sondern stellte die dann noch auf die Spitze. Wer nun meint, in so etwas könne man nicht wohnen, der wird in der Musterwohnung eines Besseren belehrt.

Nur wenige Schritte entfernt steht seit 2014 die „**Sixtinische Kapelle von Rotterdam**". Trefflicher könnte man die Markthalle nicht beschreiben, denn die riesige Gewölbedecke wurde mit einem überdimensionalen Stillleben mit Obst und Gemüse arrangiert. Und das in schwindelerregender Höhe, denn immerhin ist die Markthalle 11 Etagen hoch. Aus einigen der **228 Wohnungen**, die das Gebäude formen, kann man in das gesellige Treiben hinunterblicken. Und hier unten ist auch immer etwas los, denn zu den 96 Marktständen kommen einige Restaurants der Extraklasse. Wer hier nichts Leckeres findet, ist selber schuld!

Und wieder ist es nicht weit zum nächsten Highlight, das uns aber einmal in die Vergangenheit entführt. Im Oudehaven liegen zahlreiche historische Schiffe vor Anker und auch eine alte Werft können wir hier betrachten. Gleich nebenan liegen das 46 m hohe **Witte Huis** und das **Mariniersmuseum**. Nachdem wir uns am nahegelegenen, 3 km langen **Maasboulevard** erholt haben, schauen wir uns noch das **Maastoren** an. Mit 165 m ist es das höchste Bürohaus der Niederlande.

Noch mehr architektonische Sensationen? Hier ist alles möglich: Die älteste Fußgängerzone Europas führt zu dem mit Titan verkleideten Hauptbahnhof und ganz in der Nähe zieren zwei rote, an Ladekräne erinnernde Laternen den Schouwburglein. Und auch das höchste Wohnhaus der Niederlande finden wir in Rotterdam – es ist der 158 m hohe **New Orleans Tower**.

Weiter geht´s von der Erasmusbrug von Rotterdam ein Stück zurück in Richtung Knoten 60, wobei wir die Brücke im Rücken nach links in die Straße Vasteland einbiegen und sofort wie-

Grüner Dschungel, Hochhausdschungel und in der Mitte eine Harfe

der links zum Knotenpunkt 19 fahren. Der Radfernweg LF Maasroute geleitet uns an den Knoten 17, 58, 14, 59, 10, 11, 79, 50 und 78 zum Schild 77. Hier geht es weiter geradeaus an den Schildern 76, 75 und 42 vorbei nach 40. Hier zweigen wir rechts ab über den Kanal und orientieren uns an den Knotenpunkten 38, 39, 66, 33, 60, 56, 53, 85, 51 und 2, um von hier unter der Autobahn her geradeaus wieder zurück zu unserem Campingplatz zu gelangen.

Auf unserem Rückweg stoppen wir auch in Delfshaven, denn hier finden wir zweimal in der Woche einen Markt und gleich nebenan historische **Lagerhäuser** am alten **Hafen**.

Tipp: Auch der **Dapark** steht in Delfshaven auf unserem Programm. Unten ist es ein Einkaufszentrum, aber die Attraktion liegt oben: Das Dach wurde als weitläufiger **Park** gestaltet, in dem man sich zum Picknicken, Yoga und anderen entspannenden Dingen trifft. „Urban Gardening"? Was in Deutschland vielerorts zaghaft beginnt, gibt es hier schon in XXL!

Auf unserem Rückweg tangieren wir die Gemeinde Schiedam. Sie entstand um 1250 an einem Polder. Das **Alte Stadthaus** bietet uns mit seinem „schwungvollen" Dach ebenso wie die **St. Janskerk** tolle Fotomotive. Besonders schön ist aber die Sammlung von gleich **sechs Windmühlen**, wobei „De Kameel" und „De Nolet" sehr gelungene Neubauten sind und zugleich zu den höchsten der Welt gehören.

Wer dem Verlauf des Flusses noch weiter folgt, bekommt einen guten Eindruck von den Ausmaßen des Rotterdamer Hafens mit seinen Superlativen: Der **größte Hafen Europas**, der **größte Erdölhafen der Welt** und Container soweit das Auge reicht. Mit einer Hafenrundfahrt bekommen wir einen guten Eindruck von den Dimensionen des **Europoorts** – immerhin ist der Hafen sagenhafte 40 km lang und bietet Arbeitsplätze für fast 200.000 Menschen.

Gleich sechs Windmühlen drehen sich in Schiedam

Kartentipp:
ADFC-Regionalkarte Nord-Holland/Amsterdam,
1:75.000, ISBN 978-3-96990-008-6, € 9,95
Digital für Smartphones und Tablets:
www.fahrrad-buecher-karten.de/rk-digital

8 Bekanntes und unbekanntes auf Schouwen-Duiveland

Von **Renesse** über Brouwershaven

CamperTouren Info

ca. 46 km ohne Abstecher, regionale Radweg-Beschilderung sowie teils Beschilderung als Fernradweg LF Kustroute. Keine größeren Steigungen. Die Route führt meist über separate Radwege, einige Passagen auf losem Untergrund.

Start / Ziel: Julianahoeve Camping & Beachresort Renesse, www.julianahoeve.nl

Auswahl weiterer Camps entlang der Strecke: Camping Sareshof, Camping de Brem, Camping Duinhoeve Renesse, Camping Laone, Cakatiepark Zennedorp, Camping International, CampingTorenweide, Roompot Soeten Haert, Camping t´Gevulde Gat, Camping de Strandloper, Roompot Zeeland Village, Camping Zilt bij Zee, Camping den Osse, Camping Noordernieuwland, Camping Zonnemaire, Camping de Wijde Blik, Camping Bloemhoek

Aus der Urlauber-Hochburg Renesse starten wir zu einer Runde über die weitläufige Insel namens Schouwen-Duiveland. Meist in der Nähe des Wassers kurbeln wir durch große und kleine Orte, die alle ihren ganz eigenen Charme haben.

Auch Camper mit größerem Platzbedarf sind auf dem Platz „**Julianahoeve Camping & Beachresort Renesse**" genau richtig, denn die Parzellen sind zwischen 100 und 150 qm groß. Und wer es besonders luxuriös möchte, bucht seinen Stellplatz gleich mit eigenem Holz-Sanitärgebäude.

Los geht's an der Ausfahrt unseres Campingplatzes, die wir nach links verlassen, um zwischen den anderen Urlaubsdomizilen hindurch zum Meer zu gelangen. Hier treffen wir auf den Radfernweg LF Kustroute, dem wir nach rechts folgen. Immer dem Verlauf der Küste folgend und an den Knotenpunkten 76, 84, 85, 86, 98 geradeaus radelnd, gelangen wir durch Scharendijke nach Brouwershaven.

Renesse ist eine der wichtigsten Urlaubs-Destinationen der Niederlande. Vor allem Gäste aus Deutschland kommen immer wieder gerne hierher. Wer genau hinsieht, erkennt, dass Renesse einst als **Ringdorf** angelegt wurde – besser erkennbar ist die Jakobuskirche, die aus den pittoresken Häusern empor ragt.

Schloss Moermond bildet den Gegensatz zum touristischen Ortskern von Renesse

Tipp: Ein echtes Kontrastprogramm zum Touri-Trubel ist das 1513 östlich von Renesse erbaute **Schloss Moermond** – es ist eine echte Augenweide. Das heutige Wasserschloss stammt aus einer alten Burganlage, die 1229 für Costijn van Zierkzee errichtet wurde. Auf dem Rückweg dieser Tour kommen wir direkt daran vorbei.

Am Strand finden wir alles, was wir für echte Sommer-Action brauchen: Jede Menge Sand und Dünen, aber auch **Surfen**, **Kiten** und vieles mehr.

Auf dieser Radtour erkennen wir immer wieder eines sehr deutlich: Wir sind in einer der touristisch am besten erschlossenen Regionen Europas unterwegs. Campingplätze, Ferienhaussiedlungen, Hotels, Restaurants – die Gäste vermissen hier nichts.

Scharendijke hat sich in den letzten Jahren zu einem international renommierten **Taucher-Hotspot** entwickelt, da hier das Wasser besonders klar ist.

In Brouwershaven machen wir eine Reise in längst vergangene Zeiten, denn der im 12. Jh. entstandene Ort präsentiert uns einen perfekt erhaltenen historischen Ortskern. Besonders schön ist es an der **Molenstraat**, rund um den Hafen und am benachbarten Marktplatz. Hier steht auch seit 1599 das **Rathaus** mit seinem Glockenturm – alles in bester flämischer Renaissance erbaut. Unübersehbar ist auch die **Grote of Sint Nicolaaskerk** mit ihrem großen Innenraum.

Weiter geht´s von Brouwershaven, das wir am Hafenbecken entlang, über den Punkt 97 verlassen, um dem Ufer weiter zu folgen. Bei Knoten 95 links wieder zur Küste, dann später rechts weg vom Wasser. Bei 60 schräg rechts, 61 rechts, 94, 69, 93 geradeaus, 92 rechts, wenig später links, bei 91 geradeaus und bei 89 rechts. Am Schild 81 rechts-links, 80, 78 und 77 geradeaus und schon sind wir zurück in Renesse. Hier steuern wir über den Knotenpunkt 75, geradeaus durch die Innenstadt und rechts Richtung Küste wieder unseren Campingplatz Julianahoeve an, um unsere Runde zu beenden.

Am Wegesrand liegen immer wieder sogenannte „**Buitenplaatsen**", schmucke Landhäuser, die sich betuchte Städter in die grüne Natur bauen ließen.

Kartentipp:
ADFC-Regionalkarte Seeland/Rotterdam,
1:75.000, ISBN 978-3-96990-007-9, € 9,95
Digital für Smartphones und Tablets:
www.fahrrad-buecher-karten.de/rk-digital

9 Natur, Kultur und Technik vereint am Neeltje Jans

Von **Renesse** über Zierikzee

CamperTouren Info

ca. 73 km ohne Abstecher, regionale Radweg-Beschilderung sowie teils Beschilderung als Fernradweg LF Kustroute. Keine größeren Steigungen. Die Route führt meist über separate Radwege, einige Passagen auf losem Untergrund.

Start / Ziel: Julianahoeve Camping & Beachresort Renesse, www.julianahoeve.nl

Auswahl weiterer Camps entlang der Strecke: Camping de Brem, Camping De Wijde Blick, Camping de Oase, Camping International, Camping Orisand, Minicamping Vlietenburg, Minicamping Zeelucht, sowie zahlreiche Campingplätze Minicampings in der Nähe

Noch mehr Abwechslung ist in einer Tour kaum möglich: Wir rollen vom Touristen-Mekka Renesse zum beeindruckenden Oosterscheldedam. Nach einer ruhigen Fahrt an der Nordküste Noord-Bevelands wartet mit Zierikzee eine Reise ins Mittelalter.

Langeweile kommt auf unserem Campingplatz bestimmt nicht auf. Dafür sorgt schon **„Juultjes´ Schwimmbad"** mit verschiedenen Schwimmbecken, Sprudelbad und rasanten Rutschen. Die Erwachsenen werden sich eher im Wellness-Bereich mit Saunen und Whirlpools entspannen.

Los geht's an der Ausfahrt unseres Campingplatzes, die wir wieder nach links verlassen, um zum Meer zu gelangen. Hier treffen wir auf den Radfernweg LF Kustroute, dem wir dieses Mal nach links folgen. Nach kurzer Zeit werden wir links vom Meer weggeleitet, um durch Burgh-Haamstede zu radeln unser LF Kustroute geleitet uns durch den Ort sowie durch die Dünen und durch Westenschouwen zu den Deltawerken. Auf beeindruckender Trasse rollen wir über die Sperrwerke, um am Ende vom Knotenpunkt 4 der Beschilderung zum Punkt 5 zu folgen. Links weiter an der Küste entlang bis zum Knotenpunkt 22, hier links und dann über den Punkt 39 nach Colijnsplaat hinein. Vorbei an den Schildern 30 und 31 gelangen wir links auf die Zeelandbrug, die uns nach Zierikzee bringt (Punkt 7).

1.800 Tote und 72.000 evakuierte Menschen, mehr als 35.000 verendete Tiere und riesige Sachschäden: Damit die Menschen nicht nochmal von einer solchen Sturmflut wie

Der Grachtenring umschließt die Altstadt von Zierickzee

1953 heimgesucht werden, wurde der **Oosterscheldedam** gebaut, der ein Element der **Deltawerke** ist. Das einzigartige Bauwerk, trägt den Beinamen „Zeelands Weltwunder". Beim Besuch der **Delta Expo** beim **WaterLand Neeltje Jans** können wir bestens nachvollziehen, wie gut dieses Geld investiert wurde. Während wir uns die technischen Exponate ansehen, lernen die Kinder im Freizeitpark auf spielerische Weise das Medium Wasser kennen.

Nicht minder imposant ist die **Zeelandbrug**, über die wir später radeln. Zwischen 1963 und 1965 erbaut, führt sie über 5 km über die Oosterschelde, um die Inseln Noord-Beeveland und Schouven-Duiveland miteinander zu verbinden. Dazu gehört auch eine **Klappbrücke**, die ihre beiden Seiten auf 40 m öffnen kann. Wer mag, zählt die Pfeiler mit, auf denen die Zeelandbrug ruht – bei Nummer 50 haben wir die andere Seite erreicht und können entspannt zurückblicken.

In Zierikzee schauen wir auf den 60 m hohen Turm der **Kirche Sint Lievensmonstertoren**, Der **Grachtenring** umschließt die **Altstadt** mit ihren 600 denkmalgeschützten Gebäuden. Dazu gehören auch die drei **Stadttore**, unter ihnen das Noordhavenpoort von 1559 und das **Stadthuis** mit dem **Stadthuismuseum**.

Kartentipp:
ADFC-Regionalkarte Seeland/Rotterdam,
1:75.000, ISBN 978-3-96990-007-9, € 9,95
Digital für Smartphones und Tablets:
www.fahrrad-buecher-karten.de/rk-digital

Tipp: Eines der schönsten Fotomotive bietet der Hafen mit dem Stadttor namens **Zuidhavenpoort** und der schneeweißen **Zugbrücke.** Direkt nebenan schaukeln historische Schiffe im Wasser des **Museumshafens**.

Auch für eine Pause bietet sich der **Hafen** von Zierikzee an, denn hier am Kai schmeckt das Fischbrötchen besonders gut.

Weiter geht´s von Zierikzee, das wir am Hafenbecken entlang zur Oosterschelde verlassen. Hier radeln wir stets am Wasser entlang und folgen den Knotenpunkten 90, 89, 81, 80, 78 und 77 via Flaauwershaven, Serooskerke und Noordwelle wieder zurück nach Renesse. Die Schilder geleiten uns über den Punkt 75 durch die Innenstadt wieder zurück zu unserem Campingplatz Julianahoeve.

Die Südküste der Insel Schouwen-Duiveland ist recht dünn besiedelt. Bei Flaauwershaven mischen sich noch einige **Binnenseen** beiderseits unseres Radweges in die Idylle.

10 Eine Brücke für Königin Beatrix

Von **Domburg** über Kamperland

CamperTouren Info

ca. 42 km ohne Abstecher, regionale Radweg-Beschilderung sowie teils Beschilderung als Fernradweg LF Kustroute. Keine größeren Steigungen. Die Route führt meist über separate Radwege, einige Passagen auf losem Untergrund.

Start / Ziel: Roompot Hof Domburg, www.roompot.de

Auswahl weiterer Camps entlang der Strecke: Boomgardscamping, Minicamping Shalom, Camping Oranjezon, Camping Zandput, Camping Vredenhoef, Camperpark Zeeland, Camping De Schotsman, Wohnmobilstellplatz in Domburg sowie zahlreiche Minicampings in der Nähe.

Auf dieser Rundtour lernen wir gleich zwei der Zeeländischen Inseln kennen: Wir starten auf Walcheren und rollen über den schnurgeraden Damm, der das Veerse Meer von der Nordsee trennt, auf die Insel Noors-Beveland. Mit einer lustigen kleinen Fährfahrt kehren wir dann wieder zurück.

Die Lage unseres Ferienparks ist einfach ideal – direkt am Rande der beliebten Innenstadt von Domburg UND direkt an den Dünen des **Nordseestrandes**. Für Kurzweil sorgen mehrere Spielplätze, Minigolf, Spielschiff, viele Sportangebote, Animation und vieles mehr. Und wenn das Wetter doch mal nicht mitspielen sollte, gehen wir ins **subtropische Erlebnisbad**, Bowling-, Squash- oder Billardspielen. Und für die Kids gibt es einen Indoor-Spielplatz sowie Betreuungsangebote.

Los geht's an der Ausfahrt unseres Campingplatzes, die wir nach rechts verlassen, um dem Radweg entlang der Straße nach und durch Domburg zu folgen. Wir sind hier schon auf dem Fernradweg LF Kustroute, der uns beim Terra Maris nach links von der Straße weg leitet, um an den Dünen entlang zu führen. Beim Knotenpunkt 30 links und über den Damm, dahinter rechts und weiter über die Punkte 3, 2, 17 und 1 nach Kamperland bzw. Schotsman.

Unser Urlaubsdomizil Domburg ist nicht nur wegen des Heilklimas ein beliebtes Urlaubsziel. Hier finden wir einen endlosen **Strand** mit mächtigen **Dünen** und dahinter ein schmucker Ortskern mit vielen Einkehr- und Einkaufsmöglichkeiten. Und zu sehen gibt es auch noch etwas: Einen **Wasserturm**, der als Wahrzeichen gilt, ein **Badepavillon** aus dem Jahre 1889 und eine **Windmühle**, die 1817

Von Veere aus schippern die Freizeitkapitäne übers Veerse Meer

auf den Namen „Weltevreden" getauft wurde. Etwas abseits des Ortes steht das vieltürmige **Schloss Westhove**.

Inmitten eines 2,5 ha großen Landschaftsgartens liegt **Terra Maris**. In diesem spannenden Museum erfahren wir mehr über die Zeeländische Landschaft und deren Natur.

Kamperland hat nichts mit uns Campern zu tun: Der Ort, der einst sogar als "Campen" in den Büchern stand, leitet sich aus Campus, also aus "Feld" ab. Neben der wuchtigen Kirche können wir uns im Ort gleich zwei Yachthäfen ansehen.

Weiter geht´s von Kamperland bzw. Schotsman, wo wir auf die kleine Fähre (nur von Mai bis September!) steigen, die uns über das Veerse Meer bringt. Auf der anderen Seite rechts auf den Polredijk, am Schild 32 geradeaus und bei 31 links. Den Knotenpunkt 25 rechts liegen lassen, in Serooskerke geradeaus über die Straße, bei 24 geradeaus, bei 23 rechts, 22 geradeaus und in Oostkapelle links und direkt bei 20 wieder rechts. So treffen wir bei 16 wieder auf den Radfernweg LF Kustroute, dem wir nach links folgen, um wie auf dem Hinweg wieder zurück in unser Camp zu radeln.

Kartentipp:
ADFC-Regionalkarte Seeland/Rotterdam, 1:75.000, ISBN 978-3-96990-007-9, € 9,95
Digital für Smartphones und Tablets:
www.fahrrad-buecher-karten.de/rk-digital

Rondje Pontje: Der Name der **Fähre** ist genauso putzig, wie die Fähre selbst. Sie transportiert nur Fußgänger und Radfahrer, wobei wir mit unseren Bikes auf dem „Aussichtsdeck" mitschippern.

Tipp: Ein kleiner Schlenker führ ins Zentrum des wunderschönen Ortes Veere mit seinem filigran gestalteten **Rathaus**. Seine Paradeseite präsentiert der Ort längst des **Hafenbeckens**, in dem sich die Segelboote im Wasser spiegeln. Eines der schönsten Motive von Veere ist die strahlend weiße Klappbrücke, genannt **Koningin Beatrixbrug**.

Serooskerke wurde 1966 bekannt, als Feldarbeiter **mehrerer Tausend Goldstücke** aus dem 16. und 17. Jh. sozusagen im Dreck fanden. Der **Kirchplatz** markiert die Ortsmitte von Serooskerke – hier steht auch die **Johanneskerk** mit ihrem außergewöhnlichen Turm. Schön anzusehen ist die **Mühle** namens „De Jonge Johannes" etwas außerhalb des Ortes. Hier lohnt sich eine Pause mit leckeren Pfannkuchen und einem großen Spielplatz für die Kleineren.

11 Meer, Meer und noch viel mehr auf Walcheren

Von **Domburg** über Middelburg

CamperTouren Info

ca. 46 km ohne Abstecher, regionale Radweg-Beschilderung sowie teils Beschilderung als Fernradweg LF Kustroute. Keine größeren Steigungen. Die Route führt meist über separate Radwege, einige Passagen auf losem Untergrund.

Start / Ziel: Roompot Hof Domburg, www.roompot.de

Auswahl weiterer Camps entlang der Strecke: Camping Noorduin, Camping de Schelp, Minicamping Lighthouse, Caravancamping Westkapelle, Camping Janse, Camping Weltevreden, Strandcamping Valkenisse, Roompot Camping Dishoek, Minicamping Dune Preserve, Minicamping d´Abeele, Stadscamping Zealand Middelburg, Camping Olmenfeld, Camping de Bongerd, Camping Ons Buiten, Wohnmobilstellplatz in Domburg sowie zahlreiche Minicampings in der Nähe.

Es erwartet uns eine unglaublich schöne Tour: Auf gewohnt bester Trasse folgen wir dem Küstenverlauf durch beliebte Urlaubsorte. Mit Vlissingen und Middelburg gibt es dann ein Überangebot an Sehenswertem.

Riesig – anders lässt sich die unglaubliche Anlage nicht beschreiben: Unser Campingplatz „**Roompot Hof Domburg**" bietet nämlich nicht „nur" perfekt ausgestatte Stellplätze für Camper, sondern auch eine Fülle an Mietunterkünften.

Los geht's an der Ausfahrt unseres Campingplatzes, die wir nach links verlassen und direkt auf den Radfernweg LF Kustroute treffen. Der geleitet uns auf bester Trasse über die Punkte 10, 40, 42, 44, 80, 81 und 88 vorbei an Westkapelle, Zoutelande und Dishoek nach Vlissingen.

Von der alten Willibrorduskirche in Westkapelle blieb nur der Kirchturm erhalten – er wird seit 1924 als **Leuchtturm** genutzt. Direkt am Wasser steht ein rot-weißer Leuchtturm, der auf den Namen „**Ijzeren Torentje**" getauft wurde. Auch die schmucke Wundmühle „**De Noorman**" zieht die Blicke der Gäste auf sich. Am Deich entdecken wir den „**Sherman Tank**" und das **Befreiungsmonument**. Es erinnert an die Landung der

Alliierten, die von hier aus die Niederlande befreiten. Nur ein paar Schritte entfernt liegt das **Polderhuis Museum**.

Bei Zoutelande scheint der Strand endlos zu sein – hier wird er geschützt von den höchsten Dünen des Landes. Ansehen müssen wir uns die alten **Bunker**, die steinerne **Windmühle** und die **Katharinenkirche**.

Dishoek gilt wegen seines **Traumstrandes** als **„Zeeländische Riviera"**. Unter Denkmalschutz stehen die zwei orange-rot-geringelten **Leuchttürme**.

Im Stadtzentrum Vlissingens können wir shoppen und einkehren, aber auch den **größten überdachten Reptilienzoo Europas** besuchen. Ebenso besuchenswert ist das **Zeeuws Maritiem muZEEum** am Hafen.

Weiter geht´s von Vlissingen, wo wir am Knoten 88 die Küste zur Coosje Buskenstraat verlassen. An der nächsten Kreuzung und beim Kreisel geradeaus auf die De Willem Ruysstraat, vor dem Hafenbecken links und bei Knotenpunkt 87 weiter am Kanal entlang. Nun immer geradeaus über die Punkte 83 und 38 ins Herz von Middelburg. Hier an Schild 38 links, später wieder links über den Kanal, am Ufer rechts und im Linksbogen (t´Zanddorp) auf den Breeweg. Am Knoten 56 rechts, später bei 55 links. Nun bei 52 rechts, 51 links, hinter 47 rechts, 46 geradeaus, 15 links, 13 rechts und 14 links. So radeln wir durch Domburg zurück zu unserem Campingplatz.

Unser Radweg folgt dem **Kanaal door Walcheren**, der wie der Name schon verrät, die Insel Walcheren einmal durchschneidet. So können die Schiffe vom Veerse Meer zur Westerschelde gelangen.

Middelburg ist eine der ältesten niederländischen Städte. Da die historische Bausubstanz in bemerkenswerter Weise wiederhergestellt wurde, trägt Middelburg seit 1975 den Titel der **Europäischen Denkmalstadt**.

Das filigrane Middelburger Rathaus

Tipp: Mit 200 Stufen steigen wir auf den 91 m hohen Abteiturm, genannt der **Lange Jan**. Hier liegt uns die Altstadt mitsamt dem **Grachtenring** zu Füßen.

Die Innenstadt ist von sternartigen **Grachten** und **Kanälen** umgeben, um den herum sich die ehemaligen Befestigungsanlagen schmiegen. Unser erster Anlaufpunkt ist das großartige **Rathaus**, deren älteste Teile bis 1452 zurückreichen. Der Bürgersaal ist eine ehemalige Tuchhalle, während sich darunter die **Vleeshal** befindet. Nicht weit entfernt stehen die **Abtei Unsere Liebe Frau** mit der **Abteikirche** „Koorkerk" und die **Nieuwe Kerk**.

Kartentipp:
ADFC-Regionalkarte Seeland/Rotterdam, 1:75.000, ISBN 978-3-96990-007-9, € 9,95
Digital für Smartphones und Tablets:
www.fahrrad-buecher-karten.de/rk-digital

12 Eine große Runde durch Zeeuws Flaanderen

Von **Nieuwvliet** über Breskens

CamperTouren Info

ca. 50 km ohne Abstecher, regionale Radweg-Beschilderung sowie teils Beschilderung als Fernradweg LF Kustroute. Keine größeren Steigungen. Die Route führt meist über separate Radwege, einige Passagen auf losem Untergrund.

Start / Ziel: Zeeland Camping Zonneweelde, www.campingzonneweelde.nl

Auswahl weiterer Camps entlang der Strecke: Camping Schippers, Strandcamping Goede, Camping Napoleon Hoeve, Strandpark Schonefeld Breskens, Camping Recreatieboerderij Goede Hope, sowie zahlreiche Minicampings

Die niederländische Region namens Zeeuws Flaanderen wird von den Touristen deutlich weniger frequentiert als die Inseln nördlich der Schelde. Das ist überraschend, denn die Gegend bietet mit langen Sandstränden, einer tollen Infrastruktur und hübschen Ortschaften alles, was wir zum Urlauben brauchen. Unser Vorteil: Wir können deutlich entspannter radeln, weil die Radwege leerer sind!

Ganz nah am Meer und doch eingebettet in üppige grüne Natur – so lässt sich unser „**Zeeland Camping Zonneweelde**" ganz gut beschreiben. Die Stellplätze werden durch teils hohe Hecken in Nischen eingefasst und die Kinder haben es nicht weit bis zum Spielplatz, Kunstrasenplatz oder zum Wasserspielbereich.

Los geht's an der Ausfahrt unseres Campingplatzes, die wir nach rechts verlassen, um direkt links und am Knotenpunkt 81 wieder links abzubiegen. Nach wenigen Minuten erreichen wir über die Punkte 82 und 83 die Küste und den Radfernweg LF Kustroute, dem wir nach links folgen. Immer an den Dünen entlang und den Punkten 14, 20 und 7 folgend erreichen wir Breskens.

De „Nieuwe Sluis“ weist den Schiffen den Weg durch die Schelde

In Breskens steuern wir zuerst den **Jachthafen** an, auf dem die Freizeitskipper stolz auf ihren schmucken Booten um die Wette strahlen. Breskens blickt auf eine lange Tradition als **Hafenstadt** zurück: Erst nachdem ein Hafen angelegt wurde, entwickelte sich aus dem verträumten, von Landwirtschaft geprägten Ort ein florierender Fischereistandort. Inzwischen sind die Fischbestände leider sehr zurückgegangen.

Tipp: Bei der Historie von Breskens gehört es zu unserer Radtour, dem **Vissereijmuseum Breskens** einen Besuch abzustatten. Das liegt natürlich direkt am Hafen und erzählt uns mehr über die Entwicklung der Stadt und der Fischerei.

Das Wahrzeichen von Breskens ist der schwarz-weiß geringelte Leuchtturm mit dem Namen „**Nieuwe Sluis**“, der etwa 3 km außerhalb des Ortes liegt. Wenn wir Glück und klare Sicht haben, schweift der Blick über die **Scheldemündung** hinweg nach Westkapelle, das auf der Insel Walcheren liegt.

Heutzutage lebt Breskens sehr gut mit und von den Touristen. Seitdem es den **Tunnel** zwischen Zeeuws-Flaanderen und Zuid-Beveland gibt, ist die Region der Niederlande besser zu erreichen.

Kartentipp:
ADFC-Regionalkarte Seeland/Rotterdam, 1:75.000, ISBN 978-3-96990-007-9, € 9,95
Digital für Smartphones und Tablets:
www.fahrrad-buecher-karten.de/rk-digital

In der Innenstadt erblicken wir typische niederländische **Wohnhäuser** sowie einladende Cafés und Restaurants, die mit „Arkaden“ voneinander getrennt sind.

Weiter geht´s von Breskens, wo wir weiter dem Verlauf der Küstenlinie folgen. Mit den Knotenpunkten 25, 26, 23 (24 lassen wir rechts liegen), 28 und 37 bleiben wir in der Nähe des Wassers, ehe wir bei 34 rechts abbiegen und damit weg von der Schelde radeln. Vor Biervliet bei Schild 35 rechts und weiter an den Knoten 33, 39 und 50 vorbei zum Schild 21. Hier zweigen wir links ab und folgen den Wegweisern 43, 42, 84, 13, 12 und 11 zum Knoten 81. Hier müssen wir nur noch links abbiegen, um zurück zu unserem Campingplatz zu gelangen.

Auch Schoondijke hatte im 2. Weltkrieg unter schweren Verwüstungen zu leiden. Beim Wideraufbau entstanden die **schnurgeraden Straßen**, die das Ortsbild heute noch prägen.

Weithin sichtbar, weil erhöht stehend, ist die Windmühle „**De Hulster**“. Sie steht unter Denkmalschutz und ist seit 1854 im Besitz der gleichnamigen Familie. Bis 1963 verrichtete sie noch ihre Dienste und im Jahr 1994 erfolgte eine intensive Renovierung.

13 Mondänes Radeln an der belgischen Küste

Von **Nieuwvliet** über Knokke-Heist

CamperTouren Info

ca. 40 km ohne Abstecher, regionale Radweg-Beschilderung sowie teils Beschilderung als Fernradweg LF Kustroute. Keine größeren Steigungen. Die Route führt meist über separate Radwege, einige Passagen auf losem Untergrund.

Start / Ziel: Zeeland Camping Zonneweelde, www.campingzonneweelde.nl

Auswahl weiterer Camps entlang der Strecke: Camping De Boshoeve, Camping t´Schorre, Camping Vogelenzang, Molecaten Park Hoogduin, Ardoer Camping The Zwinhoeve, Camping de Lange Strink, Camping Cassandria Bad, Holiday Village Knokke, Camping Zilvermeeuw, sowie zahlreiche Minicampings

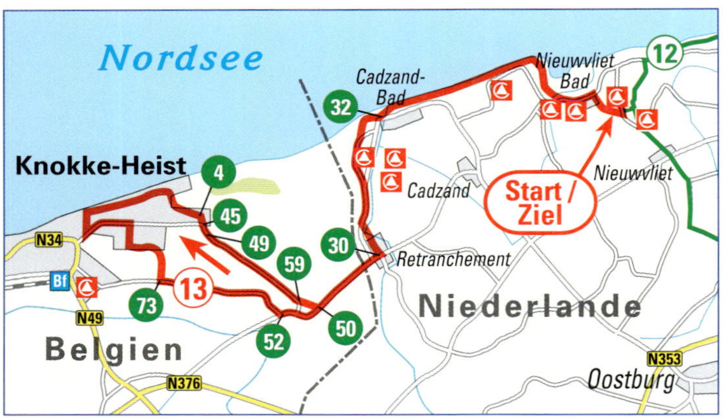

Diese Radtour wird bestimmt ein sonniger Erfolg, denn nirgendwo anders in den Niederlanden scheint die Sonne so lange wie in Cadzand. Dazu rollen wir über gute Radwege und unternehmen einen Ausflug über die grüne Grenze nach Belgien.

Das gibt es auch nicht allzu oft: Unser Campingplatz bietet die Möglichkeit, direkt an einem der saubersten Strände der Niederlande zu schlafen. Die **Strandhäuser** des zur Anlage gehörenden Teils namens „Strandweelde" stehen tatsächlich auf dem Strand.

Los geht's an der Ausfahrt unseres Campingplatzes, die wir nach rechts verlassen, um an der nächsten Ecke wieder rechts auf den Adornisdijk abzubiegen. An dessen Ende links und wir können dem Fernradweg LF Kustroute folgen. Vorbei an Cadzand Bad überqueren wir beim Knotenpunkt 32 den Kanal und werden dann von der Küste weggeleitet. In Retranchement am Knoten 30 rechts und dann über die grüne Grenze nach Belgien. An der Weggabelung am Knoten 50 halten wir uns rechts und direkt dahinter bei 59 geradeaus und folgen der Hazegrasstraat über die Punkte 49, 45 und 4 zurück an die See. Links auf die Kustlaan abbiegend rollen wir nach Knokke.

Gerade einmal rund 200 Einwohner leben im sonnenverwöhnten Cadzand-Bad. Rund um den schmucken **Boulevard de Wielingen** gesellen sich zahlreiche Cafés, Restaurants und natürlich Unterkünfte aller Art, denn nicht nur das Wetter, sondern auch der Strand ziehen die Gäste magisch an. Auch den **Jachthafen** mit seinen 125 Liegeplätzen müssen wir ansteuern, um das gesellige Treiben auf und neben dem Wasser zu erleben.

Schrecklich schön oder ganz schön schrecklich? Egal – Knokke-Heist ist bei den Gästen sehr beliebt

Tipp: Die Schelde und die Gezeiten sorgen für viel Bewegung auf dem Meeresboden. Und so werden immer wieder Muscheln, **Haifischzähne**, Knochen und sogar **Fossilien** am Strand angespült. Es lohnt sich also, die Fahrräder zu sichern und die Blicke im Sand schweifen zu lassen.

Etwas im Landesinneren liegt Cadzand-Dorf mit seiner frühgotischen **Mariakerk** mit einem hier „exotischen" Zwiebelturm. Das nächste Fotomotiv bietet uns die Windmühle namens „**Nooitgeacht**".

Sagenhafte 12 km lang ist der feine **Sandstrand** von Knokke-Heist. Am Dünenstreifen entlang zieht sich die **Strandpromenade**, an der es sich vortrefflich flanieren lässt – nicht umsonst gilt Knokke-Heist als **mondänster Badeort Belgiens**. Die Bausubstanz ist höchst unterschiedlich: Neben gruseligen Betonklötzen gibt es schicke **Villen**, elitäre Hotels und Appartementhäuser direkt an der Promenade. Wir radeln „in zweiter Reihe" auf der Kustlaan. Wer das nötige Kleingeld dabei hat, kann hier exklusiv shoppen gehen.

Kartentipp:
ADFC-Regionalkarte Seeland/Rotterdam, 1:75.000, ISBN 978-3-96990-007-9, € 9,95
Digital für Smartphones und Tablets:
www.fahrrad-buecher-karten.de/rk-digital

Weiter geht´s von Knokke, das wir vom Platz namens Van Bunnenplein über die Lippenslaan und später links über die Zoutelaan verlassen. Am Kreisel weiter geradeaus auf der Zoutelaan danach rechts Sparrendreef und links Boslaan, auf der wir bleiben, indem wir den Kreisel rechts verlassen. Am nächsten Kreisel wieder rechts, dann bei Konten 73 links in den Graaf Jansdijk. An dessen Ende (beim Knoten 52) links, am Kreisel rechts und ab Knoten 50 folgen wir einfach derselben Strecke wieder zurück, auf der wir herkamen.

Auf unserem Rückweg kommen wir wieder am **Naturschutzgebiet „Het Zwin"** vorbei. Salzwiesen, Salinen, Dünen und eine 159 ha umfassende Lagune bieten hier eine einzigartige Natur.

14 Shopping-Mekka der Deutschen

Von **Roermond** über Venlo

CamperTouren Info

ca. 50 km ohne Abstecher, regionale Radweg-Beschilderung sowie teils Beschilderung als Radfernweg LF Maasroute bzw. LF 13. Keine größeren Steigungen. Die Route führt meist über separate Radwege, einige Passagen auf losem Untergrund.

Start / Ziel: Camping Maasterras, www.campingmaasterrasroermond.nl

Auswahl weiterer Camps entlang der Strecke: Campersplaats Kessel-Eik, Watersportcamping Gravenhof, Boerderijcamping De Ulend, Camping Heiderlust sowie mehrere Minicampings in der Region

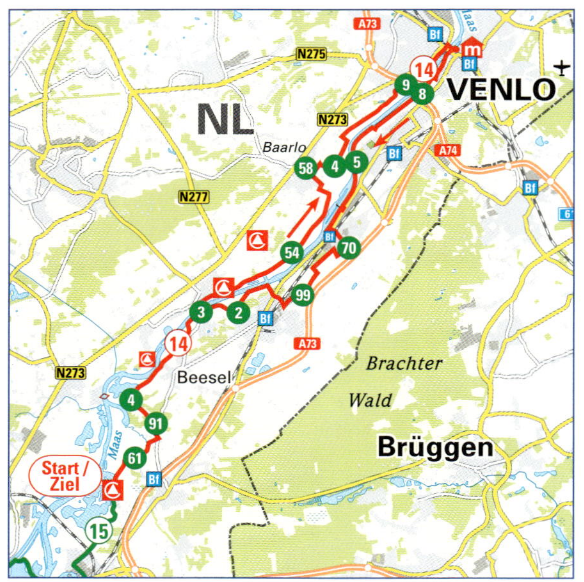

Der „Maas-Radweg" geleitet uns in die Großstadt Venlo. Hier können wir auf dem Markt oder in den vielen Geschäften der Fußgängerzone shoppen, vortrefflich einkehren und uns staunend in die regionale Geschichte begeben.

Noch typischer können wir in den Niederlanden keinen Campingurlaub verleben: An der langen, schnurgeraden Einfahrt des **„Camping Maasterras"** empfängt uns ein roter Backstein-Bauernhof mit putzigen rot-weißen Fensterläden. Was so beschaulich wirkt, entpuppt sich nach der Einfahrt als großer Campingplatz mit 190 Dauer- und 20 Touristenstellplätzen. Als Gäste auf Zeit logieren wir auf großen Parzellen in einem separaten Platzteil.

Los geht's an der Ausfahrt unseres Campingplatzes, die wir nach rechts verlassen, um dem Fernradweg LF Maasroute zu folgen. Am Knotenpunkt 61 geradeaus, bei 91 links, bei 4 rechts und bei 3 links. Nachdem wir die Maas mit der Fähre überquert haben, biegen wir direkt wieder rechts ab und folgen dem Ufer, an dem wir auch die Schilder LF 13 finden. Diese weisen uns am Knoten 54 geradeaus, vor Baarlo ein Stück nach links vom Ufer weg, bei 58 rechts, 4 links, 59 rechts, 9 rechts und wenig später beim Knoten 11 über die Brücke hinweg. So gelangen wir ins Zentrum von Venlo.

Wir tangieren den hübschen Ort Beesel, mit einem **Drachen** als liegendes Klinkerobjekt in giftgrünem Gewand. Der Drache liegt im Ortskern, umgeben mit vielem Grün, gepflegten **Backsteinhäusern** und der unübersehbaren Kirche.

Tipp: Eine Fahrt mit der **Fähre** ist immer eine lustige Unterbrechung der Tour. Wer

Und nach dem Einkauf kosten wir Fricandel mit Fritten Speciaal

allerdings darauf verzichten möchte, bleibt einfach am rechten Ufer der Maas und folgt den Radschildern in die City von Venlo (siehe Rückfahrt).

Aus einem alten „Logistikstandort" der Römer entwickelte sich am Ufer der Maas die Hansestadt Venlo, die 1343 die Stadtrechte erhielt. Heute ist Venlo weit über die Grenzen hinaus für seinen Markt und seine sehenswerte Altstadt bekannt.

Wir schieben unsere Fahrräder durch die Fußgängerzone bis zum eindrucksvollen, 1601 im Stile der Renaissance fertiggestellten **Stadhuis**. Zu Füßen seiner **Türme** erstreckt sich der **Marktplatz**, auf dem wir vor der tollen Kulisse historischer **Jugendstilfassaden** bestens einkehren können. Von hier machen wir uns auf zum **Kwartelenmarkt** mit dem uralten „Römerhaus" und besuchen anschließend die **Sint Martinuskerk** mit der „Schwarzen Madonna von Venlo", das Missionsmuseum Steyl im gleichnamigen Klosterhof und das **Limburgs Museum**.

Kartentipp:
ADFC-Regionalkarte Niederrhein Süd,
1:75.000, ISBN 978-3-87073-973-7, € 9,95
Digital für Smartphones und Tablets:
www.fahrrad-buecher-karten.de/rk-digital

Den würdigen Abschluss unseres Venlo-Besuchs bildet der **Maasboulevard** mit seinem kleinen, aber feinen Jachthafen.

Weiter geht´s von Venlo, das wir am Maasufer verlassen. Auch die Schilder des LFMaasroute weisen uns wieder gut den Weg. Am Knoten 8 geradeaus und bei der 5 in einem Linksbogen wieder ans Ufer. Nach ca. 2,5 km verlassen wir das Ufer, überqueren den Rijksweg, fahren durch Belfeld und treffen auf den Knotenpunkt 70. Hier rechts, an der 99 wieder rechts und dann zurück zum Ufer. Am Knotenpunkt 2 wieder rechts und ab Radschild 3 einfach auf der Hinroute wieder zurück zum Camp.

Auf unserer Rückfahrt werden wir ein Stück von der Maas weggeleitet. Von hier aus sind es nur wenige Kilometer hinüber nach Deutschland, das uns mit dem weitläufigen **Brachter Wald** empfängt, der unter Naturschutz steht. Auch Brüggen mit seiner sehenswerten **Altstadt** ist nicht weit.

15 Schwimmende Häuser

Von **Roermond (Nord)** über Roermond (Süd)

CamperTouren Info

ca. 33 km ohne Abstecher, regionale Radweg-Beschilderung sowie teils Beschilderung als Radfernweg LF-M. Keine größeren Steigungen. Die Route führt meist über separate Radwege, einige Passagen auf losem Untergrund.

Start / Ziel: Camping Maasterras, www.campingmaasterrasroermond.nl

Auswahl weiterer Camps entlang der Strecke: Camping Velmans, Camping Hermans, Camping Roermond, Camping Jachthaven, Wohnmobilstellplatz Helenawerf sowie mehrere Minicampings in der Region

Von unserem naturnahen Camp rollen wir an der Maas entlang ins quirlige Zentrum von Roermond. Dabei entdecken wir, dass es hier viel mehr zu sehen gibt, als „nur" ein Outlet-Center. Zur Entspannung drehen wir nachher noch eine Runde durch die Maasplassen, einer herrlichen Seenlandschaft.

Unser „**Camping Maasterras**" liegt hochwassergeschützt auf einer Anhöhe, und doch sind es nur wenige Meter bis zum Ufer der **Maas**, die hier von zahllosen Seen, den **Maasplassen**, umgeben ist. Das freut natürlich vor allem die Wassersportler, aber auch für uns Radler hat das den Vorteil, dass wir direkt in den **Fernradweg** LF Maasroute einsteigen können.

Los geht's an der Ausfahrt unseres Campingplatzes, die wir nach links verlassen, um den Schildern des Radfernwegs LF Maasroute zu folgen. Am Ortseingang können wir der Zandstraat über die Bahnschienen geradeaus folgen, um etwas abzukürzen. In einem schwungvollen Bogen gelangen wir ins Zentrum von Roermond (Knotenpunkt 83).

Am **Ufer der Roer** (Rur) wiegen schmucke Sportboote im Wasser, **historische Häuser** spiegeln sich, eine alte **Brücke** überspannt den Fluss und einkehren lässt es sich hier auch bestens. Hier liegt auch die Mündung der Roer in die Maas – wobei wir auch den Stadtnamen schon erklärt hätten. In der Innenstadt steuern wir den **Marktplatz** an und erblicken das **Rathaus** mit seinem Glockenturm und die **Kathedrale St. Christopherus** aus dem 15. Jh. Ansehen müssen wir uns auch die **Munsterkerk** aus dem 13. Jh. mit dem prachtvollen Grab von Graf Gerhard IV. von Geldern, der einst das Gotteshaus stiftete.

Aber Roermond ist auch ganz modern, wie z.B. beim „**de Natalintoren**", einem Rundbau mit viel Glas und einer Doppelspitze auf dem Dach.

Weiter geht´s im Zentrum von Roermond, das wir direkt am Ufer der Maas entlang über die 64 und 82 verlassen, um wenig später den Jachthaven zu umfahren. Immer in der

Vor den Toren von Roermonds Altstadt ankert es sich besonders schön

Nähe des Wassers radelnd kommen wir über die Punkte 92 und 36 an Seen und Altarmen der Maas vorbei, bevor uns der Fernwadweg LF Maasroute an der Ravensburg wieder den Weg gen Norden weist, ohne dass wir die Maas überqueren. Am Knoten 84 rechts, bei der 93 geradeaus, unter der Brücke her und ein gutes Stück dahinter rechts. Am Knoten 94 vorbei gelangen wir wieder in die Innenstadt. Von hier folgen wir dem LF Maasroute wieder auf demselben Weg zurück, auf dem wir herkamen.

Wie radeln durch die sogenannten **Maasplassen**. Im Jahr 1953 brachte die „große Flut" viel Leid über die Bevölkerung. Für die danach entstandenen Eindeichungen der Küsten benötigte man große Mengen an Kies. Die Region, die wir beradeln, lieferte diesen Rohstoff und so wurden weite Regionen neben der Maas ausgekiest, um die Waren per Schiff an die Küsten befördern zu können. Zurück blieb eine weitläufige Seenlandschaft.

Kartentipp:
ADFC-Regionalkarte Niederrhein Süd, 1:75.000, ISBN 978-3-87073-973-7, € 9,95
Digital für Smartphones und Tablets:
www.fahrrad-buecher-karten.de/rk-digital

Tipp: Das Ziel der meisten Roermond-Besucher liegt außerhalb der Innenstadt: Im **Outlet-Center** können wir Markenmode, Sportartikel und vieles mehr zu günstigen Preisen erwerben. Nur wenige Pedalumdrehungen weiter finden wie den „**Retailpark Roermond**" mit einigen großen Filialisten. Dabei ist auch einer der größten **Campingartikel-Märkte** Europas. Wenn also noch was beim Camping fehlt: Hier bekommen wir es bestimmt!

Wir können die Maasplassen genießen, denn es entstand bei der **Renaturierung** eine perfekte Infrastruktur, die mit zahlreichen Radwegen durchzogen wird. Auch **Häfen** wurden angelegt, so dass die Region ein Eldorado für Wassersportfans wurde.

16 Im tiefsten Süden der Niederlande

Von **Valkenburg** über Maastricht

CamperTouren Info

ca. 33 km ohne Abstecher, regionale Radweg-Beschilderung sowie teils Beschilderung als Radfernweg LF Maasroute. Eine ca. 2 km lange Steigungsstrecke hinter Maastricht-Zentrum und eine etwa 2,5 km lange Steigung am Ende der Tour. Die Route führt meist über separate Radwege, einige Passagen auf losem Untergrund.

Start / Ziel: Camping Oriental, www.campingoriental.nl

Auswahl weiterer Camps entlang der Strecke: Camping de Oosterdriessen, Boerderijcamping t´Gasthoes sowie mehrere Minicampings in der Region

Das Ende der Tour ist mit ein wenig „Muskelarbeit" verbunden, denn es geht doch ordentlich bergauf, was uns in den Niederlanden doch ein wenig überrascht. Doch die wunderbare Stadt Maastricht und ihr beschauliches Umland entschädigen mehrfach für diese Mühen.

Komfort wird groß geschrieben auf unserem Refugium auf Zeit, dem „**Camping Oriental**" vor den Toren der Stadt Valkenburg. Auf der klar gegliederten Anlage können wir unsere Parzelle passgenau wählen: Fernsehanschluss gibt es überall, Frisch- und Abwasseranschluss auf Wunsch. In den modernen Sanitärgebäuden haben wir Dank Fußbodenheizung schön warme Füße und Dank Lautsprechern immer eine nette Melodie im Ohr.

Los geht's an der Ausfahrt unseres Campingplatzes, die wir nach links verlassen, um dem straßenbegleitenden Radweg, der rechts der Landstraße verläuft, zu folgen. Immer geradeaus und bergab kommen wir rasch nach Maastricht. Am Kreisel schräg rechts, beim Knotenpunkt 79 geradeaus, vor der Maas rechts und dann links über die Sint-Servaas-Brug. So gelangen wir ins Herz von Maastricht.

Schöner können wir die Altstadt Maastrichts gar nicht erreichen, denn wir rollen über die **St. Servaasbrug**, deren Geschichte bis ins 13. Jh. zurückreicht. Damit ist sie die älteste Brücke der Niederlande! Wenn wir genau hinsehen, erblicken wir **sechs Maas-Brücken** auf dem Stadtgebiet. Und doch sind es zu wenige, so dass mit dem König-**Willem-Alexander-Tunnel** 2016 noch ein Straßentunnel hinzukam.

Tipp: In Maastricht ist es sehr empfehlenswert, sich einer der **Stadtführungen** anzuschließen, denn die Fülle an Sehenswertem ist sonst kaum erlebbar. Immerhin hat die Stadt nach Amsterdam die meisten Kulturdenkmäler des Landes, so dass die ganze Innenstadt kurzerhand unter **Denkmalschutz** gestellt wurde.

Gleich auf der anderen Seite der Maas empfängt uns die um 1000 erbaute **St. Servaasbasiliek**. Von hier gelangen wir direkt in die wunderschöne Altstadt. Einkehrmöglichkeiten vor **historischen Häusern** sorgen für fast schon mediterranes Flair. Ansehen müssen wir uns unbedingt das **Stadhuis** mit seinem Glockenspiel, die begehbare **Stadtmauer**, die St. Janskerk, die Dominicanerkerk und die **Basiliek van Onze Lieve Vrouwe**.

Kleine Gassen durchziehen Maastricht

Weiter geht´s vom Maastricht-Zentrum, das wir beim Knotenpunkt 1 über die Punkte 3 und 12 mit der LF Maasroute verlassen. (Achtung: bei Punkt 12 folgen wir weiter der LF Maasroute nach links.) Nachdem wir die Grenze zu Belgien passiert haben, queren wir an der 411 mit der Rue Collinet die Schleusenanlage. Dahinter ein Stück nach rechts auf dem Quai de Caster bis zum Knotenpunkt 412. Hier links, kurz darauf rechts, beim Knoten 413 links und dann mit der Fähre ans andere Ufer der Maas. Dort direkt links am Ufer entlang, an der Kasteellaan bei Knoten 75 geradeaus, hinter der Autobahnquerung rechts und bei 74 links. Am Knoten 73 links und direkt wieder rechts und beim Schild 5 an der Mühle vorbei und weiter auf dem Oude Molenweg. Nun immer in grober Richtung geradeaus, auch bei Knoten 6 geradeaus, bis wir wieder auf „unsere" Straße treffen, an der wir rechts abbiegen und zurück zum Camp radeln.

Kartentipp:
ADFC-Regionalkarte Aachen/Dreiländereck,
1:75.000, ISBN 978-3-87073-966-9, € 9,95
Digital für Smartphones und Tablets:
www.fahrrad-buecher-karten.de/rk-digital

Auf unserem Rückweg kommen wir nach der Fährfahrt an einem beliebten **Naherholungsgebiet** vorbei. Die Begriffe „Jachthaven Portofino" und „Zeil- und Surfvereiniging De Waolenwert" machen deutlich, dass Wassersportler hier voll auf ihre Kosten kommen. Aber auch Wanderer finden im Gebiet „Eijsder Beemden" ideale Bedingungen vor.

17 Höhlenforschung

Von **Valkenburg** über Bemelen

CamperTouren Info

ca. 17 km ohne Abstecher, regionale Radweg-Beschilderung sowie teils Beschilderung als Radfernweg LF 6. Zwei kurze, aber „knackige" Steigungen in der Mitte und am Ende der Tour. Die Route führt meist über separate Radwege, einige Passagen auf losem Untergrund.

Start / Ziel: Camping Oriental, www.campingoriental.nl

Auswahl weiterer Camps entlang der Strecke: Camping t´ Geuldal, Camping Meerssen, Camping Geul en Bos, Stadscamping Den Driesch, Campersplaats (Wohnmobilstellplatz) in Valkenburg, Camping de Cauberg, sowie mehrere Minicampings in der Region

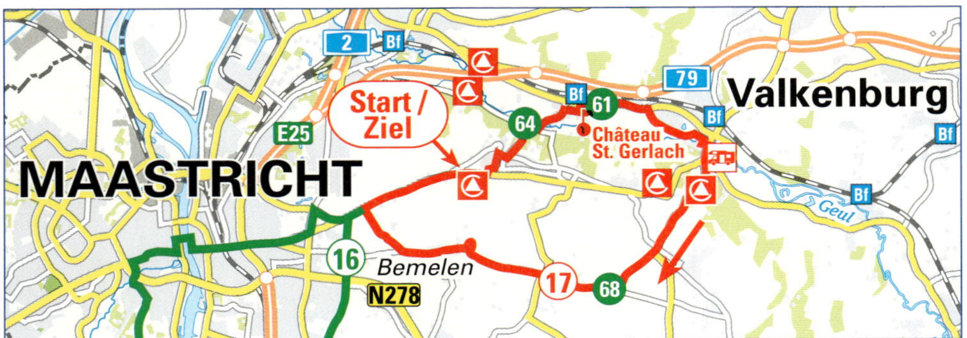

Gerade einmal 17 km? Das scheint etwas kurz für eine Tagestour zu sein. Weit gefehlt, denn die beiden Steigungen lassen uns spüren, dass es in den Niederlanden „doch" Berge gibt und rund um Valkenburg gibt es so viel zu sehen, dass die Zeit im Nu verfliegt!

Nur ein paar Meter sind es von unserer Parzelle zum platzeigenen **Hallenbad**, das vor allem bei den Kindern hoch im Kurs steht. Bei schönem Wetter wird einfach das Dach geöffnet und das Hallen- wird zum **Freibad**. Und falls die Haut schon „schrumpelig" geworden ist, werden die Kinder außerhalb des Pools vom **Animationsteam** bespaßt.

Los geht's an der Ausfahrt unseres Campingplatzes, die wir nach rechts verlassen, um den Kreisel auf der Groote Straat zu verlassen, der wir durch die Rechts-Links-Kurve folgen. In der nächsten Rechtskurve rechts auf den Geulhemmerweg, der einen Linksknick vollzieht und aus dem Ort hinaus führt. Am Knotenpunkt 64 rechts und gleich wieder links, an der 102 vorbei, an der Weggabelung rechts, links, rechts und am Schild 61 geradeaus.

Auf unserem Weg nach Valkenburg kommen wir am **Chateau St. Gerlach** vorbei. Kaum zu glauben, dass das heutige Luxushotel aus einem alten Kloster und einem Pachthof hervorging. Das Schloss ist eingebettet in einen weitläufigen Park und auch der malerische Fluss Geul ist nicht weit.

Tipp: Fast direkt an unserem Weg nach Valkenburg liegt das **Shimano Experience Center**. Hier können wir die modernste Fahrradtechnik bestaunen und mit einer VR-Brille in virtuelle Welten eintauchen.

Valkenburg wird von der Geul durchflossen…

Gar nicht weit entfernt liegt die **Prehistorische Vuursteemijnen Valkenburg**. Etwa 3.300 Jahre vor Christus wurden hier schon in sieben Minen Feuersteine abgebaut. In direkter Nachbarschaft finden wir die **Brauerei De Leeuw**, das Museum Romeinse Katakomben mit römischen Grabkammern und den **Naturpark Pollerbosch** mit einer Freilichtbühne.

Weiter geht´s vom Chateau St. Gerlach über die Prins Bernhardlaan in die Ortsmitte von Valkenburg, das wir unten vor der Burg stehend rechts um den Burgberg herum auf dem Daalhemerweg verlassen, der sofort deutlich ansteigt. Am Knotenpunkt 68 rechts und weiter nach Bemelen. Am Ortsausgang an der sich teilenden Straße schräg rechts, an der Querstraße links auf den Rijksweg und mit einer kräftigen Steigung kehren wir zum Camp zurück.

Schon von weitem entdecken wir in exponierter Lage hoch auf einem Berg die **Burgruine Valkenburg** auf einem Berg. Damit man seinerzeit unerkannt entkommen konnte, wurden unterirdische Fluchtgänge angelegt. Der Weg hier hinauf lohnt sich, denn wir sind auf einer von nur zwei Höhenburgen der Niederlande, können eine unglaubliche Aussicht genießen und vortrefflich einkehren.

…und von der Burgruine bewacht.

Zu Füßen der Burg erstreckt sich eine Altstadt, die von dem Fluss „**Kleine Geul**" umschlungen wird und uns mit einem gut erhaltenen, **mittelalterlichen Stadtbild** empfängt. Im ehemaligen Rathaus ist heute ein Museum für die Region untergebracht. Ansehen müssen wir uns auch die St. Nikolaas-Kerk aus dem 14. Jh., die beiden **Stadttore** mit den Resten der **Wehrmauer** und den **Aussichtsturm Wilhelminatoren**.

Und dann geht es in den Untergrund, denn überregional bekannt sind die **Grotten**. Hier wurde seit den Römern Mergel-Gestein abgebaut, so dass sich eine eigene Stadt unter der Stadt entwickelte.

Kartentipp:
ADFC-Regionalkarte Aachen/Dreiländereck,
1:75.000, ISBN 978-3-87073-966-9, € 9,95
Digital für Smartphones und Tablets:
www.fahrrad-buecher-karten.de/rk-digital

18 Nordsee, Südsee und Alleen – alles in einer Tour!

Von **Xanten** nach Rees

CamperTouren Info

42 km, überwiegend auf separaten Radwegen, Radwegen neben der Straße sowie auf Nebenstraßen. Keine größeren Steigungen, regionale Wegweisung

Start / Ziel: Wohnmobilpark Xanten, www.womopark-xanten.de

Auswahl weiterer Camps an der Strecke: Camping Gisbert Schlüter, Camping „Op et Husen", Campingplatz Verkühlen, Camping Niederrhein

Herrliche Badeseen und der breite Rhein begleiten unsere Tour in den Nordosten von Xanten. Die Radwege sind hier am Niederrhein perfekt ausgebaut – und der schnurgerade Alleenradweg erfüllt auch die letzten Radler-Sehnsüchte.

Bei Umfragen steht er fast immer ganz vorne im Ranking: Der **Wohnmobilstellplatz Xanten**, auf dem auch Wohnwagen erlaubt sind. Nur wenige Fußminuten sind es bis in die historische Innenstadt von Xanten und zu den überregionalen Radwegen müssen wir nur ein paar Meter den Hügel hinunterrollen. Die Stellplätze sind großzügig und mit viel Grün gestaltet, wer weiter oben steht, hat zudem auch noch einen schönen Ausblick. Das kleine, aber sehr edle Sanitärgebäude lässt keine Wünsche offen und wer nach der Radtour entspannen mag, besucht auf dem Platz die Wellness-Oase oder die Salzgrotte.

Los geht´s an der Ausfahrt des Camps, von der wir zwischen Camp und Sportplatz zur Straße rollen, dort rechts und gleich wieder links. So erreichen wir den Radweg links neben der B57, dem wir rund 3 km folgen, ehe wir rechts abbiegen und an dem Xantener Südsee vorbei radeln. Bei den Großparkplätzen geradeaus über die Brücke und in grober Richtung geradeaus durch den Ort Wardt. So gelangen wir ans Ufer vom Nordsee, dem wir gegen den Uhrzeigersinn umrunden. Später gesellt sich unser Radweg an den Rhein, dem wir flussabwärts folgen, um mit der Fähre überzusetzen und ins Herz von Rees zu kommen.

Ist das herrlich: Es kommt wirklich Karibik-Feeling auf, wenn wir am **Xantener Südsee** und am **Nordsee** vorbei radeln. Feinster Sandstrand, Liegewiesen, Beachclubs, Surf- und Paddeling-Verleihe und sogar eine Halbinsel finden wir hier. Wer sich einmal niedergelassen und ins klare Wasser eingetaucht ist, wird kaum zum Weiterradeln kommen.

Farbspiele an der Promenade von Rees

Tipp: Wer nicht mit der Fähre übersetzen mag, radelt ein Stück weiter auf der Rheinseite und nutzt die **Brücke**, um nach Rees zu gelangen. Später geht´s auf demselben Weg wieder über die Brücke retour.

Mit der Fähre setzen wir über zur Reeser **Rheinpromenade**, die zugleich das Schmuckstück der Stadt ist. Die gute Gastronomie hier und in der Stadtmitte locken zu einer längeren Pause. Gut erkennbar sind die Reste der ehemaligen Stadtbefestigung. Neben der **Stadtmauer** entdecken wir den Zoll- und den Mühlenturm. Aus dem schicken Panorama ragen die Türme der **Kirchen** St. Vincentius und St. Maria Himmelfahrt empor.

Weiter geht´s von Rees über den Rhein-Radweg, den Schildern Richtung Emmerich folgend, flussabwärts. Dann radeln wir unter der Brücke her, biegen direkt dahinter rechts ab, kurbeln steil nach oben und fahren per Haarnadelkurve auf die Brücke. Diese Passagen sind recht eng, so dass wir vorsichtig fahren müssen – erst recht bei Gegenverkehr! Am anderen Ufer radeln wir via Niedermörmter nach Kalkar. Dies verlassen wir über Monre- und Xantener Straße. Ab dem Kreisel wechseln wir auf den Radweg parallel zur Bundesstraße. Hinter Kehrum können wir rechts-links abbiegen und gelangen auf den Alleen-Radweg. Der bringt uns vorbei an Marienbaum und den Ausgrabungsstätten zum Bahnhof vom Xanten. Am Bahnhof links (Hagenbuschstraße), dann rechts über den Westwall und später wieder rechts auf die Viktorstraße. Nun immer geradeaus zurück zum Camp.

Kalkar erlangte in den 1980er Jahren traurige Berühmtheit durch viele Demos gegen den „Schnellen Brüter". Das damalige Atomkraftwerk wurde stillgelegt, heute dient es als Abenteuerpark der besonderen Art. In der Ortsmitte von Kalkar finden wir die **größte Windmühle vom Niederrhein** und ein sehr schönes **Rathaus**. Davor erstreckt sich der Marktplatz mit Einkehrmöglichkeiten, einer Gerichtslinde und dem **Städtischen Museum**.

Auf dem Rückweg rollen wir über den schnurgeraden **Alleenradweg**, der komplett autofrei auf einer ehemaligen Bahntrasse verläuft.

Kartentipp:
ADFC-Regionalkarte Niederrhein Nord, 1:75.000,
ISBN 978-3-96990-017-8, € 9,95
Digital für Smartphones und Tablets:
www.fahrrad-buecher-karten.de/rk-digital

19 Wehrhaftes Wesel

Von **Xanten** nach Wesel

CamperTouren Info

30 km, überwiegend auf separaten Radwegen, Radwegen neben der Straße sowie auf Nebenstraßen. Nur eine kleinere Steigung am Ende der Tour, regionale Wegweisung

Start / Ziel: Wohnmobilpark Xanten, www.womopark-xanten.de

Auswahl weiterer Camps an der Strecke: Campingplatz Grav-Insel, Wohnmobil-Stellplatz Wesel

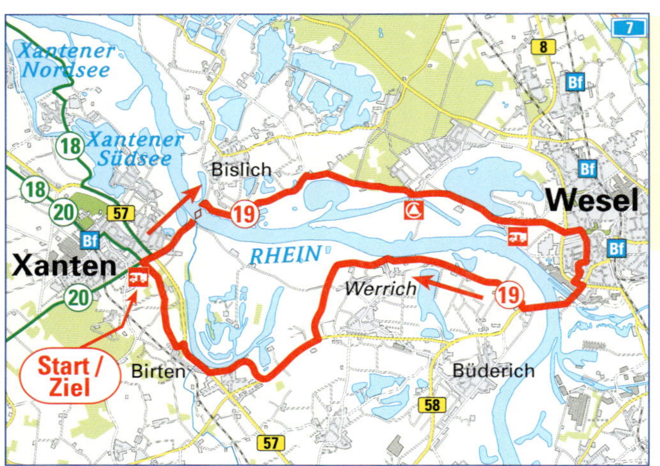

Tipp: Die **Rheinfähre** verkehrt nicht ständig, daher sollten wir uns vorher über den Fahrplan informieren. Eine gute Alternative ist es, vom Fähranleger aus am Rhein entlang bis zur Brücke und dort ins Herz von Wesel zu radeln.

Bei dieser Tour haben wir wieder ein sehr abwechslungsreiches Programm zu erwarten: Wir sind auf beiden Ufern des Rheins unterwegs und rollen durch ruhige Naturschutzgebiete. Städtisches Flair hingegen wird uns beim Besuch der Weseler Innenstadt beschert.

Los geht´s an der Ausfahrt des Camps, von der wir zwischen Camp und Sportplatz zur Straße rollen, dort rechts und an der Ampel geradeaus. So gelangen wir zur Fähre, die uns ans andere Rheinufer bringt. Hier biegen wir rechts ab (Marwick, später Bilslicher Straße, dann Deichweg) und radeln am weitläufigen Gelände des Campingplatzes Grav-Insel vorbei. Der Auesee und der Flugplatz liegen auf unserem Weg, der uns den Radschildern folgend ins Zentrum von Wesel führt.

Der **Campingplatz Grav-Insel** ist unter Campern ein Begriff. Obwohl es eine der größten Anlagen in Europa ist, herrscht eine familiäre Atmosphäre. Auch der Wohnmobil-Stellplatz von Wesel, an dem wir wenig später vorbeikommen, genießt einen guten Ruf. Beide Camps liegen in wundervoller, grüner Umgebung.

An der strategisch günstigen Mündung der Lippe in den Rhein entstand die heute rund 60.000 Einwohner zählende Stadt Wesel. Sie entwickelte sich so prächtig, dass sie 1407 in den Bund der Hanse aufgenommen wurde. Das eindrucksvollste Zeugnis aus dieser Zeit ist das **Historische Rathaus**. Nicht minder schön anzusehen ist der Willibrordi-Dom dessen Turm 1478 vollendet wurde. Ab 1681 wurde Wesel unter der Preußischen Regentschaft zu einer echten Festung ausgebaut. Die **Zitadelle** zeugt bis heute davon, dass Wesel seinerzeit bestens beschützt war. Hier finden wir – quasi standesgemäß – auch das **Preußen-Museum**. Die Zitadelle war das Haupttor des umfassenden Verteidigungssystems, zu dem auch das **Berliner Tor** gehörte.

Die Zitadelle zeugt von der einstigen Wehrhaftigkeit Wesels

Nicht ganz so ernst zu nehmen ist der bunte **Esel** am Berliner Tor. Er ist eine nette Anspielung auf den Spruch „wir heißt der Bürgermeister von Wesel", den fast jeder schon einmal als Echoruf ausprobiert haben dürfte.

Weiter geht´s von Wesel, das wir an der Zitadelle vorbei zur Rheinbrücke hin verlassen. Am Ende der Brücke schräg rechts hinunter und rechts-links-links auf den Radweg, der uns durch das Naturschutzgebiet Rheinaue vorbei an Fort I via Perrich und Werrich ins nächste Naturschutzgebiet namens Bislicher Insel bringt. Schließlich treffen wir auf die B57, der wir einen Kilometer folgen, um hinter Birten links und gleich wieder rechts abzubiegen. Der kleine Weg bringt uns mit einer spürbaren Steigung geradewegs zurück zum Camp. Alternativ können wir auch dem Radweg an der B57 folgen und bei der Ampel links und gleich wieder links abbiegen zum Camp.

Wir kommen an **Fort I** vorbei, das einst auch zu den Verteidigungsanlagen von Wesel gehörte. Der schließende Teil der Tour ist sehr naturverbunden: Zunächst radeln wir durch das **Naturschutzgebiet Rheinaue** und dann durch das **Naturschutzgebiet Bislicher Insel,** das sich über mehr als 10 qkm erstreckt. Weil sich der Lauf des Rheins mehrfach änderte, entstand hier eine **Auenlandschaft**, die in dieser Art eine der letzten Deutschlands ist. Unzählige Vögel haben hier eine ruhige Heimat gefunden, darunter viele bedrohte Arten.

Kartentipp:
ADFC-Regionalkarte Niederrhein Nord, 1:75.000,
ISBN 978-3-96990-017-8, € 9,95
Digital für Smartphones und Tablets:
www.fahrrad-buecher-karten.de/rk-digital

20 Och, ist das schön in Goch

Von **Xanten** nach Goch

CamperTouren Info

56 km, überwiegend auf separaten Radwegen, Radwegen neben der Straße sowie auf Nebenstraßen. Einige kleinere Steigungen, regionale Wegweisung

Start / Ziel: Wohnmobilpark Xanten, www.womopark-xanten.de

Auswahl weiterer Camps an der Strecke: Campingplatz Im Erlengrund, Wohnmobilstellplatz Uedem, Campingpark Kerstgenshof, Campingplatz Birgit Ingenlath, Waldcamping Speetenkath, Campingplatz und Gaststätte Bremer

Auf der heutigen Tour machen wir einen Streifzug durch die kleinen Städte am Niederrhein und stellen fest, dass jede ihren eigenen Charme besitzt. Das Radwegenetz ist dicht, so dass wir zwar mit einigen kleinen Hügeln, aber stets mit einem guten Untergrund unterwegs sind.

Los geht´s an der Ausfahrt des Camps, von der wir zwischen Camp und Sportplatz zur Straße rollen und dort geradeaus auf die Viktorstraße fahren. Von hier links auf den Westwall und wieder links in die Bahnhofstraße, vor den Schienen rechts und dann immer weiter geradeaus auf dem Alleenradweg. Der bringt uns später auf die B57, mit deren Radweg wir Kalkar erreichen. Kalkar verlassen wir entlang der Straße nach Goch, das wir mit einer kleinen Steigung erreichen.

Zu Beginn oder zum Ende der Tour müssen wir uns der herrlichen Innenstadt von Xanten widmen. In der Mitte der Altstadt ragt seit dem 8. Jh. der stattliche **Dom St. Victor** empor. Die umliegenden Straßen, Gassen und Plätze laden zur Einkehr und zum Shoppen ein. Hier finden wir auch das strahlend weiß getünchte **Rathaus**. Mitten in der City teilte das **Mitteltor** einst die Stadt, während die **Kriemhildmühle** etwas am Rand steht.

Direkt an unserem Alleenradweg liegt der **Archäologische Park Xanten** (APX) auf einem Teil der früheren Colonia. Auch das **LVR-Römermuseum** liegt auf dem riesigen Gelände.

Tipp: Von Kalkar aus können wir die Tour um tolle Sehenswürdigkeiten erweitern: Nach wenigen Minuten wird über den beschilder-

Das Märchen-Schloss Moyland wird von einem Wassergraben geschützt

ten Radweg **Schloss Moyland** erreicht, das mitten in einem Wassergraben mit umliegendem Park angeordnet ist. Noch einige Kilometer weiter liegt Kleve ganz in der Nähe zur niederländischen Grenze. Unterhalb der barocken **Schwanenburg** gibt es einige historische **Villen** zu bestaunen.

Die sehr sehenswerte Kleinstadt Goch liegt malerisch am Ufer des Flüsschens Niers. Hier finden wir mit der **Susmühle** mit ihrem roten Mühlrad und den rot-weißen Fensterläden das erste schöne Fotomotiv. Die Fensterläden sind auch ein gestalterisches Element am „**Haus zu den fünf Ringen**“, das 1550 als Patrizierhaus erbaut wurde. Noch älter ist das wuchtige **Steintor**. Es ist das einzige noch erhaltene von vormals vier Toren, die zur Stadtbefestigung gehörten. In Goch finden wir auch eine einladende **Fußgängerzone**, die nicht nur Shopping- sondern auch Einkehrmöglichkeiten bereithält.

Weiter geht´s von Goch den Radwegeschildern folgend nach Uedem und weiter am Rad-Knotenpunkt 51 vorbei nach Labbeck. Von hier zur querenden Landstraße, der wir nach links folgen. Kurz vor der Ampel an der B57 biegen wir rechts ab, um zurück zu unserem Camp zu kommen.

Die Herstellung von Schuhen war einst das prägende Handwerk von Uedem. Klar, dass es dazu auch eine **Plastik eines Schuhmachers** gibt. Am Rathaus steht eine zweite Statue, die sich mit der hier typischen Zuckerrübe präsentiert.

Im kleinen Örtchen Labbeck werden wir mit einem großen, schön gestalteten **Dorfplatz** überrascht. Hier können wir nochmals rasten und uns das Wasserspiel und „herumtollende Hasen“ ansehen.

Kartentipp:
ADFC-Regionalkarte Niederrhein Nord, 1:75.000,
ISBN 978-3-96990-017-8, € 9,95
Digital für Smartphones und Tablets:
www.fahrrad-buecher-karten.de/rk-digital

21 Kleine Tour auf den Spuren Karls des Großen

Von **Bad Aachen** über Aachen-Mitte

CamperTouren Info

ca. 7 km ohne Abstecher, regionale Radweg-Beschilderung. Hügeliger Verlauf, aber keine größeren Steigungen. Die Route führt meist über separate Radwege, einige Passagen auf losem Untergrund.

Start / Ziel: Wohnmobil-Stellplatz Bad Aachen, www.aachen-camping.de

Keine weiteren Camps entlang der Strecke

Eine kurze Rad-Runde führt uns in die Aachener Innenstadt. Das bedeutet, wir rollen oft über gute Radwege, aber doch meist neben Straßen. Doch der Aufwand lohnt sich: Es gibt unglaublich viel zu entdecken!

Eingebettet im üppigen Grün des romantischen Gillesbachtals liegt unser 1,5 ha großer „**Stellplatz Bad Aachen**". Hier finden wir schöne Stellplätze, die sowohl für Wohnmobile als auch für Wohnwagen zugelassen sind. Neben teils großen Parzellen hält der Stellplatz ein erstklassiges Sanitärgebäude und Grillplätze bereit.

Los geht's an der Ausfahrt unseres Campingplatzes, die wir nach rechts auf dem Branderhofer Weg verlassen, um an der nächsten Ecke rechts in die Straße „Im Gillesbachtal" abzubiegen. Am Straßenende (Knotenpunkt 45) rechts in die Friedrich-Ebert-Allee, direkt wieder rechts Moltke-, rechts Bismarck-, links (Punkt 6) Schloss-, geradeaus Lothringerstraße und dann auch mit dieser über die B1 geradeaus hinweg. Am Ende rechts Harscamp und direkt links Schildstraße, links-rechts in die Wirichsbongardstraße, dann geradeaus (Punkt 3) am Elisenpark vorbei bis zum Münsterplatz.

Aachen ist Sitz der sogenannten „**Städteregion Aachen**" und zugleich ein Inbegriff für die Europäische Union: Belgien und die Niederlande sind zum Greifen nah und in der Stadt sind die verschiedenen Sprachen überall präsent.

Tipp: Wer die Innenstadt Aachens ganz ohne „Großstadt-Radel-Stress" genießen möchte, kann auch mit dem **Bus** in wenigen Minuten in die Innenstadt fahren. Die Haltstelle liegt nur 400 m neben unserem Camp.

Weltbekannt ist der **Aachener Dom**, der 400 Jahr lang der größte freischwebende Kuppelbau diesseits der Alpen war. Errichtet wurde das Gotteshaus als Pfalzkapelle für Karl den Großen – und so werden wir an den berühmten Kaiser auch überall erinnert: Wir sehen Karls Marmorthron im spektakulären Oktagon, den **Karlsschrein** mit den Gebeinen des

Kaisers und die **Schatzkammer**. Beeindruckend ist auch die Chorhalle mit ihren 27 m hohen Fenstern.

Nur wenige Schritte vom Dom entfernt steht das beeindruckende **Rathaus**, in dem es wieder um Karl geht, denn der **Krönungssaal** im ersten OG zeigt Szenen aus seinem Leben. Das Rathaus wurde übrigens auf den Grundmauern der Palastaula der Kaiserpfalz erbaut.

Rund um das Rathaus entdecken wir in den teils kleinen Gassen nicht nur schöne Geschäfte, sondern auch viele historische Gebäude wie z.B. die verzierten Häuser Löwenstein und Grashaus. Das **Ponttor**, zeugt noch heute davon, dass Aachen einst mit zwei Mauerringen gesichert war.

Ein großer Dom für Karl den Großen

Weiter geht´s vom Münsterplatz links um den Dom herum zum Domplatz, rechts Fischmarkt (Knotenpunkt 2), schräg links Annastraße, an der breiten Querstraße geradeaus in die Mörgensstraße, der wir eine ganze Zeit folgen, auch wenn sie ihren Namen in Krakau- und dann in Südstraße wechselt. Nach der Unterführung links in die Habsburgerallee, wieder links in die Kamper Straße, die linkerhand als Weg an den Schienen entlangführt. Am Ende rechts Burtscheider-, geradeaus Hauptstraße, am Park links in die Dammstraße, am Ende rechts in die Kurbrunnenstraße. Die geht in die Friedrich-Ebert-Alle über, von der wir links (am Knotenpunkt 45) in Am Gillesbach und später nochmals links abbiegen, um zurück zum Camp zu gelangen.

Gegen Ende der Tour rollen wir am **Kurgarten** mit mehreren Landschaftsgärten und Spielplätzen vorbei. Hier können wir die Lungen mit frischer Luft und den Magen mit guten Speisen in der Gastronomie der Kurpark-Terrassen füllen.

Kartentipp:
ADFC-Regionalkarte Aachen/Dreiländereck,
1:75.000, ISBN 978-3-87073-966-9, € 9,95
Digital für Smartphones und Tablets:
www.fahrrad-buecher-karten.de/rk-digital

22 Klettertour zum Dreiländereck

Von **Aachen** über Vaals

CamperTouren Info

ca. 18 km ohne Abstecher, regionale Radweg-Beschilderung. Eine etwa 4 km lange Steigung mit rund 100 Höhenmetern, die gute Kondition oder ein E-Bike sinnvoll machen. Die Route führt meist über separate Radwege, einige Passagen auf losem Untergrund.

Start / Ziel: Wohnmobil-Stellplatz Bad Aachen, www.aachen-camping.de

Auswahl weiterer Camps entlang der Strecke: Kampeerterrein Hoeve de Gastmolen

Diese 19 km haben es in sich, denn es geht „satt" einen Berg hinauf. Der stellt allerdings auch Ungeübte, die ein wenig schieben, vor keine unüberwindbaren Hindernisse. Es lohnt sich nämlich, denn oben lockt das Dreiländereck mit einer atemberaubenden Aussicht.

Die nahe Umgebung unseres Camps ist malerisch: Das **Gillesbachtal** präsentiert sich mit einer teils urwüchsigen Natur. Zu beiden Seiten des kleinen, etwa 3 km langen Bachlaufes wechseln sich schnurgerade Wege mit verwunschen wirkenden Felsen und Pflanzenbewuchs. Auf der kurzen Strecke, die am Gut Waldhausen beginnt, strömt das Wasser über 63 m „zu Tale" – damit ist der Gillesbach sogar so etwas wie ein Gebirgsbach.

Los geht's an der Ausfahrt unseres Campingplatzes, die wir nach links verlassen, um dem Branderhofer Weg bis zur Adenauerallee zu folgen, an der wir rechts abbiegen. Der straßenbegleitende Radweg führt uns über zwei Kreuzungen in die Siegelallee, wo wir dem Straßenverlauf links in die St. Vither Straße folgen, die erst zum Luxemburger, dann zum Brüsseler Ring wird. Am Ende rechts auf die Lütticher Straße und gleich wieder links auf den Amsterdamer Ring und wieder sofort links in den Hasselholzer Weg. Nach ca. 600 m halten wir uns rechts (Am Hasselholz) und biegen hinterm Gut Hasselholz links ab. Vor der Bahn rechts, dann links unter der Bahn her und sofort wieder links. Nun durchschnaufen und die lange Steigung hinauf zum Dreiländereck.

Wir kommen an einigen Fakultäten der **Rheinisch-Westfälischen Technischen Hochschule** Aachen (RWTH) vorbei. Es ist die größte Hochschule für technische Studiengänge in ganz Deutschland. Überregional bekannt ist auch die zugehörige Uniklinik.

Tipp: Aachen ist ein Eldorado für Fans des Werksverkaufs. **Aachener Printen** (verschiedene Hersteller), **Marmelade** (Zentis), Gebäck (Bahlsen) oder **Schokolade** (Lindt) – hier gibt's reichlich Leckereien für „süße Naturen".

Die Attraktionen am Dreiländereck entschädigen für die „Bergwertung"

Unterhalb unserer Strecke liegt der 10.000 Einwohner zählende Ort Vaals. Der niederländische Grenzort entstand einst um den **Lehnshof St. Tolbert** herum und beeindruckt uns mit seiner filigranen **St.-Paulus-Kerk**. Erhalten ist auch das historische Gebäude, in dem Kurhaus, Ballsaal und Kurhotel untergebracht sind.

Die Plackerei hat sich mehr als gelohnt: Wir haben den **höchsten Berg der Niederlande** erklommen, der stolze 323 m misst. Zugleich sind wir am **Dreiländereck** – und das wird hier ganz genau genommen: Wir können mit einem Fuß in Deutschland und mit dem anderen in Belgien oder den Niederlanden stehen.

Vom **Aussichtsturm** haben wir eine phantastische Fernsicht in alle drei Nationen. Für weitere Kurzweil sorgen ein Restaurant, das Dreiländerlabyrinth und ein Abenteuerspielplatz.

Weiter geht´s vom Dreiländereck (Knotenpunkt 91), das wir auf belgischer Seite über den Königsweg verlassen, der noch etwas ansteigt. Oben (beim Knotenpunkt 5) links in den Moresneter Weg, dann geht's bergab, an der Weggabelung geradeaus, auch an der querenden Lütticher Straße geradeaus. Geradlinig rollen wir durch den Ort Ronheide und zweigen am Luxemburger Ring rechts ab. Nun einfach auf derselben Strecke zurück zum Camp, auf der wir herkamen.

Der kleine Ort, durch den wir radeln, wurde bekannt durch die „**Ronheider Rampe**". Durch die starke Steigung mussten die Züge einst von einer Dampfmaschine hinaufgezogen werden, die später durch Schiebeloks ersetzt wurden. Heutzutage fahren nur noch wenige Züge hier, die aber immer noch geschoben werden müssen.

Kartentipp:
ADFC-Regionalkarte Aachen/Dreiländereck,
1:75.000, ISBN 978-3-87073-966-9, € 9,95
Digital für Smartphones und Tablets:
www.fahrrad-buecher-karten.de/rk-digital

23 Auf der alten Bahntrasse ins Venn

Von **Aachen** nach Roetgen

CamperTouren Info

ca. 71 km ohne Abstecher, regionale Radweg-Beschilderung sowie teils Beschilderung als D7 und Vennbahnradweg. Auf den ersten 27 km stetige Steigung mit zwei kurzen „Rampen". Die Route führt meist über separate Radwege, einige Passagen auf losem Untergrund.

Start / Ziel: Wohnmobil-Stellplatz Bad Aachen, www.aachen-camping.de

Auswahl weiterer Camps entlang der Strecke: Camping Roetgen, Camping Hertogenwald, Camping Wesertal, Camping Congolo

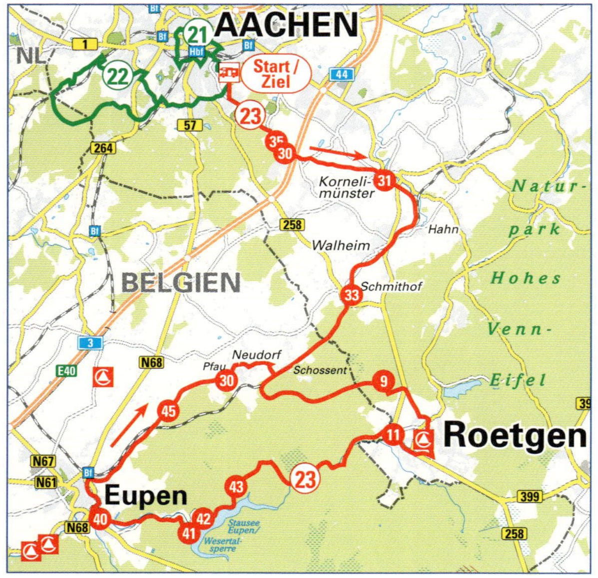

Der Vennbahnradweg wurde bereits mehrfach prämiert. Warum, das wird uns schnell klar, denn wir rollen entspannt auf einer perfekt präparierten ehemaligen Bahntrasse, was autofreies Radeln ohne allzu große Steigungen bedeutet.

Gar nicht weit von unserem Stellplatz entfernt liegt der Aachener Kurgarten, eine echte Oase der Ruhe mitten in der Stadt. Aachen ist ein **staatlich anerkanntes Heilbad** wegen seiner Heilquellen. In der Innenstadt stehen die **Wandelhallen** des Elisenbrunnens, der wegen des starken Schwefelgehalts meist faulige riecht.

Los geht's an der Ausfahrt unseres Campingplatzes, die wir nach links auf dem Branderhofer Weg verlassen, um mit ihm die querende Adenauerallee geradeaus zu überqueren. An der Kaserne links auf den Kornelimünsterweg und auf hügeliger Strecke der D7 folgend nach Kornelimünster (Knoten 31), das wir auf dem Vennbahnradweg wieder verlassen. Auf bester, aber deutlich ansteigender Trasse radeln wir vorbei an Hahn und Walheim Richtung Schmithof.

Schon auf den ersten Kilometern wird uns klar, dass der **Vennbahnradweg** etwas ganz Besonderes ist. Er nutzt die ehemalige Bahntrasse und verläuft deshalb zwar am Rande des **Naturschutzgebiets Hohes Venn**, aber doch ohne allzu große Steigungen. Außer einigen Kreuzungen, an denen Straßen gequert werden müssen, haben wir mit dem Kraftverkehr nichts zu tun! Wer diese Perfektion komplett genießen möchte, hat dafür 130 km Gelegenheit.

Kornelimünster verfügt über einen der schönsten **historischen Ortskerne** in der Region. Von dem 814 gegründeten **Kloster** sind noch einige Teile, darunter die im maasländischen Barock erbauten Abteigebäude und die ehemalige Klosterkirche, erhalten. Leider war Kornelimünster von der „Jahrhundertflut" im Juli 2021 betroffen. Seinerzeit wurden viele Häuser des historischen Ortskerns schwer beschädigt.

Weiter geht´s auf dem Vennbahnradweg über Schossent nach Roetgen. Den Ort verlassen wir über den Knotenpunkt 11, geradeaus Mühlenstraße, rechts Spanisch und links Wesertalstraße. Den Knotenpunkt 46 lassen wir links liegen und gelangen über die Punkte 43, 42, vorbei am Stausee Eupen und an der 41 und 40 jeweils rechts in die City von Eupen, das wir auf dem Katharinenweg wieder verlassen. Auf fast schnurgerader und nochmals ansteigender Strecke (Punkte 45 u. 30) erreichen wir Pfau und Neudorf, wo wir rechts in die Schulstraße einbiegen. Den Kreisel in die Hochstraße verlassen, rechts Winkel-, wieder rechts Bahnhofstraße, rechts Langenbend und dann unter den Schienen her. So gelangen wir wieder auf den Vennbahnradweg, dem wir nach links folgen. Nun rollen wir auf unserem Hinweg wieder zurück zum Camp.

Aachen ist nicht nur schön, sondern auch anerkanntes Heilbad

Fast unmerklich passieren wir die Grenze zu Belgien und rollen nach einer Schleife wieder nach Roetgen in Deutschland zurück. Der schmucke Ortskern von Roetgen wird von einer interessanten **Skulptur** markiert. Direkt daneben stehen die Pfarrkirche St. Hubertus und die schneeweiße **Marienkapelle**.

Tipp: Der Stausee Eupen wird auch **Lac d´Eupen** oder Wesertalsperre genannt und bunkert so viel Trinkwasser, wie kein anderer See in Belgien. Der 1950 fertiggestellte See ist ein beliebtes Ausflugsziel. Vom **Kletter- und Aussichtsturm** bietet sich ein atemberaubender Fernblick

Kartentipp:
ADFC-Regionalkarte Aachen/Dreiländereck, 1:75.000, ISBN 978-3-87073-966-9, € 9,95
Digital für Smartphones und Tablets:
www.fahrrad-buecher-karten.de/rk-digital

Toll anzusehen ist das **Haus Grand Ry** in Eupen, ein ehemaliges Tuchmacherhaus, das eher an ein Schloss erinnert. Nicht weit ist es von hier zur St. Nikolaus-Kirche und zur **Josefskirche**.

Zum Abschluss rollen wir nochmals durch das **Venn** und seine wunderbare, teils urwüchsige Natur. Die Hochfläche bedeckt eine Fläche von 600 qkm, von denen viele unter Schutz gestellt wurden.

24 De richtige und de schäl Sick

Von **Rodenkirchen** in die Kölner City

CamperTouren Info

26 km, Rundtour meist auf befestigten Radwegen bzw. bzw. Straßen/Wegen, keine Steigungen, regionale Wegweisung

Start und Ziel: Camping Berger, Köln-Rodenkirchen, www.camping-berger.koeln/

Auswahl weiterer Camps entlang der Strecke: Wohnmobilstellplatz Niehl, Campingplatz Poll

passieren die alten Werftanlagen, unterqueren mehrere Brücken und erreichen zielsicher die Kölner Altstadt.

Das Rodenkirchener Rheinufer ist bei den Kölnern sehr beliebt, denn hier findet man stets schattige Plätze am Wasser. Aber bitte beachten: Schwimmen im Rhein ist lebensgefährlich!

Rodenkirchens beschaulicher Ortskern vermittelt fast schon dörflichen Charakter. Einkehrmöglichkeiten gibt es dennoch ausreichend im Ort.

Nach wenigen Pedaltritten ist die **Agrippina-Werft** erreicht. Diese historischen Hafenanlagen bieten heute Platz für Gewerbe und Restaurants. Topmodern sind die drei „**Kranhäuser**", die das Panorama der Stadt deutlich bereichert haben. Nur einen Sprung entfernt liegt die Südstadt mit dem „Fringsveedel". Rund um Severinskirche und **Severinstorburg** können wir mit internationalem Flair speisen.

Das Rheinufer vor der **Altstadt** ist ein beliebter Treff für Einheimische und Touristen. Von hier sind der Alte Markt mit dem Historischen Rathaus, die Kirche **Groß St. Martin**, der Heumarkt mit der Reiterstatue und die **Fußgängerzone** schnell zu erreichen. Hauptziel ist natürlich der **Kölner Dom**. Würdevoll erhebt sie sich über der Altstadt und beherbergt im Innern und im angeschlossenen

Keine deutsche Stadt wird so oft besungen, wie Köln. Auf dieser kurzen Tour zu beiden Seiten des Rheins werden wir schnell feststellen, was diese Millionenstadt so liebens- und lebenswert macht!

Die Lage des **Campingplatzes Berger** ist herrlich: Wer einen der begehrten vorderen Plätze ergattert hat, blickt aus dem Campingstuhl über den Rhein. Die Sanitäranlagen sind bestens und Einkehrmöglichkeiten gibt es gleich mehrere.

Los geht´s direkt vor der Einfahrt des Camps, denn dort verläuft der Rhein-Radweg, dem wir nach rechts folgen. Wir rollen unterhalb Rodenkirchens direkt am Rheinufer entlang,

Museum wertvolle Schätze. Auch der **Schrein der Heiligen Drei Könige** glänzt uns entgegen.

Modern, chic und teuer: Die Kranhäuser von Köln

Weiter geht´s am Rheinufer entlang auf dem Radweg. Beim Hochhaus müssen wir die Schilder genau beachten, die uns auf und über die Mülheimer Brücke führen. Am Ende der Brücke direkt wieder zurück bis ans Flussufer, dem wir nun flussaufwärts folgen. Später über die kleine Brücke auf die Halbinsel hinüber. So rollen wir unter der Zoobrücke her in den Rheinpark, unter der Eisenbahnbrücke her zum Rheinboulevard. Später unterqueren wir Deutzer, Severins- und die Südbrücke. Den Schildern „Rodenkirchen" folgend fahren wir im Bogen auf die Rodenkirchener Brücke. Nach der lauten Passage entlang der A4 geht's wieder hinunter zum Rheinufer. Der Radweg bringt uns flussaufwärts wieder zurück zum Campingplatz.

Wir fahren am **Zoo** vorbei. Wer genügend Zeit hat, sollte sich diesen großartigen Tierpark nicht entgehen lassen. Elefantenhaus, Großkatzengehege oder die putzigen Erdmännchen… wo gehen wir nur als erstes hin? Das **Colonia-Hochhaus** ist mit 42 Etagen das höchste Wohn-Hochhaus Deutschlands. Direkt zu seinen Füßen liegt der **Wohnmobil-Stellplatz**. Ein Traum: Mitten in einer Millionenstadt idyllisch am Radweg mit Blick auf den Rhein!

Der **Rheinpark** ist ein beliebtes Naherholungsgebiet: Spielplätze, Skaterpark, Minigolf, Beete, weite Grünflächen und sogar eine Kleinbahn gibt es hier.

Wir unterqueren die Hohenzollernbrücke, an deren Geländer mehrere 10.000 **Liebesschlösser** hängen und kommen zum schicken **Rheinboulevard**. Eine bessere Aussicht auf die Altstadt gibt es nicht! Diese Rheinseite wird „schäl Sick" genannt. Nicht etwa, weil „echte Kölsche" wohl nur auf der anderen Rheinseite wohnen würden. Vielmehr zogen einst Pferde hier Lastkähne stromaufwärts. Weil die Pferde dabei gegen die Sonne blicken mussten, bekamen sie Scheuklappen und blickten daher schief, „schäl", wie der Kölner sagt.

Die weitläufigen **Poller Wiesen**, an denen wir vorbei radeln, waren einst Schauplatz einer Schiffsaudienz, als der Papst Köln besuchte. Heute gibt es viel Platz zum Entspannen und einen tollen Blick auf **Kranhäuser** und Agrippina-Werft.

Kartentipp:
ADFC-Regionalkarte Bergisches Land / Köln / Düsseldorf, 1:75.000,
ISBN 978-3-96990-144-1, € 10,95
Digital für Smartphones und Tablets:
www.fahrrad-buecher-karten.de/rk-digital

25 Der unglaubliche Grüngürtel mitten in der Millionenstadt

Von **Rodenkirchen** zum RheinEnergieStadion

CamperTouren Info

29 km, Rundtour meist auf befestigten Radwegen bzw. Straßen/Wegen, keine Steigungen, regionale Wegweisung

Start/Ziel: Campingplatz Berger, Köln-Rodenkirchen, www.camping-berger.koeln/

Keine weiteren Camps entlang der Strecke

Wir radeln auf mittelalterlichen Spuren, denn schon damals wurde festgelegt, dass es vor den Stadtmauern Kölns keine feste Bebauung geben durfte. Seinerzeit entstanden nacheinander zwei grüne Oasen, die sich noch heute wie ein Gürtel um Köln herumziehen.

Die bestens ausgebauten Wege dort verführen zu ausgiebigen Radtouren, bei denen nur selten eine Straße gequert werden muss.

Los geht´s wieder vom Campingplatz kommend nach rechts auf den Rhein-Radweg. Nachdem wir die Autobahnbrücke unterquert haben, fahren wir über die Rampe nach oben und überqueren Straße und Schienen. Dahinter folgen wir dem Radweg durch die Grünanlagen parallel zum Militärring. Die Radschilder Richtung Müngersdorf bzw. später auch Junkersdorf und RheinEnergieStadion weisen uns den Weg. Autofrei geht es unter dem quirligen Verteilerkreis her, später wird es dunkel im Tunnel, ehe wir lange an der Ampel warten beim Queren der Luxemburger Straße. Dahinter ein Stück geradeaus, dann im Zick-Zack nach links zum Decksteiner Weiher. Wer ihn im Uhrzeigersinn umradelt, kann später immer geradeaus fahren. Auch die Dürener Straße queren wir geradeaus, dann liegt vor uns das RheinEnergieStadion.

Nachdem wir das Rheinufer verlassen haben, kommen wir am ersten Überrest des **Verteidigungsrings** Kölns vorbei. Gleich in der Nähe liegt der riesige **Forstbotanische Garten.**

Der **Decksteiner Weiher** wurde 1929 fertiggestellt – und bekam teils schnurgerade Konturen sowie gleich zwei Kastanien-Alleen. Von uns aus gesehen am Ende des Weihers gibt es eine Insel, Tretboote, einen Minigolfplatz und das Restaurant „Haus am See“.

Genauso alt, aber deutlich kleiner ist der **Adenauer Weiher**. Um ihn herum wird Sport

Rund um den Decksteiner Weiher treffen sich viele Sportler und Spaziergänger

gelebt: Jogger, Radfahrer, Hobbykicker auf der Jahnwiese, Leichtathleten, Schwimmer und viele mehr stählen die Muskeln. Klar, die Sporthochschule gibt es hier und auch das RheinEnergieStadion. Das **Müngersdorfer Stadion** hat alle Höhen und Tiefen des 1. FC Köln miterlebt, aber auch Fußball-WM-Spiele. Namhafte Künstler geben sich im Sommer die Ehre mit Konzerten und eine feste Größe ist „Loss mer Weihnachtsleeder singe" mit 45.000 Hobbysängern und Kindern.

Tipp: Wer infiziert ist vom Stadionflair, kann sich im **FC-Shop** (andere Stadionseite) mit Fanartikeln eindecken oder an einer Führung teilnehmen.

Weiter geht´s vom Stadion über die Junkersdorfer Straße Richtung Zentrum. Kurz hinter der Kreuzung zum Militärring schräg rechts, dann den Radschildern „Zentrum" folgend durch die Grünanlagen. Entlang der Kanäle treffen wir auf die Universitätsstraße, die wir linkerhand mit der Aachener Straße überqueren. Hinterm Aachener Weiher rechts, dann über den Hügel und weiter geradeaus an der Uni vorbei. Auf dem Eifelwall radeln wir zum Volksgarten, in und auch hinter ihm geradeaus auf den Bonner Wall, später geradeaus Alteburger Wall und weiter zum Rheinufer. Dem Rhein-Radweg folgen wir dann flussaufwärts zurück zum Campingplatz.

Der zweite Teil der Tour ist nicht minder „grün": Mitten im **Stadtwald**, der von Teichen durchzogen ist liegt ein **Wildgehege** und entlang der **Kanäle** fühlen sich Menschen und Vögel wohl. Der eckige **Aachener Weiher** zieht Sonnenhungrige an. An seinem Ufer steht das **Museum für Ostasiatische Kunst**.

Die Südstädter sind stolz auf ihren 5,5 ha großen **Volksgarten**, der auch Restaurant und Kahnverleih zu bieten hat. In der Orangerie gibt es Kunst zu sehen.

Den würdevollen Abschluss unserer Tour macht der **Friedenspark**, der 1914 um das Fort I herum angelegt wurde. Wer Boule mag, ist hier genau richtig.

Kartentipp:
ADFC-Regionalkarte Bergisches Land / Köln / Düsseldorf, 1:75.000,
ISBN 978-3-96990-144-1, € 10,95
Digital für Smartphones und Tablets:
www.fahrrad-buecher-karten.de/rk-digital

26 Durch den Weißer Bogen zur Bundesstadt

Von **Rodenkirchen** nach Bonn

CamperTouren Info

60 km, Rundtour meist auf befestigten Radwegen bzw. Straßen/Wegen, keine Steigungen, regionale Wegweisung

Start und Ziel: Campingplatz Berger, Köln-Rodenkirchen, www.camping-berger.koeln/

Keine weiteren Camps entlang der Strecke

Heute nehmen wir uns einen echten Klassiker vor: Die Tour von Köln nach Bonn ist für Kölsche und Gäste gleichermaßen eine beliebte Sonntags-Tour. Auf dem bestens ausgebauten Radweg macht das mit ständigem Rheinblick aber auch wirklich Spaß!

Los geht´s wieder vor der Einfahrt des Camps, denn dort verläuft der Rhein-Radweg, dem wir dieses Mal nach links folgen. Dieser bringt uns entlang der Vororte Weiß und Sürth, ehe uns die Chemieindustrie bei Godorf und Wesseling zu kleinen Schlenkern weg vom Rhein zwingt. Vorbei an Wesseling, Urfeld, Widdig und Uedorf und Hersel ist Bonn am Rheinufer entlang rasch erreicht.

Man merkt es: Der **Weißer Bogen** steht unter Naturschutz – herrlich, so im Grünen zu radeln! In den Orten Weiß und Sürth finden wir ländlichen Fachwerk-Charme.

Schön sind sie nicht, die Chemieanlagen von Godorf und Wesseling. Wichtig aber schon, denn hier wird unser Alltags-Kunststoff produziert und unser Sprit kommt aus den größten Raffinerien Deutschlands.

Wesseling gefällt uns mit einer kleinen Fußgängerzone und Sitzplätzen im Grünen mit **Blick** auf den Rhein.

Bonn, das nach dem Krieg „aus Verlegenheit" Bundeshauptstadt wurde, hat ungemein viel zu bieten: Vor dem farbenfrohen **Alten Rathaus** haben wir Platz zum Entspannen – noch mehr davon auf den Wiesen hinter der Uni, die im **Schloss** untergebracht ist. Die weitläufige Fußgängerzone bringt uns auch zum imposanten **Münster**. Dem berühmtesten Sohn der Stadt, Ludwig van Beethoven, wurde natürlich ein eigenes **Museum** gewidmet – sogar eine Locke des Künstlers können wir hier bestaunen.

Im Süden Bonns lockt die Museumsmeile mit **Haus der Geschichte**, **Kunsthalle** und vielem mehr zu einem Abstecher. Wer´s lieber etwas grüner mag, besucht die ebenfalls im Süden liegende **Rheinaue**. Die grüne Lunge der Stadt entstand seinerzeit als Gelände der Bundesgartenschau und bietet heute Platz für

Riesengroß, von viel Grün umgeben, aber doch mitten in der Stadt liegt das Poppelsdorfer Schloss

Sport, Erholung, aber auch für Konzerte und andere Veranstaltungen,

Weiter geht´s von der Bonner City über den Rhein und auf der anderen Seite stromabwärts stets in Flussnähe wieder retour. Wir passieren Schwarzrheindorf, überqueren die Sieg bei Bergheim, passieren Mondorf, Rheidt und Lülsdorf, wo wir wieder auf Chemieanlagen stoßen, die uns weg vom Rhein bringen. Dahinter geht's wieder ganz entspannt durch viel Grün durch Langel nach Zündorf. Hier setzen wir mit der Fähre über und folgen dann dem Rhein-Radweg auf der anderen Seite noch ein paar Meter zurück zum Campingplatz.

Tipp: Wer sich die Fähre gegen Ende der Tour sparen möchte, radelt ab Bonn einfach wieder auf derselben Tour wieder zurück, über die wir herkamen.

Kaum wieder losgeradelt, gibt es in Schwarzrheindorf schon wieder einen Grund, von den Rädern zu steigen: Ein echtes Kleinod ist die romanische **Doppelkirche St. Maria und Clemens** mit wertvollen Deckenmalereien. Die Kirche besitzt zwei getrennte Hauptschiffe und wird daher als Doppelkirche bezeichnet.

Tief aus dem Siegerlang kommt das Flüsschen Sieg angeplätschert. Hier, wo sie in den Rhein mündet, hat sie eine reichhaltige **Auenlandschaft** ausgebildet. Daher ist Siegaue schon seit Jahren unter Naturschutz gestellt.

Der zu Niederkassen gehörende Ort Mondorf ist bekannt für seinen Yachthafen in einem geschützten Altarm des Rheins. Ein sehr beliebtes Ausflugsziel ist „**die Groov**". Das gallische Wort „Grave" steht für Sandbank – es umschreibt, dass der heutige Ort an einem verlandeten Flussarm auf einer ehemaligen Insel entstand. Heute ist es eine Freizeitanlage mit Marina, Minigolf, Flaniermeile und vielen kleinen pittoresken Häuschen, die der Einkehr in eines der Restaurants und Cafés einen ganz besonderen Charme verleihen. Wenn in der Groov **Kirmes** ist, kommen Gäste aus nah und fern.

Kartentipp:
ADFC-Regionalkarte Bergisches Land / Köln / Düsseldorf, 1:75.000,
ISBN 978-3-96990-144-1, € 10,95
Digital für Smartphones und Tablets:
www.fahrrad-buecher-karten.de/rk-digital

27 Viel Abwechslung und Abkühlung

Rund um den **Unterbacher See** und weiter zum Schloss Eller

CamperTouren Info

16 km, überwiegend auf separaten Radwegen, Radwegen neben der Straße sowie auf Nebenstraßen. Keine größeren Steigungen, regionale Wegweisung

Start / Ziel: Campingplatz Nord am Unterbacher See, www.unterbachersee.de/camping.html

Auswahl weiterer Camps an der Strecke: Wohnmobilstellplatz Nord, Campingplatz Süd

Warmradeln ist angesagt auf dieser Tour. Und so rollen wir auf besten Radwegen um den Unterbacher See herum und beziehen den Elbsee gleich mit ein. Damit die Kultur nicht zu kurz kommt, zweigen wir kurz ab von der Runde und besuchen Schloss Eller.

Der **Campingplatz Nord** am Unterbacher See liegt – wenig überraschend – dem Campingplatz Süd direkt gegenüber. Er hat sich nicht nur auf Dauercamper, sondern auch auf Touristen eingestellt. Und die finden hier eine Anlage, die viel zu bieten hat: Rad- und Joggingtouren können auf besten Wegen direkt am Platz gestartet werden, die Düsseldorfer City liegt nur wenige Minuten entfernt und das Umland hält weitere spannende Ziele bereit. Der **Hafen** des Unterbacher Sees liegt direkt daneben. Neben einem zünftigen Restaurant gibt es hier Slip- und Krananlage, um das eigene Boot zu Wasser zu lassen. Wer kein eigenes hat, leiht sich eine Familien- oder eine Kinderjolle. Für die Entspannung nach der Radtour genießen wir das **Strandbad**, das schon seit 1959 auch direkt am Camp liegt.

Los geht´s an der Ausfahrt des Camps, von wo aus wir dem Weg nach links am Strandbad und am Hafen vorbei folgen. Der Radweg verabschiedet sich vom Ufer nach rechts, kommt an einem kleinen Rastplatz vorbei und trifft auf den Kikweg, dem wir nach links folgen.

Strahlend weiß blickt Schloss Eller durch´s Geäst

Direkt vor dem Parkplatz zweigt unsere Rundtour links ab, geradeaus geht es nach Benrath.

Tipp: Wer nicht „nur“ Natur- sondern auch Kulturgenuss erleben möchte, folgt dem Kikweg weiter geradeaus über die Querstraße und über die Bahnschienen hinweg. Etwa 300 m später links, dann rechts in den Weg „In der Elb“ und geradeaus über die breite Straße. Am tollen **Spielplatz** vorbei gelangen wir zum **Schloss Eller**.

Wo sich einst eine wehrhafte Wasserburg befand, entstand 1826 ein prunkvolles Schloss für den königlich preußischen Kammerherrn Freiherr Carl von Plessen. Später wohnte Prinzessin Luise von Preußen in den schicken Räumlichkeiten.

Der mehr als 83 ha große **Unterbacher See** hat weder einen Zu- noch einen Ablauf, denn er wird ausschließlich durch Grundwasser gespeist. Dabei ist er bis zu 13 m tief, was ein Indiz dafür ist, wie groß einst die Grube war, in der hier Kies abgebaut wurde.

Weiter geht´s von unserem Abzweig vom Parkplatz am Kikweg durch den Wald, bis wir wieder ans Ufer des Unterbacher Sees gelangen. Diesem folgen wir gegen den Uhrzeigersinn. Wer verkürzen mag, umrundet den See weiter. Wer noch „Saft“ hat, zweigt beim Campingplatz Süd ab und umkreist noch den Elbsee gegen den Uhrzeigersinn. Dabei passieren wir zweimal die A46. Beide Runden treffen sich im Bereich der Autobahnauffahrt und folgen ab hier dem Uferweg des Unterbacher Sees zurück zum Camp.

Südlich der Autobahn wurde bis 2006 noch Kies abgebaut. Danach wurde auch diese Grube geflutet, so dass der heute 89 ha bedeckende **Elbsee** entstand. Seit 2010 steht ein großer Bereich unter Naturschutz, weil sich in dem Biotop seltene Tiere und Pflanzen wohlfühlen. Wer diese grüne Pracht überblicken möchte, steigt auf den 7,5 m hohen Aussichtsturm in der Nähe unseres Radwegs.

Kartentipp:
ADFC-Regionalkarte Bergisches Land / Köln / Düsseldorf, 1:75.000,
ISBN 978-3-96990-144-1, € 10,95
Digital für Smartphones und Tablets:
www.fahrrad-buecher-karten.de/rk-digital

28 Zu Besuch bei unseren Urahnen

Vom **Unterbacher See** ins Neanderthal

CamperTouren Info

25 km, überwiegend auf separaten Radwegen, Radwegen neben der Straße sowie auf Nebenstraßen. Keine größeren Steigungen, regionale Wegweisung

Start / Ziel: Campingplatz Nord am Unterbacher See, www.unterbachersee.de/camping.html

Keine weiteren Camps entlang der Strecke

Bei dieser Tour reisen wir ganz weit zurück in die Vergangenheit und „besuchen" die Neanderthaler. Wer von dort nicht mit der Bahn zurückfährt, braucht schon etwas Kondition, denn es geht öfters einen Anstieg hinauf. Gute Aussichten und interessante Geschichten gibt's inklusive.

Los geht´s an der Ausfahrt des Camps, von der wir geradeaus über die Zufahrt zur Rothenbergstraße radeln. Hier folgen wir dem Radweg nach rechts, um wenig später links in die Vennstraße abzubiegen. Dann gesellen wir uns zur Erkrather Straße, die uns merklich ansteigend ins Herz der gleichnamigen Stadt bringt. Hinter den Bahnschienen rechts in die Kirchstraße. Diese quert die A3 und wird zur Mettmanner Straße. Nun sind wir im Tal der Düssel, deren Verlauf wir nun bis zum Neanderthal-Museum folgen.

Gleich zu Beginn unserer Tour kommen wir an **Haus Unterbach** vorbei, was eine schlichte Untertreibung ist. Immerhin haben wir eine tolle Wasserburg vor uns mit einem Wassergraben, der heute von einer Brücke überspannt wird. Im Torturm sind noch Reste der alten Zugbrückenvorrichtung vorhanden.

Auf einer Anhöhe über dem Tal der Düssel baute man damals, vor dem Hochwasser sicher, eine für das damalige Dorf eigentlich zu große Kirche. Uns kann das egal sein, denn wir stehen bewundernd vor dem herrlichen Bau der **Kirche St. Johannes der Täufer**. Schön anzusehen ist auch das farbenfrohe Haus Erkrath.

Tipp: Vom Neanderthal-Museum aus können wir über den Museumsweg hoch zum **Bahnhof** fahren bzw. schieben und von dort mit dem Zug zurück nach Düsseldorf fahren. Dabei bietet es sich an, im Bahnhof Gerresheim auszusteigen, da dieser recht nah am Unterbacher See liegt.

Ein eleganter, schnurgerader und zugleich informativer **Fußweg** führt uns zum Fundort des Neanderthalers. Hier fanden zwei Steinbrucharbeiter 1865 in den Feldhofer Grotten einige Knochen, die zunächst als Überreste eines Höhlenbären eingestuft wurden. Der

Abwechslungsreiche Fassade beim Haus am Quall

Realschullehrer Dr. Fuhlrott wurde zunächst belächelt, als er darin ein „urtypisches Individuum unseres Geschlechts aus vorhistorischer Zeit" erkannte. Inzwischen ist klar, dass er recht hatte. Dies und noch vielmehr erfahren wir im **Neanderthal-Museum**, das wir erreichen, nachdem wir auch den **Rabenstein** mit seiner Gedenktafel passiert haben.

Weiter geht´s vom Neanderthal-Museum noch ein ganzes Stück weiter auf der hügeligen Piste durch das Tal der Düssel. Nach rund 5,5 km zweigen wir zweimal rechts ab – jeweils in die Straße „Ehlenbeck", die uns einen kräftigen Anstieg beschert. Vor der Bahn rechts, dann links über die Schienen auf den Hausmannsweg und im Zick-Zack am Ortsende der Siedlung vorbei. An dem Weg Mahnertmühle rechts, gleich wieder links und über die A46 hinweg. Dahinter in der Linkskurve geradeaus und links in den Spörkelnbruch und in grober Richtung immer geradeaus. Von unserer Straße, die Eickert heißt, rechts „Im Loch", gleich wieder links und mit der Hochdahler Straße über die Autobahn hinweg. Direkt dahinter links „Giesenheide", am Kreisel links raus und danach wieder links „Kosenberg". Im Ort rechts auf die Gerresheimer Straße, dann geradeaus über die A46 hinweg. Nun gesellen wir uns ans Ufer des Unterbacher Sees, das uns zurück zu unserem Camp bringt.

Wir rollen stetig bergauf, denn wir folgen dem Verlaufe der **Düssel** in Richtung ihrer Quelle, die bei Blomrath liegt. Dabei stellen wir fest, dass sich das kleine Flüsschen im Verlaufe der Jahrhunderte eine tiefe Schlucht ins Gelände geschnitten hat. Ohne Frage ist dies hier der schönste Teil ihrer 40 km langen Reise bis zur Mündung in den Rhein.

An der Stelle, wo wir das Tal der Düssel verlassen, können wir einen kurzen, etwas anstrengenden, aber ungemein lohnenswerten Abstecher nach **Gruiten-Dorf** unternehmen. Wir stehen hier in der größten historischen Siedlung der Region – und entdecken herrliche **Fachwerkhäuser**, wohin das Auge blickt. Wir können uns hier bestens vorstellen, wie das Bergische Leben in längst vergangener Zeit aussah. Das „**Haus am Quall**" aus dem 14. Jh ist das älteste Wohnhaus. Es ging aus einer sogenannten Bauernburg hervor und wird heute für Veranstaltungen genutzt.

Kartentipp:
ADFC-Regionalkarte Bergisches Land / Köln / Düsseldorf, 1:75.000,
ISBN 978-3-96990-144-1, € 10,95
Digital für Smartphones und Tablets:
www.fahrrad-buecher-karten.de/rk-digital

29 Im Herzen der Landeshauptstadt

Vom **Unterbacher See** in die Düsseldorfer Innenstadt

CamperTouren Info

47 km, überwiegend auf separaten Radwegen, Radwegen neben der Straße sowie auf Nebenstraßen. Keine größeren Steigungen, regionale Wegweisung

Start / Ziel: Campingplatz Nord am Unterbacher See, www.unterbachersee.de/camping.html

Auswahl weiterer Camps an der Strecke: Wohnmobilstellplatz Rheinterrasse, Campingplatz Lörick (andere Rheinseite)

Diese Rundtour hat mehrere Gesichter: Zunächst quälen wir uns durch den Großstadtverkehr, werden aber dann entschädigt mit einer unglaublichen Fülle an Sehenswertem in der Düsseldorfer City. Der zweite Teil ist geprägt vom tollen Rhein-Radweg und Abschnitten durch viel Grün.

Los geht´s an der Ausfahrt des Camps, von der wir geradeaus über die Zufahrt zur Rothenbergstraße radeln. Hier folgen wir dem Radweg nach links, um wenig später links in die Vennhauser Allee und rechts „In den Kötten" (später Sandträgerweg, dann Königsberger Straße) abbiegen. Links Ronsdorfer und rechts Erkrather, später Mettmanner Straße und wir gelangen in die Innenstadt. Nun links Gerresheimer, rechts-links „Am Wehrhahn", rechts Jacobistraße und nach der Brücke über die Düssel nach links in den Hofgarten. Nun können wir etwas durchatmen, ehe wir mit einem Rechts-Links-Schlenker die Hofgartenstraße überqueren. Die Grünanlage durchradeln wir in grober Richtung schräg links und gelangen, nachdem wir die Straße Joseph-Beuys-Ufer überquert haben, an den Rhein. Diesem folgen wir nun eine ganze Zeit flussaufwärts.

Es ist leider nicht zu vermeiden, wenn wir einen Ausflug in die Landeshauptstadt von Nordrhein-Westfalen unternehmen möchten: Wir müssen uns über die Radwege entlang teils vielbefahrener Straßen quälen. Erst im **Hofgarten** kehrt wieder etwas Ruhe um uns ein. Der 27 ha große und 1770 angelegte Park ist die grüne Lunge der Hauptstadt. Angrenzend an den Park liegt linkerhand die **Fußgängerzone** mit Shopping- und Einkehrmöglichkeiten. Darunter auch die sprichwörtlich längste Theke der Welt und die tolle **Altstadt**. In den Gassen finden wir wunderbare historische Häuser und 300 Kneipen, Restaurants und Discos – wer hier nichts findet, ist selber schuld. Auch die berühmte „Kö" (**Königsallee**) grenzt an den Hofgarten – hier haben sich edle Boutiquen angesiedelt.

Schloss Benrath ist ein Meisterwerk des Spätbarock

Auch Kultur gibt es reichlich zu genießen in Düsseldorf: Die Basilika St. Lambertus stammt von 1394 und gilt damit als ältestes Gebäude der historischen Kernstadt. Wir flanieren vorbei an Tonhalle, **Rathaus**, Schlossturm und Neanderkirche und wissen gar nicht, was wir uns zuerst ansehen sollen. Denn es gibt auch noch reichlich Museen zu besuchen, darunter die **Kunstsammlung NRW**, die Kunsthalle und das etwas außerhalb gelegene **Löbbecke-Museum**, das auch Aqua-Zoo genannt wird. Es ist eine Symbiose aus Zoo und Naturkundemuseum.

Weiter geht´s entlang des Stroms für 26 km den Fluss hinauf. Die Mauer um das Schloss Benrath ist für uns das Zeichen, links vom Ufer abzuzweigen und einmal durch den Schlosspark bis zum Schloss zu radeln. Nun radeln wir von der Schlossallee für einige Zeit auf dem Radweg parallel der Hildener Straße. Direkt nachdem wir die A46 unterquert haben, zweigen wir beim Parkplatz schräg links ab und schnurgeradeaus durch den Wald. Bei der Wegekreuzung schräg links und wieder lange geradeaus durch den Forst. Bei dem querenden „Am Schönenkamp" schräg rechts, mit einem Schlenker über die Bahn und dann gegen den Uhrzeigerinn erst um den Elb- dann um den Unterbacher See herum bis zum Camp.

Tipp: Ein Teil des Düsseldorfer Hafens wurde als **„Medienhafen"** umgestaltet und bezaubert uns nun mit topmoderner Architektur. Auch der Düsseldorfer Landtag, der Funkturm und das WDR-Gebäude zählen zu den sehenswerten Gebäuden.

Wir genießen eine lange Etappe auf dem bestens ausgebauten und beschilderten **Rheinradweg** mit wunderbaren Bildern um uns herum. Die Krönung davon ist dann **Schloss Benrath**, das wir nach einer langen Fahrt durch den weitläufigen Park an der **Orangerie** vorbei erreichen. Bis 1773 entstand dieses Meisterwerk des Spätbarock unter Regie des Kurfürsten Karl Theodor. Um das mittige Hauptgebäude gesellen sich die Kavaliersbauten, so dass Schloss Benrath über 50 Räume besitzt, die teils als Museum genutzt werden.

Kartentipp:
ADFC-Regionalkarte Bergisches Land / Köln / Düsseldorf, 1:75.000, ISBN 978-3-96990-144-1, € 10,95
Digital für Smartphones und Tablets:
www.fahrrad-buecher-karten.de/rk-digital

30 Lebendige Industriekultur

Von **Hattingen** über Witten

CamperTouren Info

ca. 28 km ohne Abstecher, regionale Radweg-Beschilderung sowie teils Beschilderung als Ruhrtal-Radweg. Keine größeren Steigungen. Die Route führt meist über separate Radwege, einige Passagen auf losem Untergrund.

Start / Ziel: Campingplatz Ruhrbrücke Hattingen, www.camping-hattingen.de

Auswahl weiterer Camps entlang der Strecke: Campingplatz „An der Kost", Wohnmobilstellplatz in Hattingen

Der exzellente Ruhrtal-Radweg geleitet uns vorbei an ehemaligen Zechen zum beliebten Kemnader See. Vorbei an der beeindruckenden Henrichshütte rollen wir wieder zurück zum Camp.

Viele Gäste des „**Campingplatzes Ruhrbrücke in Hattingen**" reiben sich beim ersten Besuch verwundert die Augen: Die Stellplätze liegen teils direkt am Ufer der Ruhr, drum herum das Grün der Natur und ein Ruhrwehr sorgt für die „musikalische" Untermalung. DAS soll im Ruhrgebiet sein? Oh ja, wir sind immer wieder beeindruckt!

Los geht's an der Ausfahrt unseres Campingplatzes, die wir nach links verlassen, um dem Ruhrtal-Radweg am Ufer der Ruhr entlang zu folgen. Auf bester Trasse radelnd tangieren wir Rauendahl und Brockhausen, um schließlich am Kemnader See entlang zum Freizeitbad Heveney zu gelangen.

Der 3,5 km lange und bis zu 430 m breite **Kemnader See** wurde in den 1920er Jahren geplant, aber erst 50 Jahre später gebaut. Seit 1980 ist der jüngste aller Ruhrseen für Wassersport freigegeben.

Am Wegesrand liegt die **Zeche Gibraltar**, in der von 1786 bis 1925 Steinkohle gefördert wurde.

Weiter geht´s vom Freizeitbad Heveney am Ufer des Kemnader Sees entlang. Nachdem wir die A43 unterquert haben, rechts über die Ruhr, gleich wieder rechts und weiter am Seeufer. Dann wechseln wir mit der Brücke wieder die Seite der Ruhr, folgen ihr flussabwärts und queren sie bei Brockhausen erneut auf der Brücke. Mit einigen Schleifen kehren wir ans Ufer.

Hinter der Schleuse halten wir uns rechts und wählen abermals die Ruhrbrücke. Direkt dahinter liegt rechterhand unser Campingplatz.

Die Wasserburg Haus Kemnade ist eine stattliche Erscheinung

Ein Traum für uns Radler: Auf vielen Passagen wurden rund um den See separate Wege für Fußgänger und Radler / Inliner angelegt. Doch rund um das Freizeitbad Heveney müssen wir beim Radeln aufpassen, denn hier sind nicht immer alle auf den richtigen Wegen unterwegs.

Tipp: Wenn wir dem Ruhrtal-Radweg wenige Minuten weiter flussaufwärts folgen, erreichen wir **Zeche Nachtigall**, die Wiege des Bergbaus". Zwei Bauern aus Herbede waren es, die 1714 beantragten, an dieser Stelle Kohle fördern zu dürfen. Es war nicht nur die Geburtsstunde der Zeche Nachtigall, sondern zugleich der Startschuss für den Kohlenbergbau im Ruhrgebiet. Nachtigall wurde nie größer ausgebaut. Da sich der Bergbau aber nur in großem Stil lohnte, kam schon 1892 das Ende für diese Zeche. Nicht weit entfernt stehen Waggons des **Gruben- und Feldbahnmuseums**, das 2002 eröffnet wurde.

Nicht direkt auf unserem Weg liegt **Haus Kemnade**, eine alte Wasserburg, die es seit 1008 gibt. Das heutige Gebäude entstand 1589 nach einem Großbrand und beherbergt eine Sammlung von Musikinstrumenten sowie die stadthistorische Sammlung Bochum.

Direkt vorbei kommen wir an den ehemaligen **Steinkohlenzechen** „Treue Tiefer Stollen" und „Erbstollen Sankt Matthias II".

Kurz vor Tourende müssen wir einen Schlenker zur **Henrichshütte** fahren. 1857 wurde hier der erste Hochofen in Betrieb genommen. Eisen und Stahl wurden hier erzeugt und direkt vor Ort in Walzwerk, Schmiede, Dreherei und anderen Produktionszweigen weiter verarbeitet. Viele tausend Menschen fanden hier Arbeit bis 1987 die Stilllegung verkündet wurde. Heute können wir uns in dem Industriemuseum einen sehr guten Eindruck von den unglaublichen Dimensionen der Anlagen und der harten „Maloche" verschaffen.

Kartentipp:
ADFC-Regionalkarte radrevier.ruhr Ost,
1:50.000, ISBN 978-3-96990-044-4, € 9,95
Digital für Smartphones und Tablets:
www.fahrrad-buecher-karten.de/rk-digital

31 Überaus schöne Tour an der Überruhr

Von **Hattingen** über Baldeney

CamperTouren Info

ca. 59 km ohne Abstecher, regionale Radweg-Beschilderung sowie teils Beschilderung als Ruhrtal-Radweg. Keine größeren Steigungen. Die Route führt meist über separate Radwege, einige Passagen auf losem Untergrund.

Start / Ziel: Campingplatz Ruhrbrücke Hattingen, www.camping-hattingen.de

Auswahl weiterer Camps entlang der Strecke: Freizeitdomizil Ruhrtal, Wasserfreunde Ruhrmühle e.V. Bochum, Campingplatz Horster Ruhrbrücke, Campingpark Baldeneysee, KNAUS Campingpark Baldeneysee Essen-Werden, Campingplatz Deichklause

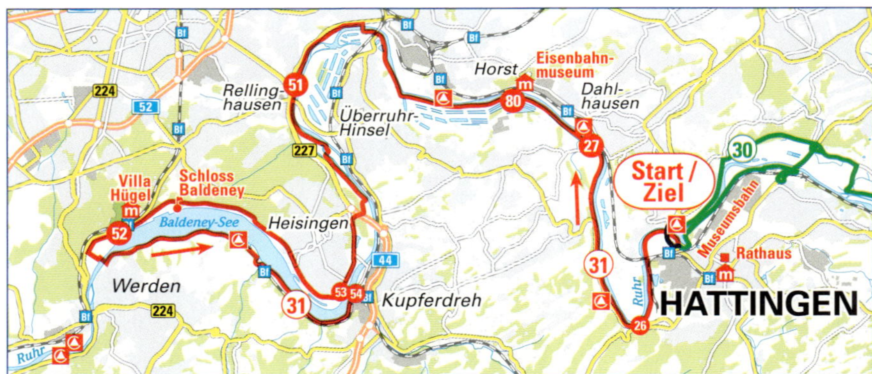

Wenn wir uns aus der tollen Hattinger Altstadt losgerissen haben, rollen wir auf dem Ruhrtal-Radweg zum „Lago di Baldino". Unsere Tour wird immer wieder von erstklassigen Sehenswürdigkeiten unterbrochen.

Die Lage unseres Camps ist einfach unschlagbar: Der äußerst beliebte **Ruhrtal-Radweg** verläuft direkt am Gelände vorbei, die sehenswerte Innenstadt von Hattingen liegt nur wenige Minuten zu Fuß entfernt und viele Highlights des „Ruhrpotts" sind per Rad, Auto oder ÖPNV rasch zu erreichen.

Los geht's an der Ausfahrt unseres Campingplatzes, die wir nach rechts verlassen, um an der Straße links abzubiegen und mittels Brücke das Ufer zu wechseln. Auf der anderen Seite einen Linksbogen (Knoten 25) zum Ruhrufer, dann folgt der Ruhrtal-Radweg links dem Fluss. Gegenüber ziehen Dahlhausen und Horst vorbei, auf unserer Seite Überruhr, dann nutzen wir die Brücke, tangieren Rellinghausen und Heisingen, bleiben beim Knotenpunkt 53 aber auf dieses Seite und umrunden dann den Baldeneysee am Nordufer bis Werden.

Die Altstadt von Hattingen ist eine echte Augenweide: Rund um das **historische Rathaus** gruppieren sich herrliche **Fachwerkhäuser** zum „Malerwinkel". Besonderes Augenmerk verdienen der **Schiefe Turm**, die St.-Georgs-Kirche, der Bruchtorturm und das **Bügeleisenhaus**.

Mehr als ein „Haus am See": In der Villa Hügel residierte einst die Industriellenfamilie Krupp

Am anderen Ruhrufer liegt Bochum-Dahlhausen. Das **Eisenbahnmuseum** ist eine der bedeutendsten technikgeschichtlichen Sammlung zur deutschen Eisenbahn. Rund um das vollständig erhaltene Dampflokbetriebswerk mit Drehscheibe gibt es mehr als 170 historische Schienenfahrzeuge.

Rund 10 km lang und bis zu 700 m breit ist der 1929 bis 1932 von Arbeitslosen angelegte **Baldeneysee**, der seinen Namen vom **Schloss Baldeney** bekam, was an unserem Weg liegt. Der dreigeschossige Bergfried stammt noch aus den Anfängen im 13. Jh.

Tipp: Majestätisch thront über uns **Villa Hügel**, das Schloss des Großindustriellen Alfred Krupp, der das Haus selbst in einem klassizistischen Stil entwarf. Die historische Sammlung Krupp bringt uns die Familiengeschichte näher. Der „Wendepunkt" unserer Tour ist Essen-Werden, das bis 1929 durch seine 1317 erworbenen Stadtrechte selbständig war und uns mit Fachwerkhäusern erfreut. Missionar Liudger gründete hier 794 eine Benediktinerabtei. In der Abteikirche St. Ludgerus schauen wir uns den „Abteischatz" an: Reisekelch, Tragaltar, Gürtel und Pontifikalhandschuh.

Kartentipp:
ADFC-Regionalkarte radrevier.ruhr West, 1:50.000, ISBN 978-3-96990-043-7, € 9,95
Digital für Smartphones und Tablets: www.fahrrad-buecher-karten.de/rk-digital

Weiter geht´s von Werden, wo wir dem Ruhrtal-Radweg nun flussaufwärts am Baldeneysee entlang folgen. Bei Kupferdreh (Knoten 54) wechseln wir auf die gegenüberliegende Seite und radeln dann auf derselben Strecke zum Camp zurück, auf der wir herkamen.

Auf dem Rückweg kommen wir an **Kupferdreh** vorbei. Die Ruhr macht hier eine Wende um fast 180 Grad. Diese „Drehung" stellte eine große Gefahr für die Schiffe dar, so dass sie am Ufer mit einem Reisiggeflecht vor einem harten Aufprall geschützt wurden. Um 1870 gab es hier zudem einen Lagerplatz für den Kupferhammer. Die Anwohner gaben der „Gefährlichen Drehung" der Ruhr daher einfach den Namen „Kupferdrehe". Im Jahre 1897 wurde ein repräsentatives Empfangsgebäude für den Bahnhof Essen-Kupferdreh gebaut. Heute ist er Ausgangspunkt für Fahrten mit dem Museumszug der „Hespertalbahn"

32 Aaah, der Aasee!

Von der **Werse** zum Aasee

CamperTouren Info

19 km, Rundtour meist auf befestigten Radwegen bzw. Straßen/Wegen, keine Steigungen, regionale Wegweisung

Start und Ziel: Campingplatz Münster, www.campingplatz-muenster.de

Auswahl weiterer Camps an der Strecke: Wohnmobilstellplatz Münster

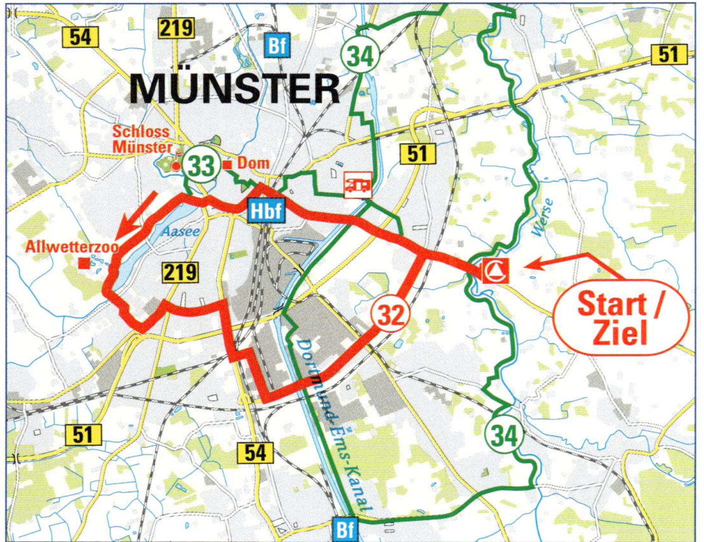

Mitten in der Stadt rollen wir einmal um Münster´s „Klimaanlage", den Aasee. Dabei genießen wir die Autofreiheit und haben zudem die Möglichkeit, unseren Wissensdurst zu stillen. Ein Besuch des Allwetterzoos sollte auch auf dem Ausflugsprogramm stehen.

Los geht´s vom Campingplatz Münster aus nach links und an der Straße direkt wieder rechts auf den Radweg. Auf diesem fast schnurgeraden Weg bleiben wir einfach, überqueren direkt die Werse und später den Kanal und erreichen den Bahnhof. Den lassen wir links liegen und überqueren die große Kreuzung geradeaus. Dahinter biegen wir links ab in die Promenade. Nach rund 1,5 km zweigen wir links ab und kommen ans Ufer des Aasees, den wir gegen den Uhrzeigersinn umrunden. So kommen wir unter der Brücke her, vorbei am Freilichtmuseum und am Zoo an die Spitze des Aasees.

Die Münsteraner haben es wirklich gut, denn es gibt nur das gute Radwegenetz: Mitten in der Stadt bildet der Aasee mit weitläufigen Grünanlagen an seinen Ufern ein perfektes **Naherholungsgebiet**. Hier fühlen sich nicht nur Radler und Jogger sondern auch Spaziergänger und Hobbysportler wohl. Auf dem Wasser können wir segeln oder uns bequem mit dem **Ausflugsschiff** weiterschippern lassen.

Der über 40 ha große See staut das Wasser der Aa und trägt damit zum Hochwasserschutz bei. Weiterhin sorgt er dafür, dass die warmen, aus Süden einfließenden Luftmassen abgekühlt werden – er ist quasi die Klimaanlage Münsters.

Für Kurzweil ist rund um den See mit seinem 5,7 km langen Uferweg auch gesorgt: Naturwissenschaftlich Interessierte besuchen das **LWL-Museum für Naturkunde** mit Planetarium und wen die Historie der Region interessiert, flaniert durch das **Mühlenhof-Freilichtmuseum Münster**.

Der Aasee bietet perfekte Naherholung mitten in Münster

Tipp: Weit über die Landesgrenzen hinaus bekannt ist der **Allwetterzoo** Münster. Dieser ging aus dem 1875 Zoologischen Garten hervor und bekam seinen Beinamen durch die „Allwettergänge". Damit ermöglichten die Architekten es dem Besucher, viele Bereiche trockenen Fußes zu erreichen. Die Artenvielfalt ist beeindruckend: Elefanten, Tiger, Orang-Utans, Bären, Pinguine und viele Wildtiere mehr machen den Besuch des Zoos unterhaltsam. Mit unserem Eintritt tragen wir zudem einen Teil dazu bei, dass bei den Zuchten zur Arterhaltung beigetragen werden kann. Für Freunde des Reitsports interessant: Angegliedert an den Zoo ist das **Westfälische Pferdemuseum Münster**.

Weiter geht´s von der Spitze des Aasees nach links über die Brücke, dann schräg rechts versetzt weiter über den Canisiusweg. Nach wenigen Pedalumdrehungen schräg rechts weiter über den Radweg bis zur Weseler Straße. Deren Radweg folgen wir nach links, später rechts in den Inselbogen, der in die Metzer Straße übergeht und auf die Hammer Straße trifft. An dieser Ecke rechts, beim Preußenstadion links in die Siemensstraße und direkt wieder rechts. Nachdem wir links in die Trauttmansdorffstraße abgebogen sind, queren wir wieder den Dortmund-Ems-Kanal. Weiter geradeaus, entlang von Heumannsweg und Schmittingheide, treffen wir auf eine große Querstraße, die uns bekannt vorkommt. Hier müssen wir nur noch ein paar Meter nach rechts radeln, um dann links zu unserem Camp abzubiegen.

Von 1926 stammt das **Preußenstadion** von Münster, in dem der gleichnamige Club sein Zuhause hat. Galt es bei seiner Erbauung als eines der modernsten Fußballstadien Deutschlands, vermittelt ein Besuch heute einen eher familiären Charme.

Kartentipp:
ADFC-Regionalkarte Münsterland, 1:75.000,
ISBN 978-3-96990-084-0, € 9,95
Digital für Smartphones und Tablets:
www.fahrrad-buecher-karten.de/rk-digital

33 In der Bundeshauptstadt der Radler

Von der **Werse** in die Münsteraner Innenstadt

CamperTouren Info

14 km, Rundtour meist auf befestigten Radwegen bzw. Straßen/Wegen, keine Steigungen, regionale Wegweisung

Start und Ziel: Campingplatz Münster, www.campingplatz-muenster.de

Auswahl weiterer Camps an der Strecke: Wohnmobilstellplatz Münster

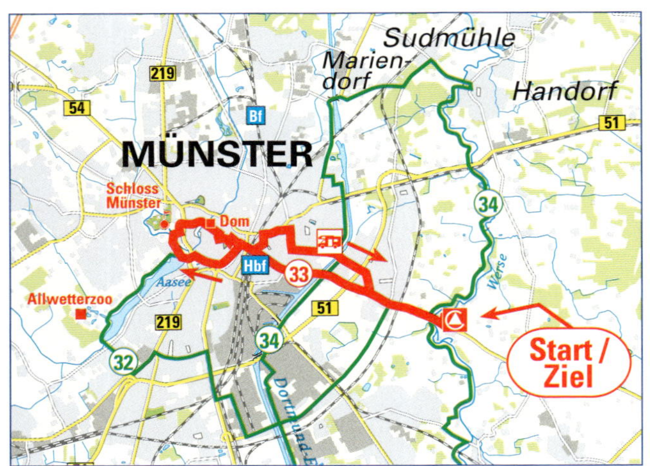

Immer geradeaus – so könnte das Motto unserer Radtour sein, denn in die Innenstadt von Münster finden wir wirklich leicht. Dass wir dabei auf guten Radwegen fahren, versteht sich von selbst, denn in Münster ist das Fahrrad Verkehrsmittel Nummer 1!

Der Name „**Campingplatz Münster**" suggeriert eine Lage mitten in der Stadt. Das täuscht, und das ist auch gut so, denn die wirkliche Lage könnte schöner kaum sein: Herrlich ruhig, mitten im Grünen, einen Steinwurf von der Werse und vom Freibad entfernt.

Los geht´s vom Campingplatz Münster aus nach links und an der Straße direkt wieder rechts auf den Radweg. Die ersten Kilometer sind genauso, wie bei der Tour zuvor: Fast schnurgerade geht es über die Werse und später über den Kanal zum Bahnhof. Nachdem wir den Bahnhof haben links liegen lassen, überqueren wir die große Kreuzung geradeaus. Dahinter biegen wir links ab in die Promenade. So gelangen wir zielsicher zum Schloss.

Die **Promenade** ist herrlich: Auf breiter Piste radeln wir unter lauschigen Bäumen völlig autofrei um die Innenstadt herum. Dabei tangiert sie auch den Zwinger und geleitet uns direkt zum Schloss, das malerisch auf einer gezackten Insel liegt. Das **Fürstbischöfliche Schloss Münster** wurde in barocker Pracht 1787 fertiggestellt. Heute ist es Teil der Universität – in diesen Räumen lässt es sich den Vorlesungen besonders gut folgen. Dreimal am Tag gibt es Ablenkung, denn dann spielen die **18 Glocken** Klassiker wie „die Gedanken sind frei".

Weiter geht´s am Schloss, das wir über Schlossplatz und geradeaus Frauenstraße verlassen. Der Überwasserkirchplatz führt uns zum Münster, an dem wir rechts vorbei radeln. Michaelisplatz, rechts Prinzipalmarkt und links Klemensstraße bringen uns aus der City heraus. Beim Clemenspark links, „An der Clemenskirche", nächste rechts Servatiikirch-

Schöner shoppen und einkehren am Prinzipalmarkt

platz, links Klosterstraße und rechts Salzstraße bringen uns an die Promenade. Hier radeln wir geradeaus und folgen derselben Strecke wieder zurück, auf der wir herkamen.

Tipp: Lassen Sie sich in einem der Cafés am **Münsterplatz** oder am **Prinzipalmarkt** nieder und genießen Sie die Szenerie: Die altehrwürdigen Fassaden strahlen Ruhe und Gelassenheit aus, Jung und Alt cruisen auf den Fahrrädern umher… das ist Leben in Münster!

Münster erlitt schwere Schäden im Krieg – zum Glück wurde die Innenstadt fast genauso wieder aufgebaut, wie sie vorher aussah.

Der **Prinzipalmarkt** ist vermutlich eine der bekanntesten Häuserzeilen des Landes. Die herrlichen Arkaden verschmelzen mit den Giebelhäusern zu einer Symbiose der Leichtigkeit. Aus allem empor ragt der Stadthausturm mit seinem grünen Dach. An den Prinzipalschließt sich der Roggenmarkt an, der als eine der ältesten Marktstraßen der Region gilt.

Zur Altstadt gehören der **Erbdrostenhof**, die **Lambertikirche** und zahlreiche andere historische Gebäude. Die Fußgängerzone lädt zum Shoppen und Verweilen ein. Dabei fällt immer wieder auf, dass Münster „auch modern kann": An vielen Ecken entstanden toppmoderne Gebäude, die ökologisch ausgerichtet wurden. Nicht komplett ist der Besuch Münsters, ohne das historische Rathaus zu besuchen, wo der Friedenssaal noch im Original erhalten ist: Genau hier wurde am 15. Mai 1648 der Westfälische Frieden geschlossen. Mit ihm wurden der 30-jährge Krieg und der 80-jährige Unabhängigkeitskrieg in den Niederlanden besiegelt.

Kartentipp:
ADFC-Regionalkarte Münsterland, 1:75.000, ISBN 978-3-96990-084-0, € 9,95
Digital für Smartphones und Tablets:
www.fahrrad-buecher-karten.de/rk-digital

34 An Werse und Kanal

Von der **Werse** zum Dortmund-Ems-Kanal

CamperTouren Info

32 km, Rundtour meist auf befestigten Radwegen bzw. Straßen/Wegen, keine Steigungen, regionale Wegweisung

Start und Ziel: Campingplatz Münster, www.campingplatz-muenster.de

Auswahl weiterer Camps an der Strecke: Wohnmobilstellplatz Münster

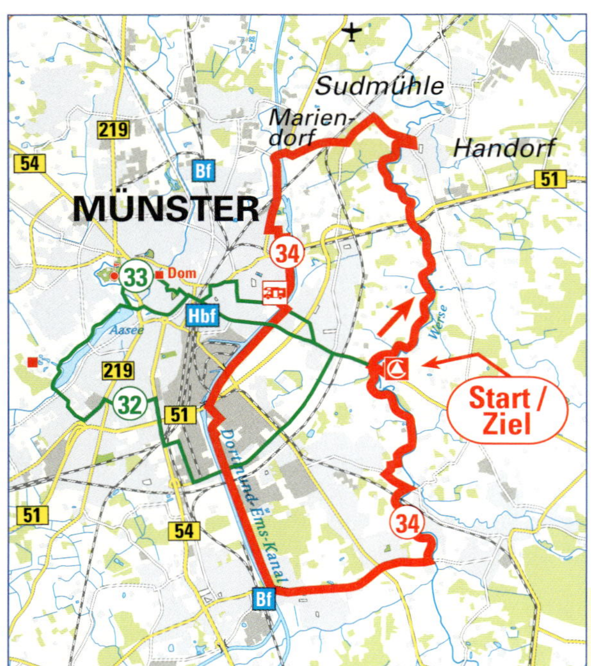

Zwei Fließgewässer, die unterschiedlicher nicht sein könnten, begleiten unsere Radrunde im Westen Münsters: Zunächst folgen wir der wunderbar naturnahen Werse, ehe wir auf schnurgeraden Wegen am Dortmund-Ems-Kanal entlang radeln. Gute Radwege sind ebenso garantiert, wie beste Laune.

Los geht´s vom Campingplatz Münster aus nach links und an der Straße direkt wieder rechts auf den Radweg. Direkt hinter der Brücke schräg rechts hinunter und mit einer Haarnadelkurve auf den Radweg. Dieser folgt dem Verlauf der Werse und verläuft über weitere Teile autofrei, bis wir Handorf erreichen.

Es fängt schon traumhaft an: Wir radeln auf einem idyllischen Radweg entlang der Werse. Der 2007 eröffnete „**Werse Rad Weg**" ist bestens beschildert und beginnt sogar schon in Rheda-Wiedenbrück, so dass er auf die stattliche Länge von 125 km kommt.

Auf ihrem 67 km langen Weg von Beckum bis zur Quelle in die Ems fließt sie in teils engen Mäandern. Dabei ist die Werse an beiden Ufern oftmals dicht bewachsen, so dass wir sie vom Radweg ab und an gar nicht richtig erspähen können.

Tipp: Wer Gefallen an der Werse gefunden hat und sie noch „hautnäher" genießen möchte, steigt in ein **Kanu** und ist dem Fluss ganz nahe. Dazu gibt es an der Werse gleich mehrere Kanu-Verleiher.

Die kleine **Dorfkirche** von Handorf ist der Dorfpatronin St. Petronilla gewidmet. Hier beginnt auch ein Krippenweg zur Kirche St. Maria Himmelfahrt, die auch **Dyckburg-Kirche** genannt wird.

Weiter geht´s von Handorf nach links über die Werse hinweg bis zu den ersten Häusern von Sudmühle. Dort links in die Dyckburgstraße und nach einem knappen Kilometer rechts in die Mariendorfer Straße, die uns in den gleichnamigen Ort führt. Kurz darauf queren wir mit der Straße den Kanal und gesellen uns direkt dahinter ans Ufer des Dortmund-Ems-Kanals. Kurz hinter der Schleuse werden wir kurz weggeführt, kehren aber direkt danach an die Fluten zurück. Für die nächsten 9 km bleiben wir stets am Kanal, zunächst auf der einen, dann auf der anderen Seite. Unter den zweiten der hintereinander liegenden Brücken zweigen wir links ab. So gesellen wir uns an die Straße Osttor, die später in die Hiltruper Straße übergeht. Direkt vor der Werse-Brücke zweigen wir links ab und folgen dem Werse-Radweg, der uns zielsicher zurück zu unserem Camp bringt.

Sudmühle und Mariendorf gehören beide bereits zur Stadt Münster, wobei Sudmühle aus einer alten Ziegelei hervor ging. Für deren Arbeiter wurde erst ein Bahnhaltepunkt erbaut, später entstanden hier die ersten Wohnhäuser.

Um die Wette Radeln mit den Schiffen am Dortmund-Ems-Kanal

Mit dem **Dortmund-Ems-Kanal** haben wir eine echte Meisterleistung der Ingenieurskunst neben uns. Von 1822 bis 1899 errichtet, verläuft er auf einer offiziellen Länge von 223 km. Er beginnt im Dortmunder Hafen bzw. am alten Schiffshebewerk in Henrichenburg und endet bei Lingen, wo die Schiffe in die Ems abbiegen können. Damit wurde eine optimale Wasserstraße zwischen dem Ruhrgebiet und der Nordsee geschaffen – seinerzeit unverzichtbar für eine Industrieregion. Den Wasserlauf begleitet die **Dortmund-Ems-Kanal-Route**, ein absolut steigungs- und auch weitgehend autofreier Radweg auf einer Gesamtlänge von 350 km.

Die **Chemieanlagen** sind in Hiltrup kaum zu übersehen – aber auch wichtig, denn hier werden Beschichtungsstoffe wie Lacke und Farben hergestellt, die aus unserem Alltag nicht wegzudenken sind. Schöner anzusehen sind aber natürlich das kreisrunde **Wasserwerk Hohe Ward** von 1905 und die alte Kirche St. Clemens.

Kartentipp:
ADFC-Regionalkarte Münsterland, 1:75.000, ISBN 978-3-96990-084-0, € 9,95
Digital für Smartphones und Tablets:
www.fahrrad-buecher-karten.de/rk-digital

35 Kraftquellen oder einfach nur spannende Felsen?

Von **Stukenbrock** über Horn-Bad Meinberg

CamperTouren Info

ca. 61 km ohne Abstecher, regionale Radweg-Beschilderung sowie teils Beschilderung als Senne-Radweg sowie als R1. Mehrere Steigungen in der ersten Hälfte, die Kondition oder ein E-Bike sinnvoll machen. Die Route führt meist über separate Radwege, einige Passagen auf losem Untergrund.

Start / Ziel: Campingplatz Am Furlbach, www.campingplatzamfurlbach.de

Auswahl weiterer Camps entlang der Strecke: Campingplatz Quellental, Wohnmobilstellplätze in Augustdorf und Detmold

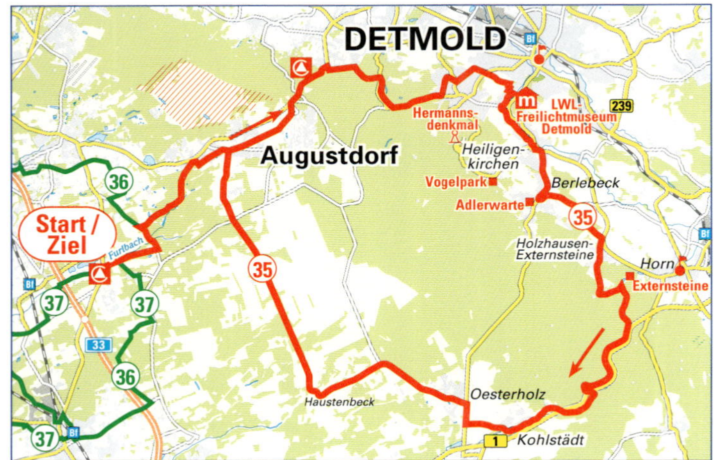

Eine anstrengende, aber sehr interessante Tour wartet auf uns, so dass es auch eine Überlegung wert ist, die Tour einmal im und einmal gegen den Uhrzeigersinn jeweils nur bis zu den Externsteinen zu radeln.

Naturgenuss und Komfort müssen sich keinesfalls widersprechen. Das erleben wir hautnah auf unserem „**Campingplatz Am Furlbach**", wo wir unseren Stellplatz unter dem dichten Blätterwald hoher Bäume oder auf dem klar strukturierten Rasenbereich beziehen.

Los geht's an der Ausfahrt unseres Campingplatzes, die wir nach rechts verlassen, um die Paderborner Straße geradeaus zu überqueren – der Weg heißt immer noch Am Furlbach. Am Ende trifft er auf den Mittweg, wo wir links und wenig später rechts in den Hubertusweg abzweigen, der uns am Furlbach entlang nach Augustdorf bringt, das wir dem R1 folgend in der Hauptrichtung auf der ansteigenden Pivitsheider Straße durchradeln. An der querenden Waldstraße rechts auf den straßenbegleitenden Radweg. Am Ortseingang von Pivitsheide folgen wir den Schildern des Senne-Radwegs nach rechts, der uns durch Detmolder Vororte nach Heiligenkirchen geleitet.

Ein Abstecher in die Innenstadt Detmolds sollten wir uns nicht entgehen lassen, denn die lange **Fußgängerzone** wird von prachtvollen **Fachwerk- und Bürgerhäusern** gesäumt. In der Mitte steht das **Fürstliche Residenzschloss**, umgeben von einem Park. Sehenswert sind auch das **Landesmuseum** und das **LWL-Freilichtmuseum**, Deutschlands größtes Freilichtmuseum.

Spüren Sie auch etwas? Externsteine faszinieren nicht nur Esoterik-Fans

Tipp: Ein Abstecher hinauf zum **Herrmann** ist verführerisch, sollte aber nur per E-Bike oder mit dem Bus in Angriff genommen werden. **Die höchste Statue Deutschlands** ist 27 m hoch und dem Cheruskerfürsten Arminius, genannt Herrmann, gewidmet. Im Jahre 9 n.Chr. fügten die germanischen Stämme unter seiner Führung den Römern die entscheidende Niederlage bei. Noch ein paar Daten dazu? Gesamthöhe Denkmal mit Sockel 54 m, das Schwert ist 7 m lang und 550 kg schwer!

Weiter geht´s von Heiligenkirchen auf dem Senne-Radweg durch Berlebeck auf stark ansteigender Strecke nach Holzhausen. Nach einer kleinen Abfahrt zu den Externsteinen radeln wir weiter auf dem Senne-Radweg, der einen letzten, aber dafür heftigen Anstieg bereit hält. Dann rollen wir entspannt nach Kohlstädt und weiter durch Oesterholz nach Haustenbeck. Hier rechts und dann mehrere Kilometer schnurgeradeaus durch das Truppenübungsgebiet. So gelangen wir wieder nach Augustdorf, wo wir links abbiegen und auf derselben Strecke zum Camp zurückrollen, wie auf dem Hinweg.

Auf unserer Tour können wir weitere Stopps einlegen, wie z.B. im **Vogelpark Heiligenkirchen**, in der **Adlerwarte** oder in Horn mit seiner Burg und vielen historischen Gebäuden, unter ihnen einige Fachwerkhäuser.

Die Externsteine sind nicht nur von den Höhenmetern her das Highlight der Tour: Die 35 m hohe Felsengruppe der Externsteine spiegelt sich malerisch im kleinen See. Und die Besucher berichten oftmals von seltsamen Dingen: Viele Besucher erleben große Euphorie, andere eine körperliche Erschöpfung beim Anblick der Steine. Schon vor langer Zeit hatten unsere Urahnen hier eine **Kultstätte**, daher müssen die Steine schon wirklich etwas Besonders sein. Richtig voll wird es, wenn die Externsteine in der Mittsommernacht unzählige Menschen anziehen.

Kartentipp:
ADFC-Regionalkarte Ostwestfalen,
1:75.000, ISBN 978-3-96990-020-8, € 9,95
Digital für Smartphones und Tablets:
www.fahrrad-buecher-karten.de/rk-digital

36 Afrikanische Wildnis mitten in Westfalen

Von **Stukenbrock** über Schloss Holte

CamperTouren Info

ca. 38 km ohne Abstecher, regionale Radweg-Beschilderung sowie teils Beschilderung als BahnRadRoute Teuto-Senne bzw. als R1. Langgezogene, leichte Steigung in der zweiten Hälfte. Die Route führt meist über separate Radwege, einige Passagen auf losem Untergrund.

Start / Ziel: Campingplatz Am Furlbach, www.campingplatzamfurlbach.de

Auswahl weiterer Camps entlang der Strecke: Campingplatz Jägerkrug, Wohnmobilstellplatz in Hövelhof

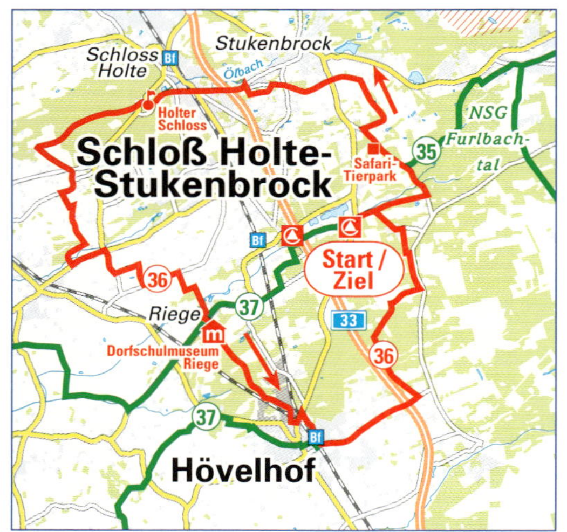

Es erwartet uns eine entspannte Rad-Runde, auf der wir die Landschaft rund um unser Camp entdecken können, die in sanften Hügeln modelliert ist. Unterwegs locken Schlösser und andere Sehenswürdigkeiten immer wieder zu Stopps.

Neben den naturverbundenen Stellplätzen bietet uns unser Campingplatz auch **Mietunterkünfte**. Urig nächtigt es sich in einem der Schlaffässer, während die Ferienwohnungen, die z.B. „Senne", „Heide" oder „Furlbach" heißen, deutlich komfortabler sind.

Los geht's an der Ausfahrt unseres Campingplatzes, die wir wieder nach rechts verlassen, um die Paderborner Straße geradeaus zu überqueren. Am Ende von „Am Furlbach" links auf den Mittweg, dem wir am Safaripark Stukenbrock vorbei folgen. Dahinter rechts auf den Tölkerweg, an der querenden Römerstraße links und mit einem Rechts-Links-Knick kurz vor der Autobahn ins Zentrum von Schloss Holte.

Gleich zu Beginn unserer Tour liegt linkerhand das **Naturschutzgebiet Furlbachtal**. Am Bach entlang zieht sich hier eine urwüchsige Landschaft.

Die weißen Tiger im Safaripark Stukenbrock

Tipp: Wenn wir eine längere Zeit in unserem Camp am Furlbach verbringen, müssen wir auch dem **Hollywood- und Safaripark Stukenbrock** einen Besuch abstatten. Hier gibt es aber so viel zu erleben, dass wir keine weitere Radtour einplanen sollten. In Freigehegen leben wilde Tiere, darunter Ele-

Jagdschloss Holte leuchtet uns entgegen

fanten, Giraffen, Lamas, Affen und viele andere Arten. Weltberühmt ist der Park aber für seine weißen Tiger und Löwen. Zum Abschluss gibt's auf den **Fahrgeschäften** den nötigen Adrenalinkick.

Die Stadt Schloss Holte wurde 1970 mit der Nachbarstadt Stukenbrock zu einer Gemeinde zusammengelegt, die nun rund 27.000 Einwohner beherbergt. Etwas weiter reichen die die Anfänge der 1913 fertiggestellten **Pfarrkirche St. Ursula** und der **Villa Tenge** zurück.

Weiter geht´s von Schloss Holte, das wir auf der Holter Straße am Schloss vorbei verlassen. In der Linkskurve der Schlossstraße schrägrechts in die Verler Landstraße. Beim Mühlcafé links in den Weg „Zum Mühlgrund“, an der querenden Straße etwas links versetzt geradeaus. Der Teuto-Senne-Radweg geleitet uns im Zick-Zack durch die Natur. Dabei radeln wir über Mühlen-, links Holter-, rechts Wiesenstraße links Hegselweg, rechts Kohlsteige, links Kattenheide, rechts Ginsterweg, links Falkenweg, rechts Nachtigallenweg und dann geradeaus nach Hövelhof. Den Ort verlassen wir auf der Sennestraße, um den Schildern des Teuto-Senne-Radwegs bis Stukenbrock-Senne zu folgen. Der querenden Senner Straße nach links folgen, Am Furlbach wieder links und wir sind zurück am Camp.

Kartentipp:
ADFC-Regionalkarte Ostwestfalen,
1:75.000, ISBN 978-3-96990-020-8, € 9,95
Digital für Smartphones und Tablets:
www.fahrrad-buecher-karten.de/rk-digital

In leuchtenden Farben getüncht empfängt uns das 1616 fertiggestellte **Jagdschloss Holte**. Die Grafen von Rietberg nutzten dabei die Fundamente einer alten Wehrburg, die hier einst am **Ölbach** stand. Gleich gegenüber gibt es Kontrastprogramm mit einer ehemaligen **Eisenhütte**.

In idyllischer Lage finden wir am Ölbach das fachwerkgeschmückte **Mühlcafé**. Bis heute wird mit dem **Mühlrad** Energie gewonnen, doch es wird mittlerweile damit kein Mehl mehr gemahlen, sondern Strom erzeugt.

Eine Reise in die Vergangenheit unternehmen wir beim Besuch des Schulmuseums im Ort Riege, das stilecht in einem rund 200 Jahre alten Schulgebäude untergebracht ist.

In Hövelhof steigen wir erneut von den Rädern und staunen über das **ehemalige fürstbischöfliche Schloss**, das aus feinstem schwarz-weißem Fachwerk gefertigt wurde und einst komplett von Wassergräben umflossen war.

37 An den Emsquellen

Von **Stukenbrock** über Delbrück

CamperTouren Info

ca. 67 km ohne Abstecher, regionale Radweg-Beschilderung sowie teils Beschilderung als Paderborner-Land-Route, Senne-, bzw. Ems-Radweg sowie als R1. Mehrere kurze, aber teils „knackige" Steigungen in der zweiten Hälfte. Die Route führt meist über separate Radwege, einige Passagen auf losem Untergrund.

Start / Ziel: Campingplatz Am Furlbach, www.campingplatzamfurlbach.de

Auswahl weiterer Camps entlang der Strecke: Campingplatz Jägerkrug, Campingplatz Nadermann, Campingplatz Apelhof, Wohnmobilstellplätze in Rietberg und Hövelhof

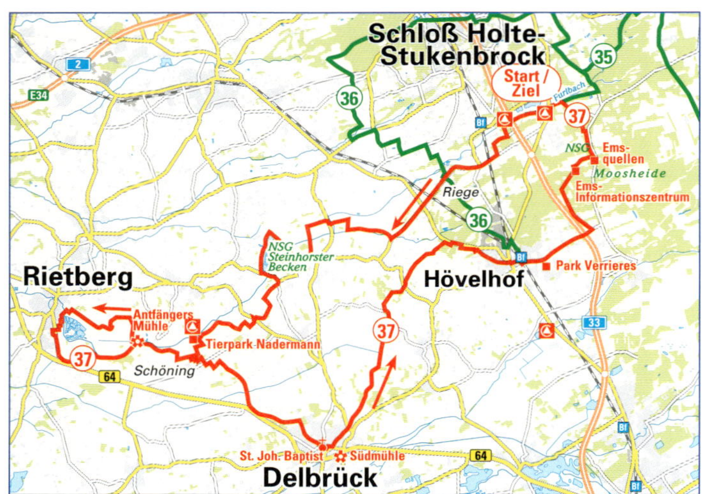

Die zweite Hälfte der Tour lässt uns spüren, dass der Teutoburger Wald keinesfalls eben ist. Als Entschädigung für die Mühen werden wir durch gleich drei sehenswerte Kleinstädte geleitet.

Unser Campingplatz liegt in der sogenannten **Senne**, einer **Heidelandschaft**, die sich in vielen Bereichen einen ursprünglichen Arten- und Pflanzenreichtum erhalten konnte.

Los geht's an der Ausfahrt unseres Campingplatzes, die wir nach links entlang der Straße Am Furlbach verlassen. Wir befinden uns direkt auf dem Fernradweg R1, der uns bis Riege und später auch als Paderborner-Land-Route bzw. Ems-Radweg gekennzeichnet am Steinhorster Becken vorbei und an Schöning vorbei nach Rietberg führt.

Das **Naturschutzgebiet Steinhorster Becken** bedeckt eine Fläche von rund 83 ha. Um das Hochwasser der Ems in Schach zu halten, wurden Wasserrückhaltebecken gebaut. Die Natur bedankte sich, indem sich eine einzigartige Vogel- und Pflanzenwelt entwickelte.

Tipp: Achtung: Am **Tierpark Nadermann** besteht die große „Gefahr", dass wir die Tour nicht mehr fortsetzen können. Erdmännchen, Kamele, Kangurus, viele Arten von Großkatzen, Flamingos, Greifvögel, Alpakas und viele weitere Tiere sorgen dafür, dass wir die Zeit vergessen! Einfach herrlich, die Tiere zu beobachten und einige dürfen wir sogar füttern.

Die **Antfängers Mühle** liegt am Wegesrand und bereitet uns vor auf die herrliche Altstadt

Auf dieser Rad-Runde fühlen sich Naturfreunde besonders wohl

von Rietberg. Es erwartet uns ein Traum aus **Fachwerk**, der in dem unglaublichen **Historischen Rathaus** einen Höhepunkt findet. In einem der Häuser ist heute das **Heimathaus** untergebracht, in dem wir mehr über die Geschichte erfahren. Das Gelände der ehemaligen **Landesgartenschau** sorgt dafür, dass wir in Rietberg auch eine Oase der Ruhe finden. Und wer immer noch zu viel Energie hat, erklimmt den **Aussichtsturm**.

Weiter geht´s von Rietberg, das wir entlang der Straße „An den Teichwiesen" verlassen. An der Antfängers Mühle links, dann durch Schöning auf deutlich ansteigender Strecke auf der Paderborner Land Route nach Delbrück. Die Innenstadt verlassen wir entlang der Ostenländer Straße und dem Rellerweg. Es geht zunächst bergab, dann wieder merklich nach oben. Nun sind es die Schilder des Genuss- und später des Ems-Radwegs, die uns nach Hövelhof leiten. Schilder gibt es reichlich: Paderborner-Land-Route, Teuto-Senne, etc. Sie alle geleiten uns zu den Emsquellen. Von hier aus ist es denselben Schildern folgend nicht mehr weit zurück zu unserem Camp.

Kartentipp:
ADFC-Regionalkarte Ostwestfalen,
1:75.000, ISBN 978-3-96990-020-8, € 9,95
Digital für Smartphones und Tablets:
www.fahrrad-buecher-karten.de/rk-digital

Auch in Delbrück werden wir von schmucken **Fachwerkhäusern** empfangen, die sich als „Kirchenring" um das Gotteshaus gruppieren. Überregional bekannt ist die Kirche St. Johannes Baptist mit ihrem **schiefen Kirchturm**. Etwas außerhalb der Stadt können wir uns noch die **Südmühle** ansehen.

Den nächsten Stopp legen wir in Hövelhof ein, um uns das **ehemalige fürstbischöfliche Jagdschloss**, das **Heimathaus** mit einer Backstube und den schicken **Park Verrieres** anzusehen. Der erhielt seinen Namen von der französischen Partnerstadt.

Ein Besuchersteg aus Holz führt uns zu den **Emsquellen** im **Naturschutzgebiet Moosheide**. Im **Ems-Informationszentrum** erfahren wir, dass es nicht nur eine Quelle, sondern gleich mehrere Wasseraustritte gibt, aus denen der bekannte Fluss entspringt.

38 Frische Luft rund um den Kahlen Asten

Von **Winterberg** über Altastenberg

CamperTouren Info

ca. 21 km ohne Abstecher, regionale Radweg-Beschilderung sowie Beschilderung als Lenneroute. Im zweiten Teil eine 10 km lange Steigung mit rund 350 Hm, daher ist ein E-Bike sinnvoll. Die Route führt im ersten Teil auf bzw. neben Straßen, dann meist über Radwege, einige Passagen auf losem Untergrund.

Start / Ziel: Campingplatz Winterberg, www.campingplatz-winterberg.de

Keine weiteren Camps entlang der Strecke

Für Radtouren im Hochsauerland sollten wir über eine gewisse Kondition oder über ein E-Bike verfügen. Dann aber sind dem naturverbundenen Vergnügen keine Grenzen gesetzt. Die Region rund um Winterberg zieht auch uns schnell in ihren Bann!

Die Lage des „**Campingplatz Winterberg**" könnte besser nicht sein: Von unserem Terrassen-Stellplatz aus blicken wir weit in die Natur und überlegen, was wir als nächstes unternehmen wollen, denn das Freizeitangebot ist hier fast unüberschaubar. Ein rechtzeitiges Reservieren des Platzes ist aber angezeigt, denn die 20 Touristenplätze sind schnell ausgebucht. Doch der zweite Platz am Ort, der **Campingpark Hochsauerland**, liegt nicht weit entfernt und ist auch eine gute Alternative.

Los geht's an der Ausfahrt unseres Campingplatzes, die wir nach links verlassen, um die Bundesstraße geradeaus zu überqueren und dahinter wieder links abzubiegen. In der Linkskurve geradeaus und der Lenneroute folgen, an der Zufahrt zum Kahlen Asten ebenfalls geradeaus und kurz danach links Richtung Westfeld. Nun geht es teils steil hinunter. Hinter einer engen Linkskurve bei Kilometer 5,3 rechts und über die Wege weiter hinunter nach Westfeld.

Gleich zu Beginn der Tour wird an den vielen Parkplätzen deutlich, dass wir in einem DER **Touristenmagneten** Deutschlands unterwegs sind.

Direkt am Wegesrand liegt auch der **Trailpark Winterberg.** Wer also das passende Bike unter sich hat und mutig genug ist, begibt

Ganz so rasant wie im Bikepark sind wir rund um Winterberg nicht unterwegs

sich in das 40 km lange Streckennetz, das Trails in allen Schwierigkeitsgraden bereit hält. Wurzel- und Steinpassagen, Single-Trails, Steilkurven und vieles mehr sorgen für besten Adrenalinkitzel.

Tipp: Die recht kurze Radrunde führt uns direkt am Fuß des Kahlen Astens vorbei – genau die richtige Gelegenheit, links abzubiegen, kurz, aber kräftig in die Pedale zu treten und hinauf auf 841 Meter über Normal Null zu kurbeln. Obwohl der Langenberg 2 m höher ist, aber keinen „Gipfel" bildet, gilt der Kahle Asten als höchster Berg NRWs. 1884 erfolgte die Grundsteinlegung für einen Turm der kurz darauf in einer Höhe von 25 m zusammenbrach. Der heutige, 23 m hohe Astenturm wurde 1895 fertiggestellt und beherbergt ein Restaurant, eine Wetterwarte und eine Ausstellung zur heimischen Tierwelt. Vom **Luftkurort** Westfeld war im Jahre 1072 erstmals in den Büchern zu lesen. Nach einer wechselvollen Geschichte, die während der Hexenprozesse ihren Tiefpunkt erlebte, präsentiert sich Westfeld heute als einladender Fremdenverkehrsort. Rund um die strahlend weiße **St.-Blasius-Kirche** gruppieren sich bestens gepflegte **Fachwerkhäuser**. Das Ensemble wurde 1975 zurecht zum „Bundesgolddorf" gewählt.

Weiter geht´s von Westfeld, das wir über die Lenne- bzw. Dorfstraße verlassen. Direkt nach der kleinen Lennebrücke rechts und neben der Lenne in einem weiten Linksbogen um den Berg herum. Nun steigt unsere Route erst sanft, dann heftig an. Mit stetiger Steigung tangieren wir Neuastenberg und gelangen zum Fuße des Kahlen Astens. Nach dem Abstecher zum Turm rollen wir vom Parkplatz aus die Straße hinunter, unten an der Querstraße rechts und kurz vor der B236 links/rechts weiter auf dem Lenneradweg. Nach wenigen Minuten können wir die Bundesstraße nach rechts queren und zu unserem Campingplatz zurückkehren.

Auf unserer Tour tangieren wir Neuastenberg, das als „**Höhendorf**" zur Stadt Winterberg zählt. Im Sommer genießen Radler und Wanderer eine intakte Natur, die als **Fauna-Flora-Habitat-Gebiet** unter Schutz gestellt wurde.

Kartentipp:
ADFC-Regionalkarte Sauerland, 1:75.000, ISBN 978-3-96990-147-2, € 10,95
Digital für Smartphones und Tablets:
www.fahrrad-buecher-karten.de/rk-digital

39 Wo die Ruhr als Rinnsal entspringt

Von **Winterberg** über die Ruhrquelle

CamperTouren Info

ca. 13 km ohne Abstecher, regionale Radweg-Beschilderung sowie Beschilderung als Ruhrtal-Radweg bzw. Lenneroute. Mehrere kürzere Steigungen die eine gewissen Kondition oder ein E-Bike sinnvoll machen. Die Route führt teils auf bzw. neben Straßen, aber auch über separate Radwege, einige Passagen auf losem Untergrund.

Start / Ziel: Campingplatz Winterberg, www.campingplatz-winterberg.de

Auswahl weiterer Camps entlang der Strecke: Campingpark Hochsauerland

Die Ruhr ist einer der wichtigsten Flüsse Deutschlands. Die Quelle liegt unweit unseres Camps, so dass wir auf einer kleinen Tour nicht nur den Ursprung des Flusses, sondern auch die mondäne Innenstadt Winterbergs in Augenschein nehmen können.

Unsere Camping-Parzelle beziehen wir zu Füßen des **Erlebnisbergs Kappe**. Langeweile kommt hier bestimmt nicht auf, denn die Freizeitmöglichkeiten direkt vor unserer Türe sind unglaublich: Von der 20 m hohen **Panorama-Erlebnisbrücke** schweifen die Blicke weit ins Land, während unter uns die Besucher des Abenteuerspielplatzes und der **Sommerrodelbahn** frohlocken. Abenteuerlustige sausen mit den Bikes die engen Kurven des **Bikeparks** hinunter oder hängen an der **Flyline**, einer 1.000 m langen Seilrutsche. Das „Hinaufkommen" ist mit den **Sesselliften** auch nie ein größeres Problem.

Los geht's an der Ausfahrt unseres Campingplatzes, die wir nach links und sofort wieder rechts auf dem Lenneradweg verlassen, um fast schnurgeradeaus hinunter ins Herz von Winterberg zu rollen. Über die Knotenpunkte 57, 56 und 55 fahren wir aus der Stadt raus. Am Kreisel rechts, wenig später können wir den Weg auf der linken Seite der Straße nutzen, während es bergauf geht. Später rechts den Schildern folgend auf etwas ansteigender Strecke zur Ruhrquelle.

Hier beginnt die abwechslungsreiche Reise der Ruhr

Im ersten Teil der Tour umrunden wir den 695 m hohen **Ruhrkopf**, der zur Rhein-Weser-Wasserscheide zählt. Dies bedeutet, dass das Wasser auf der einen Bergflanke via Ruhr in den Rhein und auf der anderen Seite via Orke und Eder und die Weser fließt. Die **Ruhrquelle** ist seit 1849 an einem Gedenkstein zu erkennen, um den sich Bänke und Infotafeln gesellen. Als besonderes Schmankerl hat man den Verlauf der Ruhr so angelegt, dass wir hin-

Im Bikepark Winterberg können wir auch ganz ohne Muskelkraft nach oben gelangen

durch fahren können. 221 km legt die Ruhr auf ihrem Weg bis zur Rheinmündung zurück und wurde dabei in den letzten Jahrhunderten intensiv industriell genutzt.

Weiter geht´s von der Ruhrquelle, die wir steil den Berg hinauf Richtung Winterberg verlassen. In flotter Fahrt rollen wir wieder hinunter in die Ortsmitte und treffen auf die Bahnhofstraße. Hier links und dann auf derselben Strecke zum Camp zurück, auf der wir herkamen. Eine langgezogene Steigung haben wir dabei noch zu verkraften.

Winterberg gilt als „**größter Wintersportort nördlich der Alpen**“. Doch auch im Sommer zieht Winterberg zahlreiche Besucher an, denn auch zu dieser Jahreszeit gibt es viel zu erleben.

Die Stadt Winterberg wurde 1250 durch Konrad von Hochstaden am Schnittpunkt der Handelsstraßen Köln-Kassel und Soest-Hessen gegründet.

Tipp: Der Kurpark liegt gleich am Wegesrand. Hier können wir prächtig durchatmen und uns das **Denkmal** für den „Hampelknitter“ ansehen. Es beruht auf der Geschichte, dass es die Handelsreisenden aus Winterberg mit der Ehrlichkeit nicht immer so eng nahmen und deshalb „betrügerische Sensenhändler“, im Dialekt Hampelknitter, einbrachte.

Nach Großbränden wurde die Winterberger Innenstadt planvoll gestaltet: Breite, schnurgerade von Ost nach West verlaufende Straßen, **Schieferfassaden** und das Verbot von Strohdächern ließen fortan den Flammen keine Chance. Die **Pfarrkirche St. Jakobus der Ältere** ist das wichtigste Gotteshaus am Ort. Obwohl 1875 begonnen, wurde sie erst hundert Jahre später fertiggestellt. Das Wahrzeichen der Stadt liegt etwas außerhalb: 1959 wurde die **St.-Georg-Sprungschanze** erbaut, die wir natürlich auch besichtigen können.

Kartentipp:
ADFC-Regionalkarte Sauerland, 1:75.000, ISBN 978-3-96990-147-2, € 10,95
Digital für Smartphones und Tablets:
www.fahrrad-buecher-karten.de/rk-digital

40 Fachwerkträume entlang der Lenneroute

Von **Winterberg** nach Schmallenberg

CamperTouren Info

ca. 24 km ohne Abstecher, regionale Radweg-Beschilderung sowie Beschilderung als Lenneroute. Eine rund 2,5 km lange Steigungen gleich zu Beginn, dann geht es ausschließlich bergab. Die Route führt meist über separate Radwege, einige Passagen auf losem Untergrund.

Start / Ziel: Campingplatz Winterberg, www.campingplatz-winterberg.de

Keine weiteren Camps entlang der Strecke

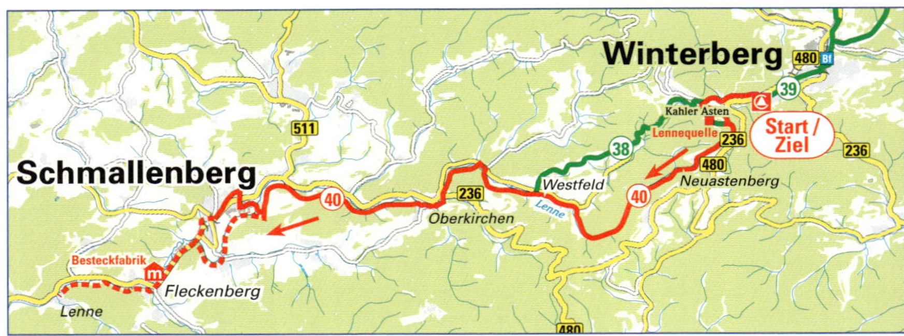

Eine herrliche Tour führt uns vorbei am „Dach des Sauerlands“ hinunter ins Lennetal. Nach einer ersten Steigung geht es ständig bergab, so dass wir Zeit genug haben, immer wieder von den Fahrrädern zu steigen und uns die wunderschönen, mehrfach prämierten Ortschaften am Wegesrand anzusehen.

Direkt zu Füßen des **Erlebnisbergs Kappe** mit seinen erstklassigen Aktivitätsangeboten beziehen wir unsere Parzelle.

Los geht's an der Ausfahrt unseres Campingplatzes, die wir nach links verlassen, um die Bundesstraße geradeaus zu überqueren und dahinter wieder links abzubiegen. In der Linkskurve geradeaus und an der Zufahrt zum Kahlen Asten links hinauf zum Parkplatz. Nun ist die Steigung für diese Tour erledigt, denn an der Lennequelle vorbei folgen wie den Schildern der Lenneroute teils steil bergab. So tangieren wir Neuastenberg und gelangen nach einer entspannten Abfahrt nach Westfeld.

Auf dem Kahlen Asten schauen wir uns die ausgeschilderte und etwa 500 m vom **Astenturm** entfernt gelegene **Lennequelle** an. Die höchstgelegene Quelle Nordwestdeutschlands speist jenen Fluss, der auf seinen 131 km bis zur Mündung in die Ruhr vielfach industriell genutzt wird.

Weiter geht´s von Westfeld auf der Lenneroute. Nun gibt es weniger Gefälle, so dass wir etwas mehr in die Pedalen treten müssen. Durch das wunderbare Oberkirchen erreichen wir Schmallenberg. Hier steuern wir die Innenstadt an, steigen an der Haltestelle

„Habbel" in den Bus und lassen uns in rund 50 Minuten auf der kurvigen Straße hinauf nach Winterberg bringen. Aussteigen können wir an der Haltestelle „Veltins EisArena" und sind direkt wieder am Camp.

Mit Oberkirchen haben wir einen weiteren Gewinner im Bundeswettbewerb „unser Dorf soll schöner werden" erreicht. Zahlreiche wundervolle Fachwerkhäuser umringen die 1666 geweihte **Pfarrkirche St. Gertrud.** Die Nähe zum Kloster Grafschaft verhalf der barocken Kirche zu einer reichhaltigen Ausstattung. Im dunklen Teil der Ortsgeschichte wurden mehr als 1.000 Todesurteile in Hexenprozessen gefällt.

Die Ortsmitte von Schmallenberg, der „Stadt auf dem schmalen Berg" liegt rechterhand von unserer Lenneroute. Dort erwartet uns eine tolle **Altstadt** mit prachtvollen **Fachwerk- und Schieferhäusern** rund um die Pfarrkirche St. Alexander. Die Terrasse, auf der sich die Stadt heute über der **Lenneschleife** erhebt, ist bereits seit langer Zeit besiedelt. Sehr markant sind die beiden parallel verlaufenden „Hauptstraßen", die durch kleine Gassen miteinander verbunden sind.

Schmallenberg – gesegnet mit Fachwerk- und Schieferhäusern

Tipp: Da die Strecke bislang recht kurz war, können wir der Lenneroute noch ein Stück weiter folgen. Das lohnt sich, denn es reihen sich hier noch tolle kleine Ortschaften aneinander: So bietet Fleckenberg eine Reise in die Vergangenheit – dazu tragen 185 **Baudenkmäler** und das technische Museum **„Besteckfabrik Hesse"** bei. Und das Örtchen Lenne nur ein Stück weiter wurde wegen seines von **Fachwerk- und Schieferhäusern** geprägten Ansehens mehrfach prämiert, so als Silberdorf im Bundeswettbewerb „unser Dorf soll schöner werden".

Kartentipp:
ADFC-Regionalkarte Sauerland, 1:75.000, ISBN 978-3-96990-147-2, € 10,95
Digital für Smartphones und Tablets:
www.fahrrad-buecher-karten.de/rk-digital

41 In einer Baracke in Kalberschnacke…

Von **Kalberschnacke** nach Olpe

CamperTouren Info

31 km, überwiegend auf separaten Radwegen sowie Radwegen neben der Straße. Keine größeren, aber viele kleinere Steigungen, regionale Wegweisung

Start / Ziel: Campingplatz Kalberschnacke, www.camping-kalberschnacke.de

Auswahl weiterer Camps an der Strecke: Campingplatz Wörmge, Camping Vier Jahreszeiten in Sondern, Camping Kessenhammer

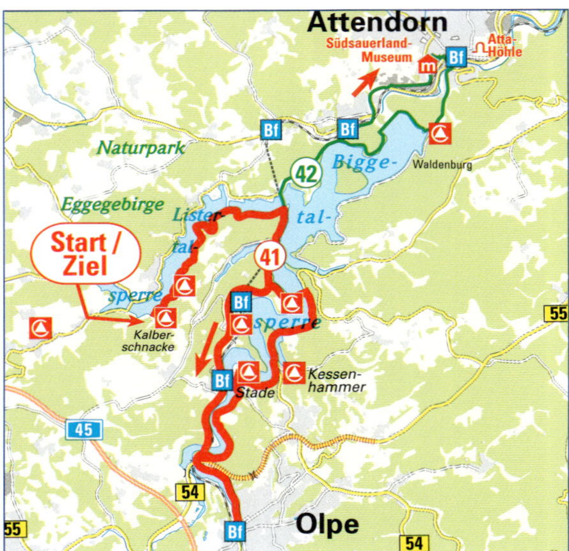

Es gibt eine Hymne der ehemaligen Band „Zoff", die hier wirklich jeder kennt: „Sauerland"! Der Ort Kalberschnacke kommt in diesem Liedchen auch vor. WIR machen nicht, wie die Feuerwehr „10 Kisten Warsteiner leer", sondern genießen den aussichtsreichen Campingplatz, der als Basislager für zwei wundervolle Touren rund um die Seen mit viel Sehenswertem dient.

Kalberschnacke – das hört sich schon ländlich an… und das ist es auch, denn ursprünglich gab es hier, am heutigen Ufer des Lister-Stausees, nur das **Landgut Kalberschnacke**. Inzwischen ist hier einer der schönsten Campingplätze des Landes entstanden: Die Gäste campen auf Terrassen, die sich weit den Berg hinaufziehen. Damit können wir mit einem unglaublichen **Panorama-Blick** über den See unseren Aufenthalt hier genießen.

Los geht´s an der Ausfahrt des Camps unten am See. Der kleinen Straße folgen wir nach rechts. Nachdem diese schräg rechts abgenickt ist, stört für die nächsten 5 km nichts mehr unsere Radel-Idylle am Ufer des Listersees. Dann biegen wir rechts ab und folgen dem Radweg parallel der Straße, der wieder einige kurze Steigungen bereit hält. Den Schildern folgend radeln wir links der Straße oberhalb an Sondern vorbei. Nach etwas „Kreiseln" erreichen wir Olpe.

Wir radeln vorbei an der Staumauer des Listersees. Dieser heutige „Seitenarm" des Biggesees ist wesentlich älter, denn die Vorsperre der Lister wurde schon 1912 geflutet.

Auf der weiteren Tour gesellen wir uns meist zur Straße und genießen Ausblicke auf den Biggesee, der 1965 fertiggestellt wurde. Wer der „Sache auf den Grund gehen" möchte,

Falls die Kondition oder die Akkus nachlassen, fahren wir ein Stück mit der Bahn am See entlang

kann den mächtigen Staudamm bei einer Führung besichtigen.

Ein kleiner Abstecher hinunter nach Sondern lohnt sich, denn der kleine Ort mit **Bootsanleger**, Spielplätzen und reichlich Platz hat sich zu einem schönen Fremdenverkehrsort entwickelt.

„Ol-Apa", „Bach am feuchten Wiesengrund", so dürfte der Name Olpes entstanden sein. Heute empfängt uns eine einladende Kleinstadt, die rund um den schmucken **Marktplatz** jede Menge Außengastronomie zu bieten hat. Von hier blicken wir auch auf die **Pfarrkirche St. Martin**.

Tipp: Die Strecke am rechten Ufer ist teils recht anstrengend, so dass es eine Überlegung wert ist, auf dem Hinweg wieder zurück zu radeln. Wer von dem Auf und Ab ohnehin etwas müde ist, kann auch mit der **Bahn** Richtung Attendorn zurückfahren. Eine noch schönere Alternative ist das Ausflugsschiff zur Staumauer des Biggesees.

Weiter geht´s in Olpe, das wir so verlassen, wie wir herkamen und nehmen nach dem „Radkreisel" die rechte Uferseite, um weiter zu radeln. Dabei geht es immer wieder kurz, aber knackig bergauf. Wir tangieren Stade und Kessenhammer, überqueren mit zwei Brücken nacheinander den See und haben einen kleinen, aber steilen Abstieg vor uns. Am Kreisel rechts und dann auf dem selbem Weg zurück, den wir herkamen.

Wir kommen vorbei am Örtchen **Kessenhammer**, in dem es eine weitere Campinganlage gibt. Von der Brücke haben wir gute **Ausblicke** über den See und können erst jetzt gut erkennen, wie er sich wie eine Schlange durch verschiedene ehemalige Täler windet. Am Ende der Brücke liegt die **Erholungsanlage Sonderner** Kopf mit einem weiteren Camp, einer Badestelle und anderen Highlights.

Kartentipp:
ADFC-Regionalkarte Sauerland, 1:75.000, ISBN 978-3-96990-147-2, € 10,95
Digital für Smartphones und Tablets:
www.fahrrad-buecher-karten.de/rk-digital

42 Illusionen aus Tropfsteinen

Von **Kalberschnacke** nach Attendorn

CamperTouren Info

24 km, überwiegend auf separaten Radwegen sowie Radwegen neben der Straße. Viele kleine und eine starke Steigung, regionale Wegweisung

Start / Ziel: Campingplatz Kalberschnacke, www.camping-kalberschnacke.de

Auswahl weiterer Camps an der Strecke: Camping Waldenburg

Über den mächtigen Staudamm des Biggesees radeln wir auf dieser Radrunde und stellen fest, wie groß die Erdbewegungen seinerzeit waren, um diesen See zu formen. Zu seinen Füßen liegt die wunderschöne Kleinstadt Attendorn, in der wir nicht nur bestens einkehren, sondern uns auch in einer der schönsten Topfsteinhöhlen Deutschlands verzaubern lassen können.

Los geht´s an der Ausfahrt des Camps unten am See. Der kleinen Straße folgen wir wieder nach rechts. Nachdem diese schräg rechts abgenickt ist, fahren wir links am Ufer entlang. Dem hügeligen Ufer des Listersees folgen wir wieder für rund 5 km. An der Querstraße nehmen wir den Radweg entlang der Straße nach links, der uns mit einer Abfahrt und später schräg links weg ins Herz von Attendorn bringt.

Die Hansestadt Attendorn ist ein echtes Juwel in der Region: Eingebettet im Naturpark Eggegebirge erstreckt sich eine einladende Fußgängerzone mit Einkehr- und Shoppingmöglichkeiten. Mittendrin liegt der Marktplatz mit dem Südsauerlandmuseum, in dem wir etwas über die Kulturgeschichte der Region erfahren können. Seit der Mitte des 14. Jhs schmückte das Alte Rathaus die Innenstadt – ebenso wie der „Sauerländer Dom". So wird die Kirche St. Johannes Baptist aufgrund ihrer überregionalen Bedeutung auch gerne genannt.

Die wichtigste Sehenswürdigkeit Attendorns liegt ein wenig außerhalb der Innenstadt: Die **Atta-Höhle**.

Tipp: Nach dem Besuch der Attendorner Innenstadt haben wir gleich drei Varianten für den Rückweg: Am bequemsten ist es, ein Stück mit der Bahn wieder zurück zu fahren. Die Strecke, die wir für den Hinweg nahmen, ist die einfachste Strecke per Rad. Abwechslungsreicher ist die hier beschriebene Route, die allerdings eine starke Steigung auf bzw. neben einer Straße mit sich bringt.

Mutige wagen sich auf die Aussichtsplattform und genießen atemberaubende Ausblicke

Weiter geht´s in Attendorn, das wir am Schwimmbad vorbei über die Straße Am Wassertor verlassen. An der Ampel geradeaus, dann rechts den Campingplatz-Schildern folgend recht steil hinauf auf der Waldenburger Straße. Nachdem wir auch aus der Senke wieder nach oben gekurbelt sind, erreichen wir Camping Waldenburg. Dort rechts und am Ufer entlang zum Staudamm, auf dem wir entlang radeln. Hinter dem Damm schräg links und am Ufer entlang. Dann treffen wir wieder auf die Straße, deren Radweg wir nach links folgen. Hinter der Brücke zum Listersee biegen wir rechts ab und folgen dem welligen Ufer zurück zur Auffahrt unseres Camps.

Direkt gegenüber des Campingplatzes Waldenburg führen uns Schilder zu einer ganz neuen Attraktion, die mit einer ordentlichen Portion „Kletterarbeit" steil in den Wald hinauf zu erreichen ist. Dafür werden wir von der Aussichtsplattform „Biggeblick" entschädigt. In einer Höhe von 90 m „schweben" wir förmlich über dem See und genießen eine unglaubliche Fernsicht auf die umliegende Gegend.

Zahlreiche weitere Attraktionen wie die Atta-Höhle - eine der schönsten und größten Tropfsteinhöhlen Deutschlands – das Südsauerlandmuseum, der Sauerländer Dom und die verwinkelten Gassen der historischen Altstadt laden zum Verweilen ein.

Kartentipp:
ADFC-Regionalkarte Sauerland, 1:75.000, ISBN 978-3-96990-147-2, € 10,95
Digital für Smartphones und Tablets:
www.fahrrad-buecher-karten.de/rk-digital

43 Gut bewachte Schelde

Von **Antwerpen-Linkeroever** über den Hafen Antwerpen

CamperTouren Info

ca. 44 km ohne Abstecher, regionale Radweg-Beschilderung. Keine größeren Steigungen. Die Route führt meist über separate Radwege, einige Passagen auf losem Untergrund.

Start / Ziel: City Camping Antwerp, www.citycampingantwerp.be

Auswahl weiterer Camps entlang der Strecke: Wohnmobilstellplatz Camperplaatz Vogelzang (etwas südlich der Tour)

Auf dieser Rundtour folgen wir dem Verlauf der Schelde, die uns mit ihrer enormen Breite und den vielen Schiffen darauf beeindruckt. Gleich zweimal setzen wir mit der Fähre über, was bei dem Schiffsverkehr für aufregende Momente sorgt.

Eine bessere Lage für einen Besuch der Metropole Antwerpen können wir uns als Camper kaum wünschen: Unseren „**City Camping Antwerp**" finden wir direkt am Ufer der Schelde und in unmittelbarer Nähe zur City von Antwerpen. Und dennoch ist die Lage ruhig, denn „nebenan" liegen nur ein Wohngebiet und ein Yachthafen. Wer dann doch etwas mehr Action braucht, besucht das Freibad oder den Skatepark vor den Toren des Camps.

Los geht's an unserem Campingplatz, den wir über die Zufahrtsstraße „Jachthavenweg" verlassen. An der querenden Thonetlaan rechts, dann links Gloriantlaan, rechts Esmoreitlaan, links August Vermeylenlaan und rechts Charles de Costerlaan. Parallel der N49a bzw. der A11 rollen wir über die Knotenpunkte 46 und 51 durch Zwijndrecht nach Melsele. Ab Knoten 10 rechts, gleich wieder links und dann nach rechts über die A11 hinweg. Via Kallo und dem Knoten 11 radeln wir mit vielen Knicken zwischen Schelde und Gewerbegebieten zum Fort Liefkenshoek (Knotenpunkt 15).

Fort Liefkenshoek ist in mehrerlei Hinsicht einzigartig: Es liegt seit dem 16. Jh allseitig von einem Wassergraben umgeben mitten in Industrieansammlungen. Im interaktiven **Erlebniszentrum** erfahren wir, dass wir hier in einer der ältesten Verteidigungsanlagen Flanderns sind. Erbaut wurde das Fort, um den anrückenden Spaniern den Zutritt zu Antwerpen zu verwehren.

Antwerpen bietet Klassiches und Topmodernes auf engstem Raum

Weiter geht´s von Fort Liefkenshoek, wo wir auf die Fähre bzw. den „Waterbus" steigen. Nach dem langen „Steiger" (Landungsbrücke), rollen wir links um Lillo herum und biegen beim Knotenpunkt 95 rechts ab. Auf den nächsten Kilometern bleiben wir immer in der Nähe der Schelde, so auch bei den Knoten 55, 54 und 56. Am Knoten 57 schließlich können wir den Sint-Annatunnel nutzen und ans andere Ufer zurückkehren. Dort angekommen (Knoten 27) direkt rechts und parallel der Straße am Yachthafen zurück zu unserem Campingplatz.

Auf der anderen Seite der Schelde erwartet uns **Fort Lillo**. Prinz Wilhelm von Oranien gab 1578 den Auftrag zum Bau dieser Befestigung, um Antwerpen vor Angreifern zu schützen. Es ist noch vieles von dem Fort erhalten, wie die Kaserne, das **Schießpulverlager** oder die kleine Siedlung, die in seinem Schutze entstand. Der Ort Oud-Lillo musste 1957 dem Bau des Hafens weichen.

Der Hafen von Antwerpen entwickelte sich danach zum **zweitgrößten Seehafen Europas**. Sagenhafte 152 qkm bedeckt die Hafenfläche, auf der jedes Jahr mehr als 230 Millionen Tonnen Waren umgeschlagen werden. Unvorstellbare 12 Millionen Container erreichen und verlassen Antwerpens Hafen alljährlich. Eine **Hafenrundfahrt** gehört also zum Pflichtprogramm.

Tipp: Die Boote namens „**De Waterbus**" transportieren nicht nur Fahrgäste von einem Schelde-Ufer zum andern, sondern verkehren auf einer langen Route, die hier in Lillo beginnt und weit landeinwärts endet. Warum also nicht für die Rückfahrt den Wasserbus nehmen? Wenn wir an der **Station Sint Anna Jachthavenweg** aussteigen, sind wir auch direkt wieder an unserem Campingplatz.

Auf unserem Rückweg richten wir unsere Blicke lieber nach rechts auf die breite **Schelde**, denn linkerhand reihen sich Chemiebetriebe, Tankanlagen und andere Industrieansammlungen aneinander.

Kartentipp:
ADFC-Radtourenkarte Blatt BEL1 „Belgien/Flandern", 1:150.000, ISBN 978-3-96990-000-0, € 9,95

44 Diamonds are bikers best friends

Von **Antwerpen-Linkeroever** über Antwerpen-Zentrum

CamperTouren Info

ca. 16 km ohne Abstecher, regionale Radweg-Beschilderung. Keine größeren Steigungen. Die Route führt meist über separate Radwege, einige Passagen auf losem Untergrund.

Start / Ziel: City Camping Antwerp, www.citycampingantwerp.be

Auswahl weiterer Camps entlang der Strecke: Wohnmobilstellplatz Camperplaatz Vogelzang (etwas südlich der Tour)

Der Tourtitel ist eine Hommage an einen echten Film-Klassiker. Gleichsam weist er darauf hin, dass wir auf dieser kurzen Tour unglaublich viel zu sehen bekommen. Und dabei sind echt „funkelnde" Augenblicke, wenn wir dem größten Diamanten-Viertel der Welt einen Besuch abstatten.

Weitläufige Wiesenflächen und einige hohe Bäume: Auf dem Campingplatz finden wir bestimmt die richtige Parzelle für unseren Antwerpen-Besuch. Wer groß genug gewachsen ist, kann über den Flut-Schutz hinweg auf die tolle **Skyline** blicken.

Los geht's an unserem Campingplatz, den wir über den Jachthavenweg verlassen, um an der Ecke links in die Thonetlaan abzubiegen. Der folgen wir rund 1,5 km bis zum Knotenpunkt 27 und nutzen dann den Sint-Annatunnel, um auf das andere Ufer zu wechseln. Ein Stück geradeaus, dann links um den Platz herum (Knoten 57) und an dessen Ende links in die Hoogstraat. Am Oude Koornmarkt rechts, sofort wieder links und rechts zum Groenplaats.

Der Riese Antigonus, soll einst den Schiffern, die keinen Wegezoll zahlten, die Hand abgehackt haben. Dann kam Silvius Brabo, hackte dem Riesen die Hand ab und warf sie in die Schelde. Aus dem „Hand werfen" - „Ant werpen" – entstand der heutige Stadtname.

Da wir den Wahrheitsgehalt nur schwer prüfen können, widmen wir uns dem Sichtbaren – und davon gibt es reichlich: An der Schelde wacht die Fluchtburg namens **Steen**, in der heute das Schifffahrtsmuseum untergebracht ist. In jedem Gotteshaus der Stadt finden wir Werke von **Rubens**, das beeindruckende **Rathaus** umringt mit nicht minder prachtvollen Zunfthäusern den Groote Markt, die **Onze-Lieve-Vrouwe-Kathedraal** ist die größte Kirche Belgiens, das **Vleeshuis** sieht aus wie Schichten von Fleisch und im **Rubenshaus** erfahren wir mehr über den großen Künstler. Eine Pause mit Einkehr und Ausblick legen wir am **Groenplaats** ein, denn hier ist die Dichte an Cafés und Restaurants besonders hoch.

Weiter geht´s vom Groenplaats, den wir über Lijnwaadmarkt und links Melkmarkt verlassen. Nun immer geradeaus durch Korte Koepoortstraat, Lange Koepoortstraat, Klap-

Die Onze-Lieve-Vrouwe-Kathedraal behütet die Stadt

dorp und Paardenmarkt. Dann rechts über Vekestraat, Lange Winkelstraat, geradeaus Ossenmarkt, Korte Winkelstraat, rechts Molenbergstraat, geradeaus Kipdorpvest und Tabakvest. Am Ende links-rechts, weiter über die Tabakvest und um den Leopoldplaats herum, den wir über die Schermerstraat verlassen. Nun schräg rechts Bervoetstraat, geradeaus Sint-Rochusstraat und Willem Lepelstraat, links Kloosterstraat, rechts Vlaamsekai, rechts Scheldestraat und am Ufer links. Bei Knoten 41 über die Brücke, bei 44 rechts und nun immer an der Schelde entlang zurück zum Camp.

Unweit unseres Weges liegen weitere Sehenswürdigkeiten wie der **Begijnhof** oder die **St. Jakobskirche**, in der wir ein Spätwerk von Rubens bewundern können.

Tipp: Auf dem „Heimweg" zweigen wir links den Schildern zum Bahnhof folgend ab und gelangen in das bestens geschützte **Diamantenviertel**. Nirgendwo auf der Welt werden mehr Diamanten gehandelt als hier. Wir sind zugleich auch im **Jüdischen Viertel** der Stadt, was wir an den Synagogen und Restaurants erkennen. Das **Diamantenmuseum** erklärt uns alles Wissenswerte zu den funkelnden Kostbarkeiten.

Wem nach dem Großstadt-Getümmel der Sinn nach etwas Ruhe und Natur steht, kann den weitläufigen **Stadspark** besuchen, der nicht weit von unserer Route entfernt liegt. Deutlich mehr Zeit müssen wir für einen Besuch im Antwerpener **Zoo** einplanen, der hinter dem Bahnhof liegt.

Kartentipp:
ADFC-Radtourenkarte Blatt BEL1 „Belgien/Flandern",
1:150.000, ISBN 978-3-96990-000-0, € 9,95

45 Königshaus, EU, NATO und andere wichtige Institutionen

Von **Grimbergen** über Brüssel

CamperTouren Info

ca. 32 km ohne Abstecher, regionale Radweg-Beschilderung. Zwei kleinere Steigungen im letzten Drittel. Die Route führt meist über separate Radwege, einige Passagen auf losem Untergrund.

Start / Ziel: Camping Grimbergen, www.camping-grimbergen.webs.com

Auswahl weiterer Camps entlang der Strecke: Camping Caravaning Club Brussels, Camping Bruxelles Open Sky

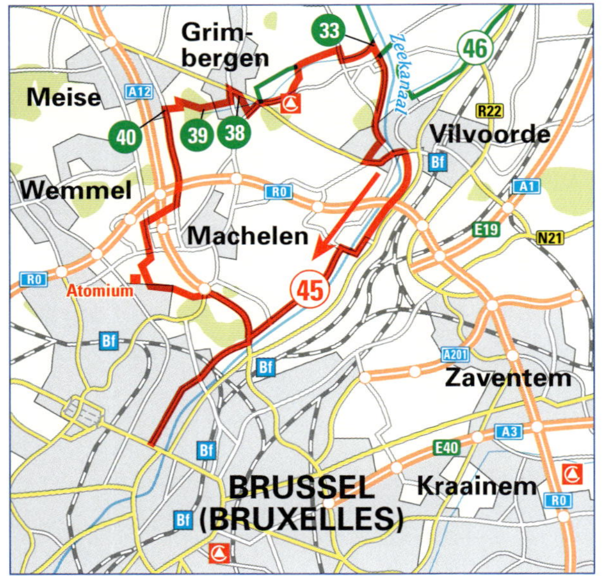

Bei dieser Radrunde wandeln wir auf bedeutsamen Pfaden: Nachdem wir meist am Kanal entlang geradelt sind, lernen wir die quirlige Innenstadt Brüssels mit tollen Sehenswürdigkeiten kennen. Aber auch die Rückfahrt wird mit dem Atomium noch spannend.

Es sind schon fast Avenuen, die sich über das Gelände von „**Camping Grimberge**n" ziehen. Von hier aus steuern wir unser rollendes Heim in eine schöne, mit Hecken umgebene Nische oder unter schattige Bäume. So fängt der Urlaub auch schon direkt bei der Anreise an!

Los geht's an unserem Campingplatz, den wir an der Ausfahrt nach rechts verlassen. Von der Veldkantstraat biegen wir links in die Poddegemstraat und überqueren links mit der Tommenmolenstraat den Fluss Maalbeek. Rechts auf der Oyenbrugstraat immer geradeaus und an deren Ende rechts, über den Fluss und direkt links in die Vaartstraat. An deren Ende vor dem Zeekanaal rechts (Knotenpunkt 33). Dem Radweg, der ein Stück vom Kanal entfernt und teils recht eng verläuft, folgen wir bis in die Innenstadt von Brüssel. Die historische Altstadt liegt noch ein paar Radminuten linkerhand des Kanals und ist ausgeschildert.

Der **Zeekanaal** verbindet Brüssel mit der Schelde und damit mit dem offenen Meer und beschert uns zudem eine gute Orientierung.

Tipp: Der Straßenverkehr ist in Brüssel sehr chaotisch. Es ist also eine Überlegung wert, sich vom Camp wochentags in etwa 40 Minuten mit dem **Bus** in die Innenstadt zu fahren. Die Bushaltestelle liegt 200 m neben dem Camp.

Auf dem Grand Place blicken wir in jeder Richtung auf architektonische Meisterwerke

Wir müssen Sie warnen: Brüssel macht „süchtig" – nicht nur wegen **Pralinen**, Waffeln und Bier. Vielmehr ist es die unglaubliche Architektur, die uns schon am **Grand Place** empfängt. Rund um das unglaublich filigrane und mit einem mächtigen Turm geschmückte **Rathaus** entdecken wir ein prachtvolles, goldverziertes Haus neben dem anderen: Die **Zunfthäuser** der Bäcker, Flussschiffer, Krämer, Bogenschützen und Händler zeugen vom einstigen Reichtum. Von hier entdecken wir die anderen Highlights der Stadt wie **Manneken Pis**, Notre-Dame de la Chapelle, **Cathédrale St. Michel**, Palais Royal, **Palais de Justice** oder natürlich die etwas außerhalb der Innenstadt liegenden Häuser der **NATO** und der **Europäischen Union**.

Weiter geht´s von Brüssel, das wir so verlassen, wie wir herkamen, also auf dem recht engen Radweg, der ein Stück vom Kanalufer entfernt verläuft. An der Stelle, wo links neben uns der große Park entlang zieht, zweigen wir schräg links ab und rollen neben der ansteigenden Avenue van Praet her. Beim großen Kreisverkehr halten wir uns links neben den ganzen Straßen, radeln geradlinig durch den Park und erreichen rechts abbiegend das Atomium. Von hier weiter auf der großen Avenue und an deren Ende rechts in die Avenue de Miramar. Vor der A12 links, wenig später rechts über die Autobahn hinweg und gleich wieder links. Am Beginn des Parks (Knoten 40) halten wir uns rechts und rollen durch Grimbergen (Knoten 39, 38, rechts Abdijstraat, links Kerkplein/Hogesteenweg, schräg links Rijkenhoekstraat, rechts Veldkantstraat) zurück zum Camp.

Die Rückfahrt haben wir so geplant, dass weitere Highlights auf der Stecke liegen: So kommen wir durch den Park von Laeken, in dem das **Königliche Schloss** und die **Königlichen Gewächshäuser** zu finden sind. Auch am **Atomium** kommen wir vorbei: eine 165-milliardenfache Vergrößerung der kristallinen Elementarzelle des Eisens ist diese 102 m hohe Darstellung, die 1958 anlässlich der Weltausstellung errichtet wurde. Gleich nebenan liegt der **Park Mini-Europe**.

Kartentipp:
ADFC-Radtourenkarte Blatt BEL1 „Belgien/Flandern",
1:150.000, ISBN 978-3-96990-000-0, € 9,95

46 Wasser – mal unter Naturschutz, mal kanalisiert

Von **Grimbergen** über Willebroek

CamperTouren Info

ca. 50 km ohne Abstecher, regionale Radweg-Beschilderung. Keine größeren Steigungen. Die Route führt meist über separate Radwege, einige Passagen auf losem Untergrund.

Start / Ziel: Camping grimbergen, www.camping-grimbergen.webs.com

Keine weiteren Camps entlang der Strecke

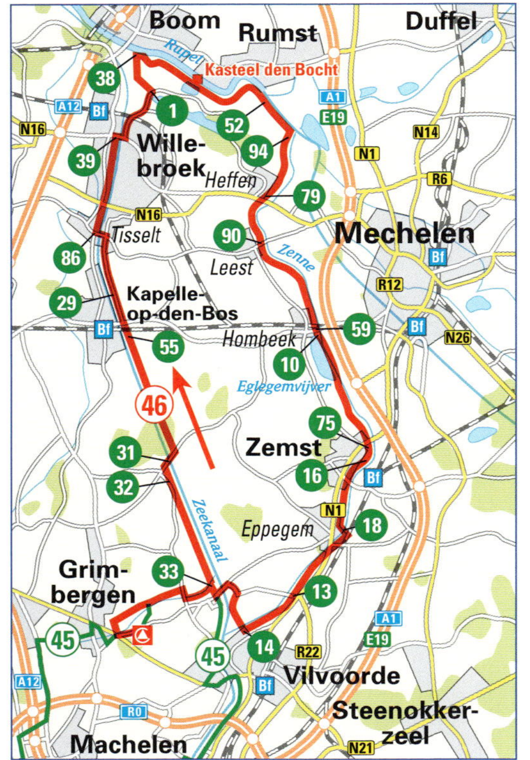

Diese Tour ist sehr „wasserreich", denn über viele Kilometer folgen wir auf besten Radwegen dem Verlauf von breiten Schifffahrts-Kanälen, verschlungenen Flüssen und funkelnden Seen. Und „zu sehen" gibt es zu beiden Seiten des Weges auch noch etwas!

Unser Campingplatz liegt nicht nur für einen Städtetrip nach Brüssel ideal, sondern ist auch für aktive Urlauber perfekt geeignet: Rund um die Gemeinde zieht sich ein dichtes Netz aus **Rad- und Wanderwegen**, die uns rasch in ruhige **Natur** entführen, wie bei dieser Tour. Und auch bis ins Ortszentrum von Grimbergen ist es nur ein Katzensprung.

Los geht's an unserem Campingplatz, den wir wieder nach links Richtung Ortsmitte verlassen, um der Lierbaan rechts und der Tommenmolenstraat wieder rechts zu folgen. Immer geradeaus und am Ende der Straße rechts über die Brücke und direkt links in die Vaartstraat. An deren Ende vor dem Zeekanaal links (Knoten 33). Dem Kanal folgen wir über die Knotenpunkte 32, 31, 55, 29, 86 und 39) abwechselnd am linken und rechten Ufer vorbei an Kapelle-op-den-Bos und Tisselt nach Willebroek.

Wir rollen am Ufer des **Zeekanaals**, der auch Canal de Willebroek genannt wird. Mit dem Bau dieses Kanals wurde die Hauptstadt Brüssel für den Schiffsverkehr an die Schelde und damit ans offene Meer angeschlossen. Auch Freizeitskipper haben den Kanal und die angebundenen Flüsse als ideales Revier entdeckt.

Willebroek beeindruckt uns mit einer tollkühnen **Brücken-Konstruktion**, bevor wir am anderen Ufer den Yachthafen des Ortes erspä-

Weniger überlaufen, aber doch wunderschön: Die Innenstadt von Mechelen

hen. Noch schöner ist das Naturschutzgebiet namens „**Biezenweiden Reservaat**", durch das wir radeln. Wege führen zu aussichtsreichen Punkten, von denen wir die vielen **Seen** und das **Wassersportzentrum** überblicken können.

Weiter geht´s von Willebroek, wo wir wieder ans rechte Kanalufer wechseln, dem wir noch ein Stück weiter folgen, um dann etwas abseits des Ufers bis zum Fluss Rupel zu fahren (Knoten 1, 38). Hier zweigen wir rechts ab. Nun gibt es einen Radweg direkt am Fluss, der uns über die Punkte 52, 94, 79, 90. 59, 10, 75, 16, 18, 13, 14) vorbeiführt an Heffen, Leest, Hombeek, Zemst und Eppegem nach Vilvoorde. Hier rechts über den ersten Fluss (Zenne), nach wenigen Minuten am Yachthafen geradeaus über den ersten Kanal und dann links über den Zeekanaal. Nach rechts und links (Knoten 33) abbiegen sind wir wieder auf unserer bekannten Hinroute, der wir zurück zum Camp folgen.

Am Wegesrand liegt **Kasteel den Bocht** am Ufer des Flusses Rupel. Durch seine hohe und besonders gestaltete Turmspitze können wir es schon von weitem sehen. Auf unserem Rückweg erblicken wir auch den See mit dem schweren Namen **Eglegemvijver**.

Tipp: Ein kurzer Abstecher führt ins Herz von Mechelen, das auf eine lange Geschichte zurückblicken kann. Und diese können wir hautnah erleben, denn die Straßen werden gesäumt von prachtvollen historischen Gebäuden. Zu denen zählen das **Rathaus**, das **Brüsseler Stadttor** mit einem Museum zur Stadtgeschichte und die **St. Rombouts-Kathedrale**. Den Turm der Kathedrale hatten wir schon lange im Auge, denn mit 98 m Höhe ragt er hoch in den belgischen Himmel. Am bekanntesten und vermutlich auch schönsten ist aber das Ensemble aus den drei wunderschönen Häusern namens **Het Paradijs, Duivelshuis und Huis Sint-Josef**.

Der Ortsmitte von Grimbergen müssen wir einen Besuch abstatten, denn die wuchtige **Abteikirche** der Prämonstratenser ist eine echte Augenweide. Am besten rollen wir nach der Tour dort hin, denn es gibt auch das überregional bekannte **Grimberger Abtei-Bier**. Über die Geschichte des Gerstensaftes erfahren wir mehr im **Biermuseum**.

Kartentipp:
ADFC-Radtourenkarte Blatt BEL1 „Belgien/Flandern",
1:150.000, ISBN 978-3-96990-000-0, € 9,95

47 Weltkulturerbe zu Füßen des Belfrieds

Von **Bredene** über Brügge

CamperTouren Info

ca. 54 km ohne Abstecher, regionale Radweg-Beschilderung. Keine größeren Steigungen. Die Route führt meist über separate Radwege, einige Passagen auf losem Untergrund.

Start / Ziel: Camping ´t Rietveld, www.campingrietveld.be

Auswahl weiterer Camps entlang der Strecke: Camping De Heide, Camping Esmeralda, Camping Mercator, Camping Ter Duinen, Camping Ten Bos, Camping Tante Net, Camping North Sea sowie diverse weitere Camping- und Wohnmobilstellplätze

Etwas ganz Besonderes erwartet uns auf dieser Rundtour, denn ein solch wunderschönes Stadtbild wie dieses hier von Brügge gibt es in Europa nur selten. Es sind meist Fernradwege, deren Beschilderungen uns den Weg entlang von Kanälen weisen und uns am Ende der Tour noch durch eines der bekanntesten Seebäder geleiten.

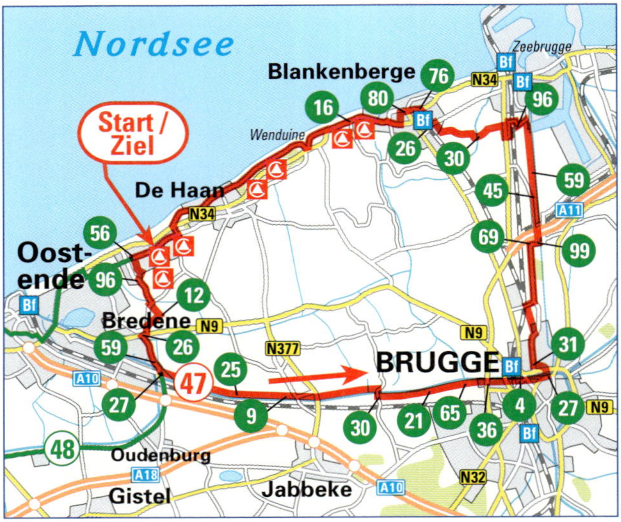

So lässt es sich Urlaub machen: Unser überschaubarer „**Camping ´t Rietveld**" liegt direkt am Fuße der herrlichen Dünen bzw. direkt am Strand und doch in ruhiger und grüner Umgebung. Unser rollendes Heim findet einen schönen Stellplatz auf der saftigen Wiese und meist auch neben hohen Hecken, die den Platz begrenzen.

Los geht's an unserem Campingplatz, den wir an der Ausfahrt nach links verlassen, um nach wenigen Pedalumdrehungen am Knotenpunkt 56 links in die Koerslaan einzubiegen. An deren Ende rechts und hinter dem See (Punkt 96) schräg geradeaus. Dann ein gutes Stück geradeaus, an der Sluizestraat (Punkt 12) links, an der Querstraße links, direkt wieder rechts parallel zum Brugsesteenweg und sofort (Punkt 26) wieder links. Den Schildern zum Knotenpunkt 59 folgend, kommen wir auf einen kleinen Radweg entlang einer Gracht, später eines Kanals. Immer am Wasser entlang gelangen wir über die Punkte 27, 25, 9, 30, 21, 65, 36, 4 und 27 nach Brügge. Die Innenstadt liegt rechterhand.

An einer Meeresbucht namens Zwin wuchs im Mittelalter die Hafenstadt Brügge heran, die in der Hanse zur **wohlhabendsten Metropole diesseits der Alpen** wurde. Nach dem Verschwinden des Zwin war der Hafen-Bonus weg und die Stadt verarmte bitterlich. Aus heutiger Sicht ein glücklicher Umstand, denn so wurde eine **Bausubstanz** erhalten, die es in Europa kaum ein zweites Mal so gibt.

Tipp: Am Markt steigen wir die 366 Stufen empor und genießen eine einmalige **Aussicht** vom 88 m hohen **Belfried**.

Sagenhafte 88 m ragt der Belfried in die Höhe

Die Heilig-Blut-Basilika ist das älteste Gebäude der Stadt. Hier beginnen wir unsere Reise in das lebendige Mittelalter: Am **Stadhuis** bestaunen wir Statuen der Grafen Flanderns und Türmchen, Am Markt können wir an der **Tuchhalle** bestens nachvollziehen, dass der Wohlstand einst durch den Handel kam und in **der Onze-Lieve-Vrouwkerk** beeindruckt uns eine lebensechte, weiße Marmor-Madonna. Zur Stärkung besuchen wir zwischendurch die **Brauerei De Halve Maan**, bevor wir am Schleusenhaus, das seit der Gotik hier steht, auf das **Hafenbecken** blicken, das im Mittelalter die Keimzelle allen Wachstums war.

Weiter geht´s von Brügge, das wir am Kanal bei Knotenpunkt 27 über den Handelsdok hinweg verlassen. Wenig später beim Kreisel am Knoten 31 rechts, so dass wir links neben dem Kanal radeln. Später wechseln wir das Ufer und werden dann vom Kanal weggeführt. Bei 69 rechts und bei 99 direkt wieder links, so sind wir wieder am Kanal (Knoten 45, 59). Noch vor Zeebrugge links und den Schildern 96, 30, 26, 76 und 80 folgend nach Blankenberge. Über den Knoten 16 radeln wir immer an der Küste entlang vorbei an Wenduine und De Haan zurück zu unserem Camp.

Auf unserem Rückweg legen wir noch einen Zwischenstopp in De Haan ein, denn das einladende Seebad beglückt uns mit allen Urlaubsfreuden: Am langen **Sandstrand** mit seinen breiten **Dünen** verläuft eine **Promenade** mit einladender Gastronomie. Und rund um das Rathaus, einem ehemaligen Grand Hotel, finden wir schicke Häuser der Belle Epoque.

Kartentipp:
ADFC-Radtourenkarte Blatt BEL1 „Belgien/Flandern“,
1:150.000, ISBN 978-3-96990-000-0, € 9,95

48 Oostende, Westende und Strände ohne Ende

Von **Bredene** über Westende

CamperTouren Info

ca. 54 km ohne Abstecher, regionale Radweg-Beschilderung sowie teils Beschilderungen als Eurovelo EV 4 bzw. EV 12. Keine größeren Steigungen. Die Route führt meist über separate Radwege, einige Passagen auf losem Untergrund.

Start / Ziel: Camping t'Rietveld, www.campingrietveld.be

Auswahl weiterer Camps entlang der Strecke: Camping De Heide, Camping Florida, Jagershof Camping, Camping Astrid, Camping Asterix, Camping Thalessa, Camping Ter Hoeve, Camping De Zeemeeuw, Camping Mijn Plezier, Camping Polder Valley, Kompas Camping, Camping Westende, sowie diverse weitere Camping- und Wohnmobilstellplätze

Klangvolle Namen begleiten die erste Hälfte unserer Tour, denn wir rollen vorbei an Oostende, Middelkerke-Bad, Westende und Nieuwpoort. Dabei ist der Strand stets in der Nähe, so dass einem Bad nichts im Wege steht. Die Rückfahrt orientiert sich an den Kanälen, die ein schnurgerades Radeln zum Erlebnis machen.

Bei der Freizeitgestaltung am Camp haben wir freie Auswahl: Vor der Tür liegen **Strand**, dichter **Wald** und die einladenden **Seebäder**. Und wenn wir das eigene Zuhause nicht mitbringen, mieten wir uns eines der gut ausgestatteten **Mobilheime**.

Los geht's an unserem Campingplatz, den wir an der Einfahrt nach links verlassen, um dem Verlauf des Nordseeküsten-Radwegs (EV 4) zu folgen. Die Schilder geleiten uns durch Oostende und dann in direkter Nähe zu Küste und Stränden durch Middelkerke nach Westende.

Der Charme von Oostende erschließt sich erst auf den zweiten Blick: Zunächst erblicken wir Fährschiffe, Häuserzeilen und Straßenverkehr. Je weiter wir um das Hafenbecken herum kommen, wird die Zuneigung größer: **Nordseeaquarium**, **Fischmarkt** und daran anschließend die **Albert-I.-Promenade** machen Lust auf mehr.

Tipp: Von der 600 m langen Hafenmole namens **Westerstaketsel** blicken wir auf Schiffsverkehr, auf Sandstrand und das „**Nationaal Zeeliedengedenkteken**" einem Denkmal für die verstorbenen Seefahrer.

Weiter an der Promenade entlang schmiegen sich **Casino**, Venezianische Galerien, Königli-

Kilometerlange Strände und reichlich Unterkünfte gibt es in Oostende

che Galerien und die **ehemalige königliche Residenz** aneinander. Und nun wissen wir auch, warum Oostende als „**Königin der Seebäder**" gilt.

In Middelkerke steuern wir gleich mehrere Ziele an: Das außergewöhnlichste ist der „**Dronkenput**", der „Besoffene Brunnen". Als der Grundwasserspiegel stieg, gerieten die Wände eines Trinkwasserreservoirs in Schieflage. Kerzengerade hingegen stehen die Mauern der **Sint-Willibrorduskerk**, die um 1930 erweitert wurde. Auch das **Casino** am Seedeich ist einen Besuch wert.

Weiter geht´s von Westende, das wir unserem Nordseeküsten-Radweg weiter folgend vorbei an Lombardsijde nach Nieuwpoort verlassen. Vor der großen Brücke zweigen wir bei Knotenpunkt 61 links ab und folgen ab hier dem Eurovelo (EV) 12. Dieser folgt dem Verlauf des Kanaal van Plassendale vorbei an Leffinge und Snaaskerke um bei Oudenburg als Kanal names Nieuwpoort links abzuzweigen. So gelangen wir stets am linken Ufer zu den Industrieanlagen von Oostenede. Hier radeln wie bei Knoten 29 und 27 links, bei 59 geradeaus, an der querenden N9 und bei 26 rechts, gleich wieder links und sofort wieder rechts in den Zuid-Oostwijk. Bei Schild 12 links, bei 96 schräg geradeaus und weiter zur 56. Hier rechts und wir erreichen wieder unser Camp.

Obwohl Nieuwpoort nach dem Krieg aus Trümmern wieder neu erschaffen werden musste, finden wir im Ortszentrum historische Bauten, wie die **Graanhalle** („Kornhalle"), das **Renaissance-Rathaus** und die Onze-Lieve-Vrouwkerk.

Auch Westende ist mit der **Kusttram** erschlossen. Sie verläuft über 67 km zwischen De Panne und Knokke entlang der Küste und gilt damit als längste Straßenbahn der Welt.

Kartentipp:
ADFC-Radtourenkarte Blatt BEL1 „Belgien/Flandern",
1:150.000, ISBN 978-3-96990-000-0, € 9,95

49 Bierprobe am Eselsbrunnen

Von **Nommern** über Ettelbruck

CamperTouren Info

ca. 42 km ohne Abstecher, regionale Radweg-Beschilderung sowie teils Beschilderung als Fernradweg PC15 bzw. PC16. Einige Steigungen in der zweiten Hälfte, die Kondition oder ein E-Bike sinnvoll machen. Die Route führt meist über separate Radwege, einige Passagen auf losem Untergrund.

Start / Ziel: Camping Nommerlayen, www.nommerlayen-ec.lu

Auswahl weiterer Camps entlang der Strecke: Camping Auf Kengert, Camping Ettelbruck, Camping Gritt, Camping de la Sure, Camping Op der Sauer, Camping Bleesbruck, Camping Bettendorf, Camping Um Wirt, Camping Neumühle

Die Täler der Flüsse Alzette und Sauer prägen den Verlauf unserer Radtour. So rollen wir auf guten Wegen durch wunderschöne Orte, die immer wieder zu längere Stopps verführen.

Eingebettet in die sanft modellierten, dicht bewaldeten Höhen Luxemburgs liegt „**Camping Nommerlayen**". Nicht nur von der Lage, auch von der Ausstattung her gehört er zu den Spitzencamps Europas. Hier finden wir beste Stellplätze, ein Schwimmbad mit Wildwasserbahn, eine Bowlingbahn mit Bar, Spiel- und Sportplätze sowie Animation für Jung und Alt. Hier wird es uns bestimmt nicht langweilig!

Los geht's an unserem Campingplatz, den wir über die lange Zufahrtsstraße hinunter nach Nommern verlassen, um im Ort links und kurz darauf rechts in die Rue de la Gare abzubiegen. In Schrondweiler links, dann radeln wir via Cruchten, Colmar und Schieren auf dem Radfernweg PC15 nach Ettelbruck.

Wir radeln ins Tal der **Alzette**, die im französischen Departement Meurthe-et-Moselle entspringt und den Großteil ihrer 73 km langen Reise auf luxemburgischem Gebiet zurücklegt.

Tipp: Ein Stück flussaufwärts liegt Pettingen an der Alzette. Die Herren von Pettingen gehörten im Mittelalter zur „High Society" und da gehörte es zum guten Stil, sich eine prachtvolle Wasserburg zu gönnen. Ein Spross der Familie kämpfte im Krieg allerdings gegen den Herzog von Burgund, der die **Burg** zur Strafe zerstören ließ. Auf dem 30 qm großen Areal finden wir die beiden komplett erhaltenen Rundtürme, der Eckturm steht noch als Ruine.

Die Alzette prägt auch das Stadtbild von Ettelbruck. Die Innenstadt lädt uns ein mit vielen Shopping- und Einkehrmöglichkeiten und überrascht uns mit seinem aus Bruchsteinen gefertigten **Bahnhof**.

Während des zweiten Weltkriegs litt die Region um Ettelbruck unter der sogenannten „Ardennenoffensive“, bei der General G.S. Patton eine wesentliche Rolle spielte. Ihm und dem Wahnsinn des Krieges ist das **Musée Mémorial Général Patton** gewidmet.

Weiter geht´s von Ettelbrück, das wir über den Radfernweg PC16 durch das Tal verlassen. Ingeldorf, Gilsdorf und Moestroff liegen auf unserem Weg nach Reisdorf. Hier zweigen wir rechts auf die Route de Larochette ab, holen tief Luft und machen uns auf, um die Steigung in Angriff zu nehmen: Durch Hessemillen und Ermsdorf erreichen wir Medernach. Hier rechts-links-rechts auf den Millewee, später Renkebierg nach Nommern. Nun noch die ebenfalls ansteigende Zufahrtsstraße und wir sind zurück an unserem Campingplatz.

Ettelbruck ist ein beliebtes Ziel an der Sauer

Die große Anzahl an Campingplätzen lässt es schon erahnen: Wir radeln durch eine wunderschöne Region, die hier vom Flusslauf der **Sauer** geprägt wird. Der 173 km lange Fluss erweist sich als echter Europäer, denn von der Quelle in Frankreich verläuft er quer durch Luxemburg, um als Grenzfluss zu Deutschland in die Mosel zu münden. Überregionaler Beliebtheit erfreuen sich auch die ausgezeichneten Wanderwege, die sich ins angrenzende Tal ziehen. Der „**Müllerthal Trail**“ verzweigt sich in insgesamt drei Routen, die wiederum in je zwei Etappen á 20 km gute Tagestouren darstellen.

Rund um Gilsdorf fallen uns viele Häuser auf, die aus **Sandstein** errichtet wurden, was daran liegt, dass in den hiesigen Steinbrüchen ein besonders guter Sandstein gewonnen wird.

Kartentipp:
ADFC-Radtourenkarte Blatt 19 „Saarland/Mosel“, 1:150.000, ISBN 978-3-87073-960-7, € 9,95

50 Eine der wichtigsten Städte Europas

Von **Nommern** über Luxemburg

CamperTouren Info

ca. 70 km ohne Abstecher, regionale Radweg-Beschilderung sowie teils Beschilderung als Fernradweg PC15 bzw. PC2 und PC5. Einige Steigungen in der zweiten Hälfte, die Kondition oder ein E-Bike sinnvoll machen. Die Route führt meist über separate Radwege, einige Passagen auf losem Untergrund.

Start / Ziel: Camping Nommerlayen, www.nommerlayen-ec.lu

Auswahl weiterer Camps entlang der Strecke: Camping Krounebierg, Camping Birkelt, Wohnmobilstellplatz in Junglinster

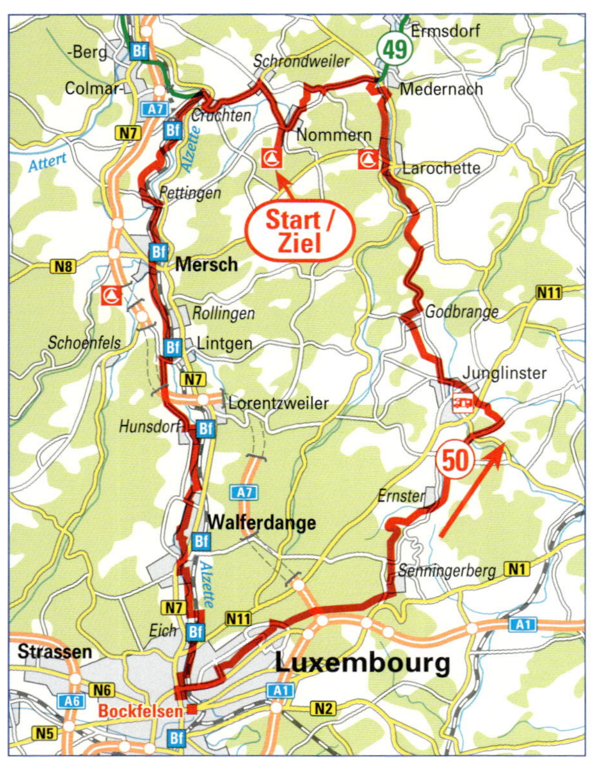

Eine auf dem Rückweg etwas anstrengende Tour führt uns durch das Tal der Alzette vorbei an prachtvollen Schlössen in die Hauptstadt Luxemburgs. Die Stadt bezaubert uns sofort, so dass die Zeit wie im Nu verfliegt

Wer sein mobiles Zuhause nicht mitbringt, kann dennoch die Annehmlichkeiten des Campingplatzes genießen, denn es gibt ein breites Angebot an **Mietunterkünften**: Von Zelten über Cottages und Mobilheimen bis hin zu Chalets reicht die Palette.

Los geht's an unserem Campingplatz, den wir wieder über die Zufahrtsstraße nach Nommern verlassen, um im Ort links und kurz darauf rechts in die Rue de la Gare abzubiegen. In Schrondweiler links, in Cruchten rechts über die Rue de ´lÈglise und wieder rechts-links, so gelangen wir in der Linkskurve auf den Fernradweg PC15, der uns durch das Tal der Alzette durch Pettingen, Mersch, Rollingen, Hunsdorf, Walferdange und Eich nach Luxemburg bringt.

Die **Kirche St. Michael** in Mersch präsentiert ein wertvolles Ölgemälde mit dem Motiv der Verkündigung. Ansehen können wir uns auch **Schloss Mersch** und **Schloss Schönfels**, das im gleichnamigen Nachbarort steht.

Das **Chateau Walferdange** ist das auffälligste Bauwerk von Walferdange. Wo einst Prinzessinnen und Herzöge weilten, studieren heute junge Menschen.

Die Festung Luxembourg wacht über die Landeshauptstadt

Luxemburg ist nicht nur **Hauptstadt** des Landes und des Großherzogtums, sondern auch Sitz der Europäischen Union. Dies erklärt, warum die Stadt ein Schmelztiegel der Menschen ist: Etwa 160 Nationalitäten sind hier vertreten, der Ausländeranteil liegt bei rund 2/3.

Tipp: Der Aufstieg auf den „**Bockfelsen**" lohnt sich, denn hier oben stehen die Reste der **Festung Luxembourg**. So schlendern wir durch die Kasematten, entdecken zahlreiche Türme, ein Fort und viele andere bestens erhaltene Bauwerke. Und die Aussicht von hier oben ist einfach unglaublich!

Unterhalb der Festung wurde die imposante **Adolphe-Brücke** angelegt. Sie bringt uns in die abwechslungsreiche **Altstadt**, in der wir z.B. den **Großherzoglichen Palast**, die Notre-Dame de Luxembourg, den Place Guillaume II, den Boulevard Royal, die **Abtei Neumünster** oder das Mahnmal Gelle Frau entdecken. Etwas außerhalb liegt das **Plateau Kirchberg** mit den modernen Gebäuden der EU.

Weiter geht´s von Luxemburg, das wir entlang der Avenue John F. Kennedy verlassen, um vor dem auffälligen Centre National Sportif et Culturel d´Coque links und am Kreisel rechts abzubiegen. Wir befinden uns auf dem Radfernweg PC2, der uns auf ruhigen, aber deutlich ansteigenden Straßen aus der Hauptstadt geleitet. Schräg links von der Autobahn weg nach Senningerberg, dann haben wir bald die gröbste Steigung geschafft. Die Orte Ernster, Junglinster (ab hier PC5), Godbrange und Larochette liegen auf unserem Weg nach Medernach. Hier links Richtung Schrondweiler und wieder links nach Nommern. Die Zufahrtsstraße schaffen wir auch noch und kehren zurück zu unserem Campingplatz.

Bevor wir die Innenstadt Luxemburgs verlassen, radeln wir um das **Centre National Sportif et Culturel** herum. „d´Coque" wird das größte luxemburgische Sportzentrum auch genannt. Den Namen erhielt es, weil es so aussieht, wie eine Jakobsmuschel.

In Larochette, auch „Fels" genannt, thront hoch oben auf dem Fels eine **Burgruine**. Durch aufwändige Arbeiten wurden einige Teile der Anlage aus dem 12. Jh. wiederhergestellt, so dass wir einen guten Eindruck von den einstigen Ausmaßen erhalten.

Kartentipp:
ADFC-Radtourenkarte Blatt 19 „Saarland/Mosel",
1:150.000, ISBN 978-3-87073-960-7, € 9,95

51 Was ist denn eine Springprozession?

Von **Echternach** über Bitburg

CamperTouren Info

ca. 76 km ohne Abstecher, regionale Radweg-Beschilderung sowie teils Beschilderung als Nims- bzw. Prümtal-Radweg. Einige Steigungen in der zweiten Hälfte, die Kondition oder ein E-Bike sinnvoll machen. Die Route führt meist über separate Radwege, einige Passagen auf losem Untergrund.

Start / Ziel: Campingpark Freibad Echternacherbrück, www.echternacherbrueck.de

Auswahl weiterer Camps entlang der Strecke: Campingplatz Südeifel, Camping Nimseck

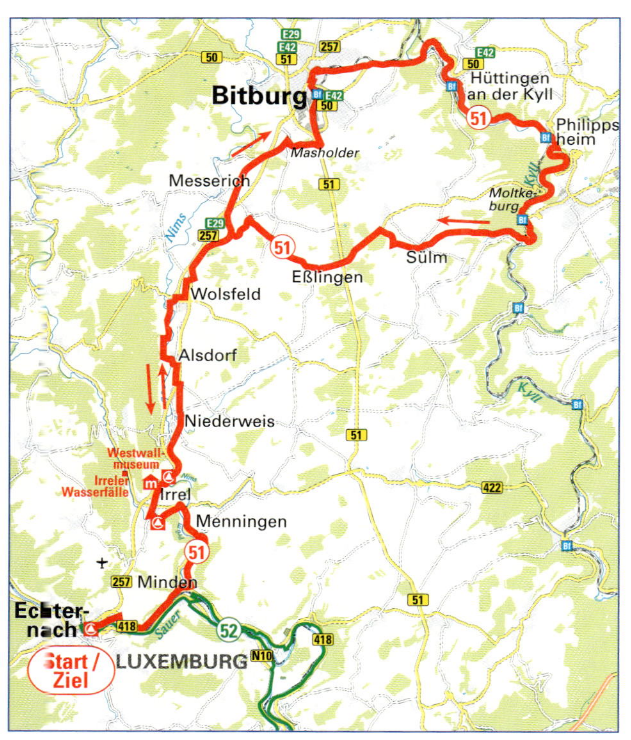

Eine recht anstrengende Tour liegt vor uns. Als Entschädigung können wir eines der berühmtesten Biere Deutschlands kosten, bevor es an den Flüssen Kyll und Nims entlang wieder zurück zu unserem Camp geht.

In wunderschöner Lage finden wir unseren Stellplatz auf dem „**Campingpark Freibad Echternacherbrück**", denn auf einer Länge von einem Kilometer zeichnet das Gelände das Ufer der Sauer nach. So können wir auf Wunsch direkt am Ufer campieren und schon beim Frühstück auf´s Wasser blicken.

Los geht's an unserem Campingplatz, den wir an der Ausfahrt nach rechts auf der Mindener Straße verlassen. Hinter dem Gewerbegebiet biegen wir rechts ab und folgen dem Ufer der Sauer. In Minden zweigen wir links ab und folgen den Schildern des Prümtal-Radwegs. Der geleitet uns auf hügeliger Strecke durch Menningen nach Irrel. Ab hier nehmen wir den Nims-Radweg über Niederweis nach Alsdorf. Nun wird es anstrengend, denn die Steigung nimmt zu, wenn wir via Wolsfeld und Masholder nach Bitburg radeln.

Auf unseren ersten Kilometern folgen wir dem Verlauf des Flusses **Prüm**, der in der Eifel entspringt und nahe unseres Camps in die Sauer mündet.

Tipp: Der Ort Irrel verführt uns zu gleich zwei Abstechern: Nur wenige Pedalumdrehungen flussaufwärts liegen die **Irreler Wasserfälle**. Über Holzbrücken gelangen wir zu den Stromschnellen, die sich eindrucksvoll ins satte Grün der Landschaft einfügen. Mit „Kletterarbeit“ ist der Abstecher zum **Westwall-Museum Irrel** verbunden. Hoch über dem Tal wurde 1939 das „Panzerwerk Katzenkopf“ errichtet. Der Bunker war damals ein Teil des Westwalls, was wir im heutigen Museum erklärt bekommen.

Auf einen Blick erkennen wir die lange Historie Bitburgs

Die Irreler Wasserfälle lohnen einen kleinen Abstecher

Die mühevolle Steigung nach Bitburg lohnt sich, denn oben empfängt uns eine sehr einladende Kleinstadt mit vielen historischen Gebäuden. Die **Römermauer** am Rathaus bildet das Intro, dahinter entdecken wir die Pfarrkirche Liebfrauen, das farbenfrohe „**Schlösschen**“, die stolze Kreisverwaltung und schmucke Wohnhäuser. Natürlich besuchen wir auch das **Alte Sudhaus** mit einem „Bierbrunnen“ und lassen uns in der Erlebniswelt über die Geschichte der „**Bitburger Brauere**i“ informieren. Im Jahr 1817 wurde die Brauerei als kleine Landbrauerei gegründet und befindet sich bis heute in Privatbesitz.

Weiter geht´s von Bitburg, das wir entlang der Albachstraße verlassen, um am Kreisel geradeaus zu radeln. Dann rollen wir in flotter Fahrt hinunter ins Tal der Kyll, wo wir durch Hüttingen und Philippsheim radeln. Kurz hinter dem Bahnhof bei Moltkeburg zweigen wir rechts ab und schnaufen durch, denn es geht wieder mächtig bergauf. Wir kurbeln durch Sülm und dann durch Eßlingen hinunter ins Tal der Nims. Hier treffen wir wieder auf den Nimstal-Radweg. Nun radeln wir einfach auf demselben Weg wieder zurück zum Camp, auf dem herkamen.

Auf unserem Rückweg lernen wir auch noch die **Kyll** kennen, die aus dem „Zitterwald“ kommt und nach 127 km in die Mosel strömt. Die **Nims** kannten wir bereits vom Hinweg – auch sie entspringt der Eifel und vollzieht einen 61 km langen Lauf bis zur Mündung in die Prüm.

Wenn wir am Dienstag nach Pfingsten in Echternach sind, dürfen wir uns die „**Springprozession**“ nicht entgehen lassen. Die Gläubigen springen dann einmal durch die Stadt bis zur Echternacher Basilika, wo sie das Grab des Heiligen Willibrord ehren. Für den besseren Rhythmus schallt Polka-Musik durch die Stadt.

Kartentipp:
ADFC-Regionalkarte Eifel/Mosel,
1:75.000, ISBN 978-3-96990-149-6, € 10,95
Digital für Smartphones und Tablets:
www.fahrrad-buecher-karten.de/rk-digital

52 Radeln an der Sauer – da werden wir bestimmt nicht sauer!

Von **Echternach** über Wasserbillig

CamperTouren Info

ca. 76 km ohne Abstecher, regionale Radweg-Beschilderung sowie teils Beschilderung als PC3 bzw. Sauertal-Radweg. Hügelige Tour, aber keine allzu großen Steigungen. Die Route führt meist über separate Radwege, einige Passagen auf losem Untergrund.

Start / Ziel: Campingpark Freibad Echternacherbrück, www.echternacherbrueck.de

Auswahl weiterer Camps entlang der Strecke: Camping Officiel, Camping du Barrage Rosport, Camping Schützwiese Wasserbillig, Camping Alter Bahnhof Metzdorf, Camping am Stausee Ralingen

Die Sauer bildet über viele Kilometer den Grenzfluss zwischen Deutschland und Luxemburg. Dabei wird sie von einem bestens ausgebauten Radweg begleitet, der uns durch sehenswerte Ortschaften bis zur Mündung in die Donau geleitet.

Bei den Namen unseres Camps ist eines gewiss: Der Sprung ins frische Wasser des **Freibades** ist nur wenige Meter von unserem Stellplatz entfernt. Und wenn die Campingküche einmal kalt bleiben soll, gibt es reichlich Auswahl: Eine Bäckerei, eine Pizzeria, ein Bistro mit Biergarten und ein griechisches Restaurant sind direkt am Platz.

Los geht's an unserem Campingplatz, den wir an der Ausfahrt nach links über die Mindener Straße verlassen. An der nächsten Ecke links, dann über die Brücke und auf der anderen Seite hinunter zum Ufer. Ab hier folgen wir dem PC3 flussaufwärts vorbei an Steinheim nach Rosport. Wir bleiben auf dieser Flussseite und radeln parallel der N10 weiter auf dem PC3 via Hinkel, Born und Moersdorf nach Wasserbillig.

Die **Alte Sauerbrücke** führt uns über den Fluss hinweg. Ob schon von den Römern eine erste Brücke errichtet wurde, ist nicht klar. Aber dieses Bauwerk aus dem 17 Jh wurde in einer robusten Steinbauweise errichtet, so dass sie noch lange halten wird.

Echternach müssen wir am besten einen separaten, längeren Besuch abstatten, denn die Innenstadt ist ein Ausflug in die Vergangenheit: Eingerahmt von der **Wachmauer** mit mehreren **Türmen** entdecken wir das **Rat-**

Hatten die Römer hier schon eine Brücke? Die heutige Sauerbrücke stammt aus dem 17. Jh.

haus, das Gerichtsgebäude oder die Abtei. Weitere prachtvolle historische Fassaden flankieren den Marktplatz mit dem **Gerichtskreuz**. Doch der Höhepunkt ist die **Basilika**, die in der Krypta das Grab des Heiligen Willibrord beherbergt.

Die Innenstadt von Wasserbillig verführt uns mit der stattlichen **Kirche** und dem **Rathaus** zu einem längeren Stopp, bevor wir uns wieder ans Ufer der Sauer begeben.

Tipp: Wenn wir der N1 ein paar Pedalumdrehungen Richtung Mertert bzw. Grevenmacher folgen, trauen wir unseren Augen kaum: Auf beiden Seiten der Straße reiht sich eine Tankstelle an die nächste. Der Grund liegt auf der Hand: Hierher kommen die deutschen Autofahrer, weil der Sprit deutlich preiswerter ist. Doch auch wir Radler finden in den **Shops** etwas für die Packtaschen: Bei **Kaffee**, Zigaretten, Schokolade und (alkoholischen) Getränken lässt es sich auch sparen!

Weiter geht´s von Wasserbillig, das wir auf dem Sauertal-Radweg so wieder verlassen, wie wir herkamen. Bei Langsur wechseln wir über die Brücke das Ufer und rollen dort am Ufer der Sauer auf dem Sauertal-Radweg vorbei an Mesenich, Metzdorf, Wintersdorf, Ralingen, Godendorf und Edingen nach Minden. Hier wechseln wir wieder auf die andere Uferseite, radeln links-rechts durch Steinheim, kreuzen die N10 und treffen dann wieder auf den PC3. Dieser geleitet uns rasch nach Echternach, wo wir die Brücke nehmen, um dahinter rechts zurück zu unserem Campingplatz zu gelangen.

Auf unserer Reise entlang der Sauer rollen wir durch schöne kleine Ortschaften, die alle ihren eigenen Charme versprühen, wir z.B. Ralingen, wo die **Kirche** dem Heiligen Martin von Tour geweiht wurde. Am meisten punktet die Region aber mit der lieblichen Umgebung: Viel Grün und mittendrin ein plätschernder Fluss: Nicht umsonst gibt es hier so viele Campingplätze!

Kartentipp:
ADFC-Regionalkarte Eifel/Mosel,
1:75.000, ISBN 978-3-96990-149-6, € 10,95
Digital für Smartphones und Tablets:
www.fahrrad-buecher-karten.de/rk-digital

53 Steile Weinlagen

Von **Schweich** über Trittenheim

CamperTouren Info

ca. 45 km ohne Abstecher, regionale Radweg-Beschilderung sowie teils Beschilderung als Mosel-Radweg. Eine starke Steigung, die umfahren werden kann. Die Route führt meist über separate Radwege, einige Passagen auf losem Untergrund.

Start / Ziel: Campingplatz Zum Fährturm, www.kreusch-wassersport.de

Auswahl weiterer Camps entlang der Strecke: CampingPark Triolago, Campingplatz Mehrunger Schweiz, Moselcamping Pölicher Held, Campingplatz Klüsserath, Freizeitzentrum Sonnenberg, Campingplatz Trittenheim, Wohnmobilstellplätze in Longuich, Schleich, Ensch, Klüsserath und Trittenheim

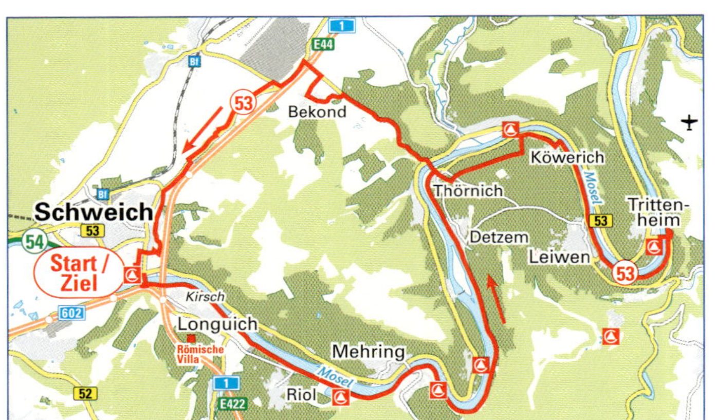

Los geht's an der Ausfahrt unseres Campingplatzes, die wir über den Kreisel und die Brücke auf die andere Moselseite verlassen. Hier folgen wir dem Mosel-Radweg flussaufwärts. Dabei tangieren wir Longuich-Kirsch, Riol, Detzem, Thörnich, Köwerich und Leiwen, ehe wir mit der Brücke nach Trittenheim gelangen.

Es erwartet uns eine herrliche Tour, die uns durch die Weinberge des Moseltals führt. Direkt an unserem Radweg gibt es viele zu entdecken: Spuren der römischen Vergangenheit und hübsche Weinorte sorgen für Kurzweil.

Eine erstklassige Lage bietet uns unser „**Campingplatz Zum Fährturm**" in Schweich: Wir Campen direkt am Ufer der Mosel auf einer äußerst gepflegten Anlage, die auch für große Gespanne oder Wohnmobile bestens geeignet ist. Als Radler werden wir doppelt belohnt, denn der Mosel-Radweg führt direkt am Gelände vorbei, was einen idealen Einstieg in unsere Touren bedeutet.

In aussichtsreicher Lage über Longuich liegt die **römische Landvilla Urbana**, von der man den Osttrakt mit dem Badebereich rekonstruiert hat. Der Ort selbst bezaubert mit schönen alten **Winzerhäusern** und alten Landhöfen. In der „Alten Burg" können wir heute in römischem Ambiente speisen.

Die Römer „begleiten" uns auch auf den nächsten Kilometern: In Mehring gibt es eine weitere, bestens restaurierte **Römervilla**, in der Ortsmitte von Detzem den **10. Meilenstein** der Römerstraße, der dem Ort auch den Namen gab.

Die Weinberge neben uns ragen teilweise steil empor und am Wegesrand wechseln sich hübsche **Weinorte** mit **historischen Ortskernen** ab. In Leiwen verbinden sich beide High-

Gute Aussichten bei Longuich

lights dieser Tour: Das „**Römische Weindorf**" wurde auf römischen Mauern errichtet und präsentiert sich heute als moderne Vinothek.

Rund um die Pfarrkirche von Trittenheim gesellen sich ebenfalls sehenswerte alte Gebäude, wobei die **Laurentiuskapelle** die Hauptsehenswürdigkeit ist. Sie liegt malerisch eingebettet in den Weinbergen.

Tipp: Wer kein E-Bike unter sich hat bzw. keine „Bergziege" ist, sollte auf dem **Mosel-Radweg** wieder zurück radeln, denn die Steigung hinüber nach Bekond hat es in sich: 100 Höhenmeter auf rund 4 km!

Weiter geht´s von Trittenheim, das wir auf dem Mosel-Radweg wieder so verlassen, wie wir herkamen, also an Leiwen vorbei nach Thörnich. Hier queren wir die Mosel und rollen geradeaus weiter. Nun geht es mächtig bergauf, bis wir Bekond erreicht haben. Den Ort verlassen wir über Moselstraße, rechts Spitzwiese und links unter der A1 her. Direkt dahinter links und den Schildern folgend nach Schweich. Hier steuern wir das Moselufer an und beenden unsere Radtour am Campingplatz.

Kartentipp:
ADFC-Regionalkarte Trier und Umgebung, 1:50.000, ISBN 978-3-96990-139-7, € 10,95
Digital für Smartphones und Tablets:
www.fahrrad-buecher-karten.de/rk-digital

Nach der anstrengenden Steigung können wir uns in Bekond erholen, das an der **Römischen Weinstraße** liegt. Markantestes Bauwerk ist die 1828 fertiggestellte Pfarrkirche St Clemens.

Zum Ende der Tour lernen wir noch unseren Urlausort Schweich kennen, der mit dem **Niederprümer Hof**, der ehemaligen **Synagoge**, der Pfarrkirche St. Martin und dem **Amtshaus** einige Sehenswürdigkeiten bereithält. Berühmtester Sohn der Stadt war Stefan Andres, der neben 50 anderen Werken mit seiner Autobiografie „Der Knabe am Brunnen" bekannt wurde. Natürlich gibt es ihm zu Ehren auch ein Museum im Ort.

54 Schön, wie einst die Römer lebten!

Von **Schweich** über Trier

CamperTouren Info

ca. 36 km ohne Abstecher, regionale Radweg-Beschilderung sowie teils Beschilderung als Mosel-Radweg. Keine größeren Steigungen. Die Route führt meist über separate Radwege, einige Passagen auf losem Untergrund.

Start / Ziel: Campingplatz Zum Fährturm, www.kreusch-wassersport.de

Auswahl weiterer Camps entlang der Strecke: Wohnmobilstellplätze in Trier

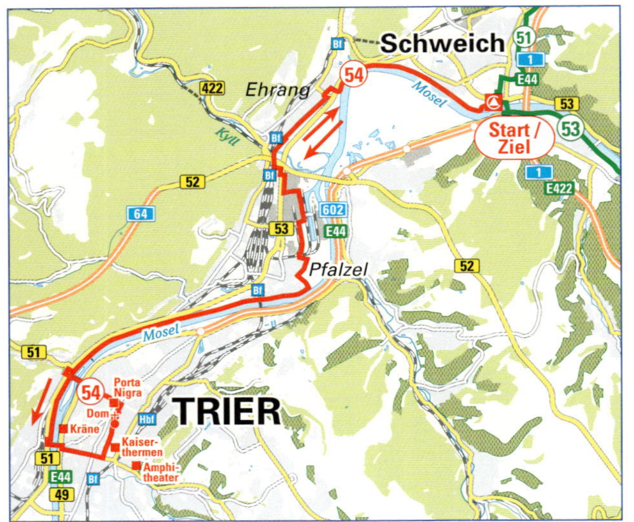

Ein „Ausflug in die römische Geschichte" – besser lässt sich diese Radtour kaum umschreiben: Der Mosel-Radweg geleitet uns nach Trier, wo wir staunend vor der Porta Nigra oder den Resten der Thermen oder des Amphitheaters stehen. Und als ob das noch nicht ausreichen würde, gibt es noch eine wunderbare Altstadt!

Auch Wassersportfans kommen auf unserem Camp voll auf ihre Kosten, denn wir können führerscheinfreie **Motorboote**, Kajaks oder einfach ein Tretboot mieten – und je nach Geldbeutel können wir auch eine der hier entworfenen **Yachten** käuflich erwerben. Wer sein eigenes Boot dabei hat, kann einen Liegeplatz im **Yachthafen** buchen. Und wenn abends die Bordküche kalt bleiben soll, lassen wir uns im **Restaurant im Fährturm** verwöhnen, das uns mit maritimem Ambiente empfängt.

Los geht's an unserem Campingplatz, den wir am Moselufer entlang flussabwärts verlassen. Die Schilder des Mosel-Radwegs lotsen uns zuverlässig durch Ehrang und Pfalzel nach Trier. Wir bleiben zunächst auf unserer Uferseite, bis wir vis-a-vis die Lastkräne gesehen haben. Dann nehmen wir die Brücke, fahren dahinter nach einem kurzen Rechts-Links-Schwenk geradeaus weiter und biegen bei den Thermen links ab in den Weberbach. Nun einfach den Schildern nach ins Zentrum von Trier.

Ehrang liegt an der Mündung des Flusses Kyll und war bereits zu römischer Zeit besiedelt. Von der Stadtmauer ist nicht mehr so viel zu sehen – dafür umso mehr von der **Pfarrkirche St. Peter**.

Der Name von Pfalzel konnte eindeutig geklärt werden: Genau hier stand um 350 das römische Palatolium, eine „kleine Pfalz". Innerhalb der gut erhaltenen **Stadtmauer** sehen wir uns das ehemalige **Amtshaus**, das Zollhaus, den Wohnturm und einige alte **Bürgerhäuser** an.

In den Kaiserthermen wurde Badekultur geschaffen

Schon vom Mosel-Radweg aus begeistert uns Trier: Auf dem anderen Ufer stehen zwei **historische Lastkräne**, direkt dahinter die Klosterkirche St. Irminen. Nachdem wir das Ufer gewechselt haben, steuern wir auf die römischen **Kaiserthermen** zu, die heute zwar nur noch Ruinen sind, die einstigen Ausmaße sind aber noch gut nachvollziehbar.

Die **Palastgärten** und das **Landesmuseum** schließen sich direkt an und auch der **Dom St. Peter** ist nicht weit. Unter Kaiser Konstantin wuchs hier eine Doppelkirche heran, indem zwei Basiliken verbunden und eine pompöse Front davorgesetzt wurde.

Tipp: Etwas außerhalb der Stadt liegt das **Amphitheater**. Die riesige Arena bot einst Platz für 20.000 Zuschauer. Eine Führung ist hier ein einmaliges Erlebnis!

Nachdem wir uns die wunderschöne Altstadt rund um den **Marktplatz** mit der **ältesten Apotheke Deutschlands**, dem Roten Haus, der Steipe und anderen historischen Gebäuden angesehen haben, widmen wir uns der **Porta Nigra**. Die höchste römische Erhebung nördlich der Alpen lässt uns ehrfürchtig den Kopf in den Nacken legen.

Weiter geht´s von Trier, das wir nach links an der Porta Nigra vorbei verlassen. Hinter der Porta Nigra führt uns ein Weg parallel zur breiten Straße (Nordallee), bis wir schräg rechts in die Merianstraße einbiegen können. Mit der Brücke queren wir den Fluss und haben auf der anderen Seite wieder den Mosel-Radweg erreicht. Dieser geleitet uns zuverlässig wieder zu unserem Camp zurück.

Zurück an unserem Campingplatz widmen wir uns noch dem „Namensgeber“ der Anlage: Kurfürst Clemens Wenzeslaus ließ den **Fährturm** im 18. Jh errichten. Dieser war mit einem Pendant auf der anderen Moselseite mittels Seil verbunden, um die Fähre zu führen. Nachdem 1902 die Moselbahn gebaut worden war, kam 1906 das Ende für die Fähre.

Kartentipp:
ADFC-Regionalkarte Trier und Umgebung, 1:50.000, ISBN 978-3-96990-139-7, € 10,95
Digital für Smartphones und Tablets:
www.fahrrad-buecher-karten.de/rk-digital

55 Besuchermagnet in den Weinbergen

VonTreis-Karden nach Cochem

CamperTouren Info

23 km, überwiegend auf separaten Radwegen, Radwegen neben der Straße sowie auf Nebenstraßen. Bis Cochem keine Steigungen, beim Rückweg auf der anderen Moselseite einige kurze, aber nicht allzu anstrengende Steigungen. Regionale Wegweisung sowie Radwegeschilder „Mosel-Radweg".

Start / Ziel: Campingplatz Mosel-Islands in Treis-Karden, www.mosel-islands.de

Auswahl weiterer Camps an der Strecke: Campingplatz Pommern, Mosel-Camping Cochem-Cond, Wohnmobilstellplatz am Freizeitzentrum Cochem, Wohnmobilstellplatz an der Nordbrücke Cochem, Stellplatz Teneshaus Cochem

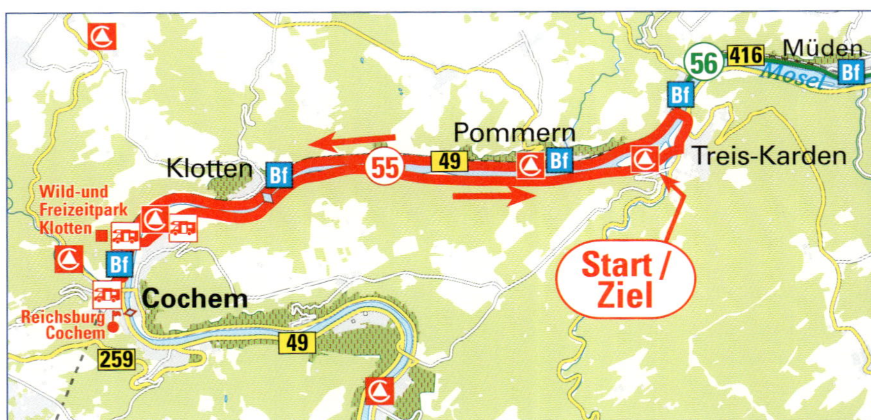

Die Mosel ist seit Jahrzehnten ein beliebtes Ziel für Urlauber und Ausflügler. Einer der absoluten Besucher-Hotspots ist Cochem. Doch was zieht die Gäste hier so magisch an? Die Burg? Die Altstadt? Der Wein? Die Wander- und Radwege? Wir werden uns auf dieser Radtour selbst ein Bild machen – und bestimmt begeistert sein!

Besser kann ein Campingplatz nicht liegen – **Mosel Islands** macht dem Namen alle Ehre: Auf einer Insel inmitten der Mosel liegt diese grüne Oase mit vielen Stellplätzen, von denen aus das rege Treiben auf dem Wasser bestens zu beobachten ist. Wer sein eigenes Boot dabei hat, wird den angeschlossenen Yachthafen zu schätzen wissen. Alle anderen genießen die 5-Sterne-Anlage im eigenen Bett oder in einem der Schlaf-Fässer – noch typischer kann man in einem Weinort nicht übernachten!

Los geht´s an der Ausfahrt des Camps, an der wir links abbiegen, nach Treis-Karden rollen und dort mit der Brücke die Mosel überqueren. Ab hier folgen wir dem bestens beschilderten Mosel-Radweg flussaufwärts vorbei an Pommern und Klotten bis Cochem.

Auf „unserer" Moselseite kommen wir zunächst durch den Ortsteil Treis, der gleich zwei **Burgruinen** parat hält, wobei Burg Treis auf einem schmalen Bergrücken besonders spektakulär liegt. Die ältesten Teile der **Kirche St. Castor** von Karden stammen von 1072. Sie geht auf eine Stiftskirche zurück, was wir im **Stiftsmuseum** nachvollziehen können.

Der **Mosel-Radweg** verläuft meist direkt neben der Straße, dennoch haben wir meist ausreichend Platz zum Radeln und so bleibt auch die Gelegenheit, sich die herrliche Landschaft um uns herum anzusehen.

Unübersehbar: Die Reichsburg von Cochem

In Pommern lockt die Kirche St. Stefan zu einem Stopp. Nebenan liegen das älteste Pfarrhaus des Bistums Trier und der Himmeroder Hof, der 1550 als klösterlicher Wirtschaftshof entstand.

Schöne kleine **Fachwerkhäuser** gesellen sich rund um die Kirche St. Maximin von Klotten. Der Ort war einst bekannt für die Verarbeitung und den Transport von Moselschiefer.

Bei Klotten besteht die Möglichkeit, einen Abstecher zum gleichnamigen **Wild- und Freizeitpark** zu unternehmen. Wer die rund 3 km bergauf geschafft hat, kann mehr als 100 Tier- und Vogelarten beobachten oder sich einem der rasanten Fahrvergnügen hingeben. 15 Fahrgeschäfte bieten einen Adrenalinkick.

Bis zu 20.000 Besucher pro Tag können nicht irren: Cochem ist immer eine Reise wert! Wir gelangen durch das **Enderttor**, einem der drei noch erhaltenen Tore, in die City. Innerhalb der Stadtmauer bietet sich ein Füllhorn der Sehenswürdigkeiten: Fachwerkgeschmückte Winzerhäuser, teils mit herrlichen Weinterrassen, locken in der **Altstadt** zum Staunen und Einkehren. Die schönsten Häuser gesellen sich rund um den **Markt**. Hier stehen auch das doppelstöckige **Barockrathaus** und die **Pfarrkirche St. Martin**.

Nicht zu übersehen ist das Wahrzeichen Cochems, die Reichsburg. In der Burgschänke erholen wir uns vom Aufstieg und lassen uns bei einer Führung alles Wissenswerte zur Burg erklären. Auf der anderen Talseite erblicken wir das „**Pinner Kreuz**", deren Namen an einen abgestürzten Schäfer erinnern soll. Nach oben gelangen wir per pedes oder bequem mit dem Sessellift.

Weiter geht´s von Cochem ein Stück auf dem Mosel-Radweg wieder zurück, dann über die Brücke. Auf der anderen Seite bleiben wir stets auf dem hügeligen Weg entlang der Mosel und gelangen so zurück zum Camp.

Tipp: Bei der Rückfahrt auf der anderen Moselseite müssen wir einige **Hügel** überwinden. Das ist zwar nicht besonders anstrengend, aber dennoch sollten weniger sportliche Naturen oder Familien mit Kindern in Erwägung ziehen, genauso wieder retour zu radeln, wie wir herkamen, nämlich auf dem „offiziellen" Mosel-Radweg.

Kartentipp:

ADFC-Regionalkarte Koblenz/Bonn/Mainz/Mittelrhein, 1:75.000,
ISBN 978-3-96990-021-5, € 9,95

Digital für Smartphones und Tablets:
www.fahrrad-buecher-karten.de/rk-digital

56 An Mutter Mosel entlang zum Vater Rhein

Von **Treis-Karden** nach Koblenz

CamperTouren Info

42 km, überwiegend auf separaten Radwegen, Radwegen neben der Straße sowie auf Nebenstraßen. Bis Putbus keine größeren Steigungen, dann einige kurze, knackige Steigungen. Regionale Wegweisung

Start / Ziel: Campingplatz Mosel-Islands in Treis-Karden, www.mosel-islands.de

Auswahl weiterer Camps an der Strecke: Campingplatz Zur Burg Elz, Wohnmobil-Stellplatz in Müden, Knaus-Campingpark Burgen, Camping Burgen, Stellplatz an der Salzwiese Brodenbach, Campinginsel Sonnenwert, Stellplatz an der Moselstraße Alken, Stellplatz im Moselvorland Kobern-Gondorf, Campingplatz Winningen, Campingplatz Gülser Moselbogen, Knaus-Campingpark Koblenz

Die große Anzahl an Campingplätzen macht es deutlich: Wir sind in einer herrlichen Region unterwegs: Zu beiden Seiten unseres Radwegs ragen Weinberge steil in die Höhe, während wir entspannt auf dem Mosel-Radweg die Pedale fliegen lassen. Auf dem Weg liegen tolle kleine und größere Weinorte, es lockt ein Abstecher zu einer imposanten Burg und an unserem Ziel in Koblenz beobachten wir am Deutschen Eck, wie sich das Wasser der Mosel mit dem des Rheins vereint.

Los geht´s an der Ausfahrt des Camps, von der wir links abbiegen und via Brücke die Mosel überqueren. Auf der anderen Seite folgen wir dem Mosel-Radweg, der meist neben der Straße, dafür aber auf breiter Trasse verläuft. So kommen wir vorbei an Müden, Moselkern, Hatzenport und Löf, ehe wir Kobern-Gondorf erreichen.

Die heutige **Pfarrkirche** von Müden stammt zu meisten Teilen von 1932 mit einem tollen Fenster in der Sakristei aus dem 13.Jh. Im **Halfenhaus** rasteten einst die Moselschiffer.

An der Mündung des Elzbaches liegt das Örtchen Moselkern, das bereits seit fränkisch-karolingischer Zeit besiedelt war. Sehenswert sind die **Pfarrkirche St. Valerius** von 1781 und das ehemalige **Rathaus** von 1535, das übrigens das älteste Rathaus der Mosel ist. Schnell übersehen wird das Merowingerkreuz aus dem 7.Jh.

Etwas abseits in einem Tal liegt Burg Eltz mit einer spannenden Geschichte

Tipp: Bei Moselkern lockt ein ungemein lohnenswerter Abstecher: Den Schildern folgend geht es in das romantische Elzbachtal. Nach rund 2,5 km wird die **Ringelsteiner Mühle** erreicht. Nach einiger Zeit durch ruhige Natur taucht aus dem Nichts oberhalb der Lichtung zunächst **Burg Eltz** auf, die, wie Victor Hugo sagte, „hoch, großartig, fremd und düster" erscheint. Bis 1650 entstanden sieben turmähnliche Bauten, die ineinander verwoben und bis zu sieben Stockwerke hoch sind. So empfängt uns heute ein auf den ersten Blick völlig wirres Zusammenspiel verschiedener Erker, Giebeln, Portalen, Türmchen und anderen architektonischen Einfällen. Burg Eltz ist damit eine der wenigen Burgen Europas, die niemals zerstört wurde. Während die Kinder vom **Rittersaal**, den Ritterrüstungen und den alten Waffen begeistert sind, gibt es für die Erwachsenen in den Kellergewölben eine gut ausgestattete **Schatzkammer** zu entdecken. Übrigens: Kommt Ihnen die Burg nicht doch irgendwie bekannt vor, obwohl Sie nie hier waren? Kein Wunder - Sie zierte einst den 500-DM-Schein!

An der Burgruine Bischofsstein vorbei wird Hatzenport rasch erreicht, bei dem der schöne **Bruchstein-Fährturm** auffällt. Quasi in der „zweiten Reihe" steht die **Pfarrkirche St. Rochus**, ebenfalls aus Bruchstein.

Am anderen Moselufer liegt das schon von Römern besiedelte Alken. Innerhalb der ehemaligen Stadtbefestigung, von der noch zwei **Türme**, darunter das **Fallertor**, erhalten sind, gibt es gleich zwei Pfarrkirchen mit dem Namen St. Michael. Über dem Ort thront Burg Thurandt, die 1246 Schauplatz einer zweijährigen Belagerung durch die Truppen der Erzbischöfe war.

Durch die Burg von Kobern-Gondorf wurde die Bundesstraße hindurch gebaut. Dieser Teil der Burg wird auch das Schloss von der Leyen genannt. Sie ist quasi der „zweite Bauabschnitt" der gesamten Anlage, deren erster Teil die Niederburg ist. Das Schild an der **Oberburg** kündet davon, dass die Adeligen eine saubere Karriere hinlegten: 1653 in den Freiherrenstand, 1711 in den Grafenstand und 1806 in den Reichsfürstenstand.

Zur Niederburg gehörte die **St. Laurentiuskapelle**. An dieser Stelle bestatteten bereits die Kelten, die Römer und die Franken ihre Toten.

Weiter geht´s von Kobern-Gondorf unter der beeindruckenden Autobahnbrücke her nach Winningen. Nachdem wir bei Güls die ersten

56 Häuser von Koblenz erreicht haben, wechseln wir das Moselufer und bleiben dann wieder direkt in Flussnähe. Später zweigt der Radweg den Regionalschildern folgend rechts ab zum Hauptbahnhof von Koblenz. Nur wenige Minuten weiter der Mosel entlang liegt das Deutsche Eck mit der Mosel-Mündung. Vom Hauptbahnhof aus sind wir mit der Bahn in einer knappen dreiviertel Stunde in Treis-Karden. Vom dortigen Bahnhof sind es dann nur noch wenige Kurbel-Umdrehungen zurück zum Camp.

In schwindelerregender Höhe sausen über uns die Fahrzeuge über die **Moseltal-Brücke** der A61, während wir weiter auf dem bestens ausgebauten und gekennzeichnete Mosel-Radweg unterwegs sind und den nächsten Weinort erreichen:

Winningen wirbt mit dem Slogan: „Das erste Weindorf im Moseltal" und wurde aufgrund seiner hübschen alten Gassen mehrfach prämiert. Am Moselufer locken der **Weinhex-Brunnen** und die Freizeitanlagen, neben den Bahnschienen finden sich mit dem **Horntor** ein Rest der Bewehrung und das Hofgut der Freiherren von Heddesdorf (1840). Im Ortskern gibt es neben zahlreichen Fachwerkhäusern eine Kirche zu sehen, deren älteste Teile von 1200 stammen. Das **Wein- und Heimatmuseum** zeigt nicht nur Interessantes zum Wein, sondern auch Infos über Hexenprozesse und Exponate zum Winninger Ehrenbürger Dr.h.c. August Horch, dem Gründer der Horch- und Audi-Werke.

Gleich zwei Kirchen namens St. Severatius hat Güls zu bieten, das erst seit 1969 zu Koblenz gehört. Die ältere der beiden basiert auf einer Basilika aus dem 13.Jh., wobei die Ausmalungen um 1960 restauriert wurden. Die zweite, spitzhelmgekrönte Kirche wurde um 1840 erbaut. Wer Güls intensiver erleben mag, geht ins örtliche **Heimatmuseum**.

Könnten wir die Mosel schöner verabschieden als in der altehrwürdigen Stadt Koblenz? Funde deuten auf eine Besiedlung an dieser Stelle um 1000 v.Chr. hin. Belegt ist das „apud Confluences", ein römisches Erdkastell von 14-37 n.Chr., das allerdings nicht lange bestand. Nachdem auch diese durch die Franken zerstört wurde, legte man eine mit 19 Türmen gesicherte spätrömische Befestigung an. Vom Verlauf der Wehrmauern zeugen heute die Straßen Altengraben, Am Plan, Entenpfuhl und Kompfortstraße.

Das wichtigste Ziel in Koblenz ist natürlich das Deutsche Eck. Dessen Name ist nicht schwer abzuleiten – an dieser Landzunge der Moselmündung stand im 15.Jh. ein Gebäude der Deutschherrenkommende. 1897 setzte man das Reiterstandbild Wilhelms I. auf einen Sockel. Nach der Zerstörung im 2. Weltkrieg wurde zunächst 1955 ein Mahnmal der deutschen Einheit gestaltet, zunächst ohne Standbild. Der gute Wilhelm sitzt seit 1993 wieder auf seinem Ross und markiert das Wahrzeichen der Stadt.

Auf der anderen Rheinseite liegt die Festung Ehrenbreitstein würdevoll und schützend hoch über dem Tal. Um dorthin zu gelangen, können wir entweder die Pfaffendorfer Brücke oder die Personenfähre wählen. Beides endet in einem schweißtreibenden Aufstieg. Daher wählen wir die attraktivste Lösung mit Nervenkitzel: Wir steigen neben dem Deutschen Eck in die Bergbahn und lassen uns mit spektakulären Aussichten über Stadt, Rhein und Mündung hinauf gondeln.

Oben angekommen, sehen wir eine Festung imposanten Ausmaßes vor sich, die Ritter Erembert im 10.Jh. gründete. Nach einer französischen Zerstörung 1801 schufen die Preußen von 1817 und 1832 die nach Gibraltar damals zweitstärkste Bastion Europas. Wer die architektonischen Details genossen hat, kann sich für längere Zeit im Innern aufhalten, wie z.B. in der staatlichen Sammlung technischer Kulturdenkmäler.

Eingebettet in Blumenbeete verbirgt sich in einem strahlend weißen Haus das Ludwig Museum mit vorwiegend französischer Kunst. Noch ein paar Meter weiter ragt die Pfarrkirche St. Kastor empor, in der die Gebeine des heiligen Kastor von Karden gewürdigt werden. Die Kirche beherbergt ein Gnadenbild aus dem 15.Jh. und eine sehenswerte Kanzel von 1625.

Die Moseltalbrücke ist ein Meisterwerk der Ingenieurskunst

Richtung Innenstadt liegt die Florinskirche. Sie wurde im 12.Jh. auf den Resten eines römischen Stadtturmes erbaut. Die ehemalige Stiftskirche St. Florin beeindruckt mit Doppelturmfassade und fünfjochigem Langhaus.

Am Florinsmarkt erheben sich gleich mehrere alte Gebäude, unter ihnen das „Alte Kauf- und Danzhaus", in dem heute das Mittelrhein-Museum untergebracht ist. Beachten Sie auch den „Augenroller" unter der Turmuhr!

Die ehemalige kurfürstliche Burg, in der heute Stadtbibliothek und -archiv untergebracht sind, ist ohne Frage eines der eindrucksvollsten Gebäude der Stadt. Am Ort eines Römerbaus entstand zunächst ein Adelshof, ehe dieser unter Erzbischof Heinrich ab 1277 zu einer wehrhaften „Trutzburg" mit Graben und Türmen ausgebaut wurde.

Neben der Burg wird die Mosel von der Balduinsbrücke überspannt. Von den ursprünglich 13 Pfeilern wurden 1964 sechs abgerissen, um größere Schiffe passieren lassen zu können.

Römer, Franken und Karolinger hinterließen am Standort der Liebfrauenkirche ihre Spuren. Ansehen müssen wir uns auch das Rathaus, welches seit 1895 im ehemaligen Jesuitenkloster beheimatet ist.

Am Konrad-Adenauer-Ufer entlang kommen wir ins Grün der Kaiserin-Augusta-Anlagen. Diese Gärten, die ohne Frage zu den schönsten am langen Rhein gehören, wurden ab 1856 gestaltet und beherbergen u.a. ein Denkmal für den in Koblenz geborenen Josef Görres und eine Skulptur „Vater Rhein und Mutter Mosel". In den Anlagen eingebettet ist das ehemalige kurfürstliche Schloss, ein Schmuckstück des Klassizismus.

Kartentipp:

ADFC-Regionalkarte Koblenz/Bonn/Mainz/Mittelrhein, 1:75.000,
ISBN 978-3-96990-021-5, € 9,95

Digital für Smartphones und Tablets:
www.fahrrad-buecher-karten.de/rk-digital

57 Deutsche Historie zu Füßen des Pfälzerwaldes

Von **Bad Dürkheim** nach Neustadt an der Weinstraße und zurück

CamperTouren Info

61 km, Verkürzung möglich, überwiegend auf separaten Radwegen, Radwegen neben der Straße sowie auf Nebenstraßen. In der ersten Hälfte hügeliger Verlauf mit einigen kleineren Steigungen, dann keine größeren Steigungen mehr. Regionale Wegweisung, teils Wegweisung als Radweg Deutsche Weinstraße

Start / Ziel: Knaus Campingpark Bad Dürkheim, www.knauscamp.de/bad-duerkheim.html

Auswahl weiterer Camps an der Strecke: Campingplatz Wachenheim, Wohnmobilstellplatz Neustadt an der Weinstraße, Wohnmobilstellplatz Schreieck (St. Martin), Campingplatz Wappenschmiede

Bei dieser Tour sind wir teils auf dem Radweg Deutsche Weinstraße unterwegs. Der beschert uns nicht nur eine schöne Strecke zwischen den Weinreben, sondern auch historische Highlights. Zwischendurch locken kleinere und größere Weinorte zu lohnenswerten Aufenthalten.

Los geht´s an der Ausfahrt des Camps, an der wir wieder links und gleich wieder rechts abbiegen. Am Ende der schnurgeraden Straße links, dann rechts und den Schildern folgend Richtung Stadtmitte. Nach den ersten Häusern links in die Dr.-Kaufmann-Straße. Beim Krankenhaus rechts auf der Salinenstraße entlang des Kurparks. Später passieren wir nach links Schienen und Straße, gleich darauf beim Bahnhof nochmals über die Schienen und dann links. So gelangen wir auf den Radweg der Deutschen Weinstraße. Diesem folgen wir zunächst entlang der B271, dann durch Wachenheim, Forst. Deidesheim, Gimmeldingen und Haardt nach Neustadt an der Weinstraße.

Gleich zu Beginn der Tour dürfen wir nochmals den tollen Kurpark von Bad Dürkheim mit seinen Einrichtungen genießen.

Nachdem wir uns rund um die B271 auf den Radwegen getummelt haben, halten wir an der **Villa Rustica**. Hier wurden die Ruinen eines Römischen Gutshofs freigelegt. Die Orte Wachenheim, Deidesheim und Gimmeldingen sind überregional für ihre **Sekt- und Weinkellereien** bekannt. In Deidesheim sehen wir uns das Rathaus mit seiner repräsentativen **Freitreppe** an. Im Rathaus erklärt uns das **Museum für Weinkultur**, warum der Mensch dem Wein so zugetan ist.

Auch in Neustadt dreht sich (fast) alles um den Wein: Hier werden das **Deutsche Wein-**

Das Hambacher Schloss gilt als Wiege der Deutschen Demokratie

fest gefeiert und die Deutsche Weinkönigin gekürt. Als Gäste genießen wir eine tolle Fußgängerzone mit vielen Einkehrmöglichkeiten und einer **Altstadt** mit vielen Fachwerkhäusern. Am höchsten ragt dort seit dem 13. Jh. die **Stiftskirche** heraus. 187 Stufen führen hinauf zum romantischen **Türmerhäuschen**.

Tipp: Wer die Tour an dieser Stelle beenden möchte, steigt in Neustadt einfach in die **Bahn** und ist in wenigen Minuten wieder in Bad Dürkheim. Ebenso besteht die Möglichkeit, den Schildern nach Haßloch zu folgen und die Gesamtstrecke so deutlich zu verkürzen.

Weiter geht´s von Neustadt auf dem Radweg Deutsche Weinstraße, der noch in der Stadt deutlich ansteigt und uns dann via Hambach und Diedesfeld nach Maikammer führt. Hier verlassen wir den Themenradweg und folgen den regionalen Schildern via Lachen, Speyerdorf, Haßloch, Meckenheim nach Niederkirchen. Von hier gesellen wir uns bald wieder an die B271 und treffen auf den Weg, den wir auf dem Hinweg nahmen. Dieser bringt uns wieder zurück nach Bad Dürkheim und heraus zu unserem Camp.

Eindrucksvoll taucht über uns das **Hambacher Schloss** auf. Hier war sozusagen die „Wiege der Deutschen Demokratie“: Am 27.05.1832 zogen rund 200.000 Menschen aus Neustadt hierher, um ihrem Wunsch nach Demokratie Nachdruck zu verleihen. Im Kern ging es um die nationale Freiheit Deutschlands und seiner Bürger.

Maikammer gefällt uns mit seinen vielen kleinen historischen **Winzerhöfen** und den umliegenden Weinfeldern. Nur ein paar Pedaltritte bergauf liegt St. Martin mit einem wundervollen Gewirr aus engen Gassen, an denen viele **Fachwerkhäuser** zu sehen sind.

Der Ort Haßloch ist überregional bekannt für seinen **Holidaypark**, in dem es Nervenkitzel pur gibt. Um den Abenteuerpark ausreichend zu genießen, braucht es aber schon einen ganzen Tag. Daher statten wir lieber der City einen Besuch ab und schauen uns die **Christuskirche** und die **historischen Häuser** an der Gillergasse an.

Kartentipp:
ADFC-Regionalkarte Rhein/Neckar, 1:75.000,
ISBN 978-3-96990-011-6, € 9,95
Digital für Smartphones und Tablets:
www.fahrrad-buecher-karten.de/rk-digital

58 Rund um´s Riesenfass

Von **Bad Dürkheim** nach Freinsheim und zurück

CamperTouren Info

18 km, überwiegend auf separaten Radwegen, Radwegen neben der Straße sowie auf Nebenstraßen. Im ersten Drittel eine spürbare Steigung, dann keine größeren Steigungen mehr. Regionale Wegweisung

Start / Ziel: Knaus Campingpark Bad Dürkheim, www.knauscamp.de/bad-duerkheim.html

Auswahl weiterer Camps an der Strecke: Wohnmobilstellplatz Bad Dürkheim

Die Pfalz ist ohne Frage eine der schönsten Urlaubsregionen Deutschlands: Im Hintergrund erheben sich die Berge des Pfälzerwaldes, der zur Rheinebene hin sanft abfällt. Mittendrin das üppige Grün von Weinfeldern und Obstplantagen. Genau die richtige Ecke also, für tolle Radtouren!

Der **Knaus Campingpark Bad Dürkheim** ist wunderbar gelegen: Bis in die Stadt sind es nur ein paar Minuten mit dem Rad, schon auf dem Weg dorthin radeln wir idyllisch durch Weinfelder. Im Camp gibt es einen einladenden Badesee. Wer rechtzeitig bucht, kann morgens vom Frühstückstisch aus schon die Wasservögel beobachten. Wer nicht sein eigenes Bett mitbringt, nächtigt in einem der Schlaf-Fässer – mit bester Seesicht.

Los geht´s an der Ausfahrt des Camps, an der wir links und gleich wieder rechts abbiegen. Am Ende der schnurgeraden Straße links, dann rechts und den Schildern folgend in die Innenstadt von Bad Dürkheim. Die City verlassen wir im Kreisel Richtung Leistadt und haben direkt eine Steigung vor uns. Die Radschilder geleiten uns durch die Weinfelder und -berge vorbei an Ungstein über Kallstadt nach Freinsheim.

Bad Dürkheim ist immer eine Reise wert: Noch bevor wir die Innenstadt erreichen, kommen wir am großartigen **Kurpark** vorbei, in dem sich das 300 m lange **Gradierwerk** erstreckt. Das Kurhaus ist in einem neoklassizistischen Gebäude untergebracht. Am Ende des großen Parkplatzes, auf dem der Wurstmarkt stattfindet, ist Staunen angesagt, denn hier steht das größte Holzfass der Welt. Im **Dürkheimer Riesenfass**, das einen (theoretischen) Inhalt von 1,7 Millionen Litern aufweist, können wir gemütlich einkehren.

Direkt hinter dem Fass geht es etwas aufwärts in die **historische Innenstadt** mit einigen toll restaurierten Gebäuden, einer Vielzahl empfehlenswerter Eisdielen und anderen Einkehrmöglichkeiten.

Am 300 m langen Gradierwerk atmen wir beste Salzluft

Tipp: Wer seine Reise flexibel planen kann, sollte sich den „Wurstmarkt" von Bad Dürkheim nicht entgehen lassen. Der Name ist etwas irreführend, denn wir sprechen hier vom **größten Weinfest der Welt**, das jedes Jahr rund eine halbe Million Besucher anzieht. Das Camp sollte also rechtzeitig reserviert werden.

Wir sind an der **Südlichen Weinstraße** unterwegs. Schon die Römer nutzten die Region für ihren „Fernverkehr" und wussten, es sich gut gehen zu lassen. So finden wir in dieser Region immer wieder Spuren römischer Vergangenheit, so auch zwischen Ungstein und Kallstadt: Hier fand man 1981 einen großen römischen Herrschaftskomplex. Die dazu gehörige Villa mit **Kelteranlage** wurde teils restauriert und für uns ausgeschildert.

In Kallstadt wurde einst der „**Saumagen**" erfunden. Wer zu Beginn der Tour noch nicht so üppig tafeln mag, bewundert die vielen hübschen **Winzerhöfe**, die teils mit Fachwerk ausgestattet sind.

Freinsheim ist ohne Frage eine der schönsten Städte der Region: Rund 1,3 km lang ist die **Stadtmauer** noch heute – und 11 Türme sind auch noch erhalten, so dass uns ein tolles mittelalterliches Bild empfängt. Hinter der Mauer schauen wir uns bestens restaurierte Gebäude an, unter ihnen der **Von-Busch-Hof**, das ehemalige Rathaus und den Marktplatz mit der evangelischen Kirche. Ein Highlight ist der **Vier-Röhren-Brunnen** mit einem Brunnenhaus.

Weiter geht´s von Freinsheim den Radschildern folgend nach Erpolzheim, wo wir rechts abbiegen Richtung Ungstein. Noch vor Ungstein biegen wir links ab. Bei den ersten Häusern rechts in die Altenbacher Straße, dann links P.-H.-Messer-Straße, wieder links in die Fasanerie und rechts zurück zum Camp.

Es ist kaum zu übersehen: Nicht nur Wein, sondern auch viel **Obst** wird in der Gegend angebaut, die wir heute durchradeln. In Erpolzheim gibt es dazu sogar einen **Rundwanderweg**, der im Mai für eine „Kulinarische Wanderung" genutzt wird.

Kartentipp:
ADFC-Regionalkarte Rhein/Neckar, 1:75.000,
ISBN 978-3-96990-011-6, € 9,95
Digital für Smartphones und Tablets:
www.fahrrad-buecher-karten.de/rk-digital

59 Naturwunder Saarschleife

Von **Saarlouis** nach Mettlach

CamperTouren Info

35 km, überwiegend auf separaten Radwegen, Radwegen neben der Straße sowie auf Nebenstraßen. Keine größeren Steigungen, regionale Wegweisung

Start / Ziel: Camping Dr. Ernst Dadder in Saarlouis, www.campingplatz-saarlouis.de

Auswahl weiterer Camps an der Strecke: Campingplatz Wallerfangen, Campingplatz des Kanuclub Merzig e.V.

Auf besten Wegen radeln wir die Saar entlang – es ist zwar teils etwas staubig, dafür sind wir Radler meist unter uns. Der Radgenuss erreicht gegen Ende der Tour seinen Höhepunkt, wenn wir durch die enge Saarschleife gleiten. Wer noch gut bei Puste ist, steigt auf zum Cloef und wird mit einer einzigartigen Aussicht belohnt.

Los geht´s an der Ausfahrt des Camps, die wir nach links verlassen. An der querenden Straße etwas links versetzt geradeaus. Entlang des Altarms der Saar gelangen wir zum Saar-Radweg, dem wir nach links folgen. Kaum sind wir auf dem Saar-Radweg, wird es ganz einfach, denn wir begleiten den Verlauf des Flusses, wobei links neben uns meist die A620 verläuft. Auf der anderen Uferseite lockt Dillingen zu einem Abstecher, doch unser Radweg bleibt bis auf einen kleinen Schlenker bei Rehlingen-Siersburg stets in Saar-Nähe. Wir kommen an Fremersdorf und Mechern vorbei und haben dann die Möglichkeit, über die Brücke zu radeln und Merzig einen Besuch abzustatten.

Tipp: Bei Rehlingen-Siersburg blüht das Radlerherz auf, denn hier haben wir die freie Auswahl an tollen Themenradwegen: Zur anderen Uferseite hin beginnt der **Saar-Bostalsee-Radweg**, auf unserer Seite der Niedtal-Radweg. Der trifft nach wenigen Kilometern auf den **Saarland-Radweg**. Der zeichnet eine 350 km lange Runde in diesem kleinen, aber feinen Bundesland.

Merzig ist überregional bekannt für seinen **Wolfspark**. Wer zur rechten Zeit hier ist, kann sich einer Führung anschließen und vieles über diese außergewöhnlichen Tiere lernen.

Merzig selbst hat eine lange Historie, die bis zu den Kelten bzw. Römern zurückverfolgt werden kann. Das markanteste Bauwerk ist die mit mehreren Türmen geschmückte **Kirche St. Peter**. Zu ihren Füßen finden wir eine abwechslungsreiche Innenstadt, in der man auch bestens einkehren kann. Ein Stückchen außerhalb der City liegt die Fellenbergmühle

Von oben noch beeindruckender: die Saarschleife

mit einer funktionsfähigen Werkstatt aus den 1920er Jahren.

Weiter geht´s von Merzig wieder zurück über die Brücke auf unseren Saar-Radweg, dem wir weiter flussabwärts folgen. Der wechselt zweimal hintereinander die Uferseite, ehe wir hinter Dreisbach durch die Saarschleife rollen. In Mettlach überqueren wir mit der Brücke ein letztes Mal die Saar, steuern den Bahnhof an und lassen uns mit dem Zug zurück nach Saarlouis bringen. Am Bahnhof steigen wir wieder auf die Räder und fahren schnurgeradeaus zum Ufer.

Wenn wir durch sie hindurch radeln, ist sie schon beeindruckend - die **Saarschleife**, denn der Fluss hat sich hier tief in die Landschaft gegraben und vollzieht eine echte Haarnadelkurve.

Tipp: Die wahre Pracht der Saarschleife wird erst beim Blick aus der Vogelperspektive ersichtlich. Dafür müssen wir die Räder gut verzurren und uns per pedes hinauf arbeiten zum **Cloef**. Die Sicht von der **Aussichtsplattform** entschädigt mehrfach für diese Mühen. Wer dann immer noch nicht ausgepowert ist, wagt sich auf den **Baumwipfelpfad** und lernt einiges über die Natur in dieser Region. Gemütlichere Naturen lassen sich im **Besucherzentrum** informieren und kehren auch gleich dort ein.

Mettlach ist seit mehreren Jahrhunderten fest verbunden mit der Keramikindustrie – schließlich hat hier die Weltmarke Villeroy & Boch ihren Stammsitz. Im „**Erlebniszentrum**" erfahren wir mehr über die fragilen Meisterwerke, die hier immer noch hergestellt werden. Unübersehbar ist der 14 m hohe „**Erdgeist**", der die Stadt beschützt.

Kartentipp:
ADFC-Regionalkarte Saarland, 1:75.000,
ISBN 978-3-96990-010-9, € 9,95
Digital für Smartphones und Tablets:
www.fahrrad-buecher-karten.de/rk-digital

60 Kohle und Stahl, das war einmal

Von **Saarlouis** nach Saarbrücken

CamperTouren Info

29,5 km, überwiegend auf separaten Radwegen, Radwegen neben der Straße sowie auf Nebenstraßen. Keine größeren Steigungen, regionale Wegweisung

Start / Ziel: Camping Dr. Ernst Dadder in Saarlouis, www.campingplatz-saarlouis.de

Keine weiteren Camps entlang der Strecke

Bei dieser Tour folgen wir dem Verlaufe der Saar in die andere Richtung. Und das wird mindestens genauso spannend, denn am Wegesrand liegen Sehenswürdigkeiten der ersten Liga, darunter die Völklinger Hütte und das Schloss von Saarbrücken.

Der **Campingplatz Dr. Ernst Dadder** hat wirklich eine geniale Lage: Fußläufig erreichen wir in wenigen Minuten das tolle Zentrum von Saarlouis mit den Befestigungsanlagen. Bademöglichkeiten mit und ohne Dach liegen direkt neben dem Platz und auch zum Saar-Radweg ist es nur ein Katzensprung. Unsere Zeit auf dem Camp verbringen wir auf besten gepflegten Parzellen und stylen uns in modernen und sauberen Sanitäranlagen.

Los geht´s an der Ausfahrt des Camps, die wieder nach links verlassen. An der Querstraße schräg links versetzt geradeaus am Altarm der Saar entlang. Dann folgen wir dem Saar-Radweg nach rechts, also flussaufwärts. Auch hier schlängeln wir uns, nur von einem kleinen Schlenker unterbrochen, direkt zwischen Ufer und Autobahn entlang. Bei Wehrden lockt ein Abstecher nach Völklingen. Die anderen Orte an der Strecke tangieren wir nicht, weil die A8 uns davon trennt.

Tipp: Einen Abstecher über die Brücke zur **Völklinger Hütte** dürfen wir uns keinesfalls entgehen lassen. Einst wurde auf diesem riesigen Gelände Stahl produziert. Als dies zu unwirtschaftlich wurde, musste die Hütte

Saarbrücken: Landeshauptstadt...

...und Kulturmetropole

schließen und tausende von Menschen verloren ihre Arbeit. Um das Gedenken daran zu erhalten, stellte die UNESCO die Völklinger Hütte im Jahre 1994 **als erstes Denkmal des Industriezeitalters** unter Schutz. So können wir heute beim Rundgang über die weitläufigen Anlagen gut nachvollziehen, wie beschwerlich das Arbeiten hier einst war.

Weiter geht´s von Wehrden entlang der Saar bis in die City von Saarbrücken. Der Bahnhof liegt auf der anderen Saarseite, so dass wir den Schildern dorthin folgen. Hier steigen wir in die Bahn und gondeln mit dem Zug zurück nach Saarlouis. Dort radeln wir vom Bahnhof aus wieder schnurgeradeaus zum Ufer. Auf der anderen Seite in einem Linksbogen unter die Brücke, dann entlang der Straße St. Nazaierer Allee zurück zum Camp.

Bevor wir das Saar-Ufer wechseln, schauen wir uns auf „unserer" Seite noch die historischen Gebäude von Alt-Saarbrücken an. Am markantesten ist natürlich das großartige Saarbrücker **Schloss**. Direkt davor erstreckt sich der **Schlossplatz**. Dieser wurde, genau wie der **St. Johanner Markt** mit seinem Phönixbrunnen und dem reich verzierten Rathaus, die Ludwigskirche und der **Ludwigsplatz**, vom Barockbaumeister F.J. Stengel erschaffen, was für eine edle Gestaltung bürgt. Alt-Saarbrücken wird über die gleichnamige Brücke mit dem anderen Ufer verbunden. Schon die Skyline an der **Berliner Promenade** entlang der Saar macht deutlich, dass es hier moderner zugeht. Wie es sich für eine Landeshauptstadt gehört, präsentiert uns Saarbrücken gleich mehrere spannende Museen, darunter das **Historische Museum Saar,** das **Saarlandmuseum** oder das Arzneipflanzenmuseum.

Kartentipp:
ADFC-Regionalkarte Saarland, 1:75.000, ISBN 978-3-96990-010-9, € 9,95
Digital für Smartphones und Tablets:
www.fahrrad-buecher-karten.de/rk-digital

61 Festungskunst oder Kunst an der Festung?

Von **Saarlouis** nach Dillingen und Rehlingen-Siersburg

CamperTouren Info

22,5 km, überwiegend auf separaten Radwegen, Radwegen neben der Straße sowie auf Nebenstraßen. Keine größeren Steigungen, regionale Wegweisung

Start / Ziel: Campingplatz Dr. Ernst Dadder in Saarlouis, www.campingplatz-saarlouis.de

Auswahl weiterer Camps an der Strecke: Campingplatz Siersburg

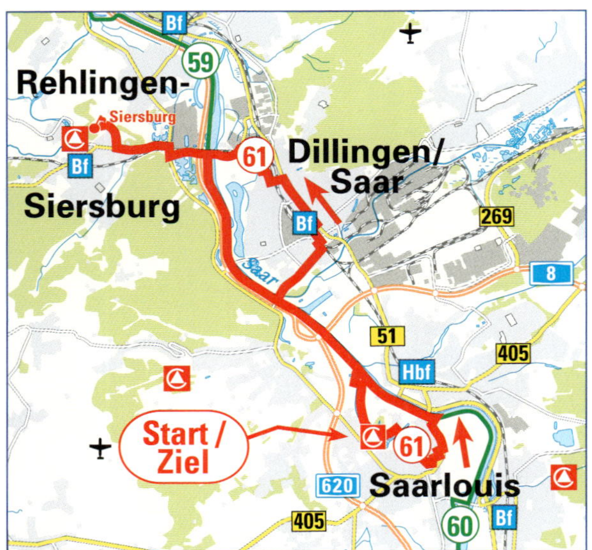

Auf dieser kurzen Tour lernen wir gleich zwei schöne mittelgroße Städte des Saarlandes kennen. Zuerst widmen wir uns der unglaublichen Innenstadt von Saarlouis, wo es schwerfällt, sich loszureißen und weiter zu radeln. Der „Wendepunkt" unserer Tour ist Dillingen mit dem Saardom.

Los geht´s an der Ausfahrt des Camps, an der wir dieses Mal links abbiegen. Vor dem Wasser biegen wir links ab und nutzen die erste Brücke, um nach rechts auf die Deutsche Straße in die Innenstadt abzubiegen. Auf der schnurgeraden Straße, die ihren Namen in Französische Straße wechselt, bleiben wir und durchqueren die Innenstadt. Am Kreisel links raus, dann etwas rechts versetzt in die Gymnasiumstraße. Dann links-rechts-links rechts-links auf die Hubert-Schreiner-Straße. Kurz vor der Brücke Rechterhand auf den Saar-Radweg und entlang des Ufers unter der Autobahn her. Über die Brücke rollen wir ans andere Ufer und weiter den Schildern folgend in die Innenstadt von Dillingen.

Es sind nur Pedalumdrehungen von unserem Campingplatz in die Innenstadt von Saarlouis. Und noch bevor wir die City erreicht haben, werden wir überwältigt von der grandiosen Architektur der Festungsstadt. Saarlouis bekam seinen Namen vom „Sonnenkönig" Ludwig XIV., denn er gab den Auftrag, den Ort gegen Eindringlinge zu schützen. Den Job bekam seinerzeit der königliche Baumeister Vauban, der sich hier ein Denkmal setzte und einen **Festungsstern** erbaute. Bis heute sind die Kasematten wie auch alle anderen Festungsbauten auf der „**Vaubaninsel**" bestens erhalten. Wenn wir uns daran sattgesehen haben, widmen wir uns der nicht minder schönen Innenstadt. Die bietet uns eine nette **Fußgängerzone** mit Einkehrmöglichkeiten und eine große Anzahl historischer Gebäude. Nicht umsonst gilt Saarlouis als die „heimliche Hauptstadt" des Saarlandes.

Dillingen ist die nächste wundervolle Stadt an der Saar: In der Stadtmitte erhebt sich der imposante „**Saardom**“, der offiziell den Titel „Katholische Pfarrkirche zum allerheiligsten Sakrament im Bistum Trier“ trägt. Wer sich das nicht merken mag, stellt fest, dass wir vor einer der größten Kirchen des Saarlandes stehen und widmet sich dann den wertvollen Details. Zu seinen Füßen erstrecken sich der **Odilienplatz** mit der gleichnamigen Statue und die einladende Fußgängerzone.

Tipp: Wer die Ruhe und Entspannung sucht, radelt in einen der Dillinger Parks: Im **Stadtpark** gibt es eine Stadthalle und eine Konzertmuschel. In der Nähe des Gymnasiums liegt der Rosengarten und im Süden die Grünanlage namens „Kröppen“. Interessant ist auch der 300 ha große **Dillinger Hüttenwald**. Hier finden wir Reste der Bunkeranlagen vom **Westwall**.

Katholische Pfarrkirche zum allerheiligsten Sakrament im Bistum Trier

Weiter geht´s von Dillingen, das wir über die Merziger Straße verlassen. Links Feldstraße über die Gleise, rechts Bruchweg und hinter den Bahngleisen links. So gelangen wir zur Marie-Curie-Straße, mit der wir nach links die Saar überqueren. Auf der anderen Seite angekommen, rollen wir hinunter zum Saarufer und folgen diesem flussaufwärts. Der Saar-Radweg bringt uns zu den Toren von Saarlouis, wo wir rechts abbiegen, um entlang des Altarms wieder zurück zu unserem Camp zu radeln.

Nachdem wir die Saar bei Dillingen überquert haben, können wir einen kleinen Abstecher nach Rehlingen-Siersburg unternehmen. Dort gibt es spannende Ruinen der alten **Siersburg**. Die hochmittelalterliche Höhenburg war einst Sitz der Herren von Siersberg-Dillingen.

Kartentipp:
ADFC-Regionalkarte Saarland, 1:75.000,
ISBN 978-3-96990-010-9, € 9,95
Digital für Smartphones und Tablets:
www.fahrrad-buecher-karten.de/rk-digital

62 Urlaubsfeeling pur am Bostalsee

Von **Bosen** über den Damm des Bostalsees

CamperTouren Info

ca. 7 km ohne Abstecher, regionale Radweg-Beschilderung, teils Beschilderung als Saarland-Radweg. Keine größeren Steigungen. Die Route führt meist über separate Radwege, einige Passagen auf losem Untergrund.

Start / Ziel: Camping Bostalsee, www.camping-bostalsee.de

Keine weiteren Camps entlang der Strecke

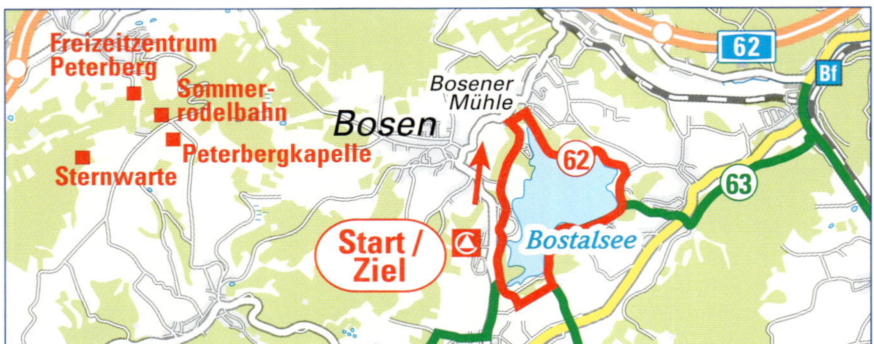

Eine richtig familienfreundliche Tour erwartet uns: Die Runde um den Bostalsee ist nur rund 7,3 km lang, verläuft ohne größere Steigungen und verführt immer wieder zum Rasten, Spielen und Baden.

Ganz in der Nähe des Sees beziehen wir unseren Stellplatz auf der 5-Sterne-Anlage „**Camping Bostalsee**“. Die weitläufige Anlage bietet mehr als 400 Stellplätze, die jeweils rund 100 qm groß sind und mit Hecken und Büschen für „Abgeschiedenheit“ sorgen. Neben erstklassigen Sanitäranlagen können wir auch die Sauna besuchen, wenn das Wetter mal nicht so passt.

Los geht's an der Ausfahrt unseres Campingplatzes, die wir schräg nach links versetzt geradeaus über die Straße hinweg verlassen, um direkt dahinter dem Weg nach links zu folgen. Der Radweg bringt uns stets in Ufernähe weitgehend autofrei zur Bosener Mühle.

Kaum losgeradelt, kommen wir am **Freizeitzentrum** des Bostalsees vorbei. Hier gibt es ein großes touristisches Angebot wie Restaurants, einem Pavillon, Fußballgolf, Trampolinanlage, Spielplatz, Strandbad oder Segelschule. Wenn das Wetter mal nicht mitspielt, können die Kleinen im **Bosiland** toben, einem Indoorspielplatz.

Gar nicht weit von unserem Radweg entfernt liegt Bosen, das 978 als „Busena“ das erste Mal in den Geschichtsbüchern auftauchte. Im Jahr 1971 wurde der Ort mit 11 anderen Ortschaften zur Gemeinde Nohfelden vereint.

Tipp: Von Bosen ist es ein etwa zweimal rund 5,5 km Abstecher zum **Peterberg** – mit einer Steigung auf dem Hinweg. Der Weg lohnt sich, denn hier oben steht die **Peterbergkapelle**. Schon im 13. Jh gab es hier, an der Stelle eines alten Opferaltars, ein Kapelle aus Holz. Das heutige kleine Gotteshaus ent-

Wir radeln in „bester Gesellschaft“

stand 1982 auf Initiative mehrere Privatleute. Den Gegensatz dazu liefert die Sage: Einst sollen in der Walpurgisnacht **Hexen** von weither zum Peterberg gezogen sein, um einen Hexenkonvent zu feiern. Wer das nicht glaubt, widmet sich vielleicht lieber der **Sommerrodelbahn**, dem Freizeitzentrum oder der **Sternwarte.** Die ist nicht zufällig hier, denn 584 m sind fast die höchste Erhebung im ganzen Saarland.

Direkt am Wegesrand liegt die **Bosener Mühle**. Wo einst Getreide gemahlen wurde, finden wir nun ein Zentrum für Kultur und Kunst. Die Geschichte des Gebäudes reicht bis 1870 zurück – damals gab es hier eine große Scheune. Die wurde 1925 zur Mühle umgebaut, doch nach wenigen Jahren stellte man fest, dass sich dies nicht lohnt und schloss die Mühle wieder.

Weiter geht´s von der Bosener Mühle auf dem Radweg, der nun direkt am Seeufer entlang verläuft. Nachdem wir den 500 m langen Damm befahren haben, rollen wir unter einem Luxushotel her, bleiben stets in der Nähe des Wassers und biegen schließlich links ab, um zurück zum Campingplatz zu gelangen.

Linkerhand ziehen die Bereiche „Birkenhain“, „Wiesengrund“ „Oberdorf“ und „Seedorf“ vorbei, die zur großen Anlage des **Center Parcs Bostalsee** gehören. Hier finden die Gäste nicht nur beste Unterkunft, sondern auch jede Menge Kurzweil in verschiedensten Einrichtungen, darunter auch ein Erlebnisbad.

Den 500 m langen **Staudamm** des **Bostalsees** befahren wir auf der kompletten Länge. Seit 1979 gibt es den See, der zu einem kleinen Teil zur Wasserkraft-Gewinnung, zum größten Teil aber für die Freizeit genutzt wird.

Kartentipp:
ADFC-Regionalkarte Pfalz Nord/Hunsrück/Nahe, 1:75.000, ISBN 978-3-87073-934-8, € 9,95
Digital für Smartphones und Tablets:
www.fahrrad-buecher-karten.de/rk-digital

63 Nahe-Bostal-Schleife

Von **Bosen** über Türkismühle

CamperTouren Info

ca. 28 km ohne Abstecher, regionale Radweg-Beschilderung sowie teils Beschilderung als Nahe-Radweg bzw. als Saarland-Radweg. Bergiger Verlauf mit mehreren Steigungen Verkürzung der Strecke möglich. Die Route führt meist über separate Radwege, einige Passagen auf losem Untergrund.

Start / Ziel: Camping Bostalsee, www.camping-bostalsee.de

Keine weiteren Camps entlang der Strecke

Auf einer recht anstrengenden Tour lernen wir die Region rund um die spannende Nahequelle kennen. Nachdem sich die Kinder auf dem Spielplatz ausgetobt und wir uns zusammen die putzigen Wildtiere angesehen haben, rollen wir auf dem bestens beschilderten Nahe-Radweg. Wer nicht zu den „Bergziegen" gehört, teilt die Tour einfach in zwei Hälften.

Auch wenn wir ohne rollendes Heim anreisen, können wir die Annehmlichkeiten des Campingplatzes Bostalsee genießen. Dann mieten wir einfach eines der Zelte, einen Wohnwagen oder ein **Märchenhaus**. In diesem gut ausgestatteten Holzhaus ist alles für einen idealen Familienurlaub vorbereitet. Je nach Mietobjekt widmet sich das Haus einem bestimmten Märchenthema und obendrein sind sie mit Kletterwand, Rutsche und Kletternetz versehen.

Auch die Erwachsenen kommen nicht zu kurz, denn die Region rund um den Bostalsee ist wie geschaffen für einen **Aktivurlaub**: Radeln, Wandern, Walken, Tennis, Squash, Minigolf, Golf, Reiten, Klettern und vieles mehr ist hier möglich.

Los geht's an der Ausfahrt unseres Campingplatzes, die wir schräg nach links versetzt geradeaus über die Straße hinweg verlassen, um dieses Mal direkt dahinter dem Weg nach rechts zu folgen. Kurz darauf rechts versetzt weiter entlang der Straße, im Ort rechts „Im Pfarrwittum". Die Schilder des Saar-Bostalsee-Radwegs lotsen uns mit kräftiger Steigung durch Neunkirchen über die Straße hinweg nach Selbach, wo die Nahequelle etwas außerhalb liegt. Von hier folgen wir den Schildern des Nahe-Radwegs durch Selbach, an der Etzenberger Mühle und am Bostalsee vorbei nach Türkismühle.

In einem dichten Wald entspringt die **Nahequelle** – an dem Quellstein können wir genau erkennen, wo die Reise des Flusses beginnt, die bei Bingen im Rhein endet.

Doch hier gibt es viel mehr als „nur" den Geburtsort eines Flusses: Kinder toben begeistert auf dem **Abenteuerspielplatz**, während das Dammwild im **Wildpark** nebenan gerne die Köpfe durch die Gitter steckt, um nach Futter zu „fragen". Mehr über die Region erfahren

Der Bostalsee hat sich zu einem Freizeitparadies entwickelt

wir, wenn wir per pedes dem **Nahequelle-Pfad** folgen. Das macht hier besonders viel Freude, denn um uns herum haben wir dabei nur die Natur und sehr viel Ruhe!

Hier beginnt die Nahe ihre 125 km lange Reise

Tipp: Wenn wir das Ufer des **Bostalsees** erreicht haben, können wir diesem rechts folgen und direkt wieder zum Camp zurückfahren. Somit wäre die Tour nur rund 12 km lang und deutlich weniger bergig.

Eine Mahl- und Ölmühle, im Volksmund „**Türkismühle**" genannt, wurde 1747 erbaut, um die Wasserkraft des Sölerbachs zu nutzen. Ein Müller namens Johann Jakob Dürck verwirklichte hier seine Vision. Lange Zeit stand sie recht allein hier, bis 1860 die Nahetalbahn gebaut wurde. Dadurch wurde die Region besser erreichbar und weitere Familien siedelten sich an. Bis heute ist das **Bahnhofsgebäude** eines der historisch bedeutsamsten Häuser der Region.

Weiter geht´s von Türkismühle, das wir parallel der Schienen nach Walhausen verlassen. Auf der deutlich ansteigenden Steinberger Straße verlassen wir den Ort nach Steinberg-Deckenhardt. Nach einigen Hügeln geht es dann in flotter Fahrt vorbei an der Etzenberger Mühle zum Bostalsee, dessen Uferweg wir wieder nach links folgen. Nach wenigen Minuten können wir dann die Tour am Campingplatz beenden.

Der Ort Walhausen blickt auf eine lange Vergangenheit zurück, von der noch die Köhlerhütte und ein **historisches Bergwerk** berichten.

Kartentipp:
ADFC-Regionalkarte Pfalz Nord/Hunsrück/Nahe,
1:75.000, ISBN 978-3-87073-934-8, € 9,95
Digital für Smartphones und Tablets:
www.fahrrad-buecher-karten.de/rk-digital

64 Fürstliches Radeln in Nordhessen

Rund um den **Twistesee** nach Bad Arolsen

CamperTouren Info

17 km, überwiegend auf separaten Radwegen, Radwegen neben der Straße sowie auf Nebenstraßen. Zu Beginn einige kurze, knackige Steigung, ansonsten keine größeren Steigungen, regionale Wegweisung

Start / Ziel: Reisemobilhafen Twistesee, www.reisemobilhafen-twistesee.de

Keine weiteren Camps entlang der Strecke

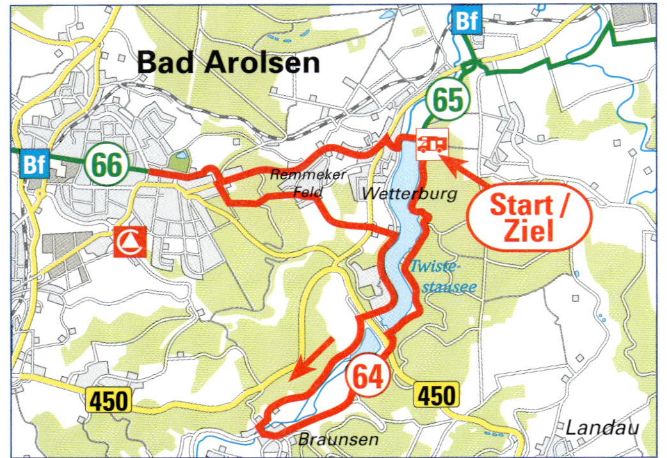

Wir sind so ziemlich in der Mitte Deutschlands unterwegs. Unser Basiscamp ist zwar Wohnmobilisten vorbehalten, dennoch können auch Wohnwagen-Camper von den naheliegenden Plätzen rasch hierher fahren und in die Tour einsteigen. Belohnt werden wir mit einem Premium-Stellplatz und einer herrlichen Tour um den Twistesee herum.

Die Lage des **Reisemobilhafens Twistesee** ist einfach genial: Die Mobile stehen auf bestens präpariertem Untergrund und von vielen der 150 Plätze aus haben wir eine Top-Aussicht über den See. Für das Wohlbefinden der Gäste sorgen die freundlichen Besitzer, die nicht nur ein entsprechendes Sanitärgebäude, sondern auch ein einladendes Café bereithalten. Zu den weiteren Annehmlichkeiten gehören ein Brötchenservice, WLAN und Waschmaschinen. Seit 2010 gibt es diese Anlage, die mehrfach in Fachkreisen als der beste Wohnmobilstellplatz Deutschlands gekürt wurde. Eine Ehrensache also, drei Touren in diesem Buch von diesem Platz aus zu beschreiben!

Los geht´s an der Ausfahrt des Camps, von der wir geradeaus über den Staudamm hinweg rollen. Nach rund 400 m biegen wir rechts und gleich wieder links ab auf die Burgstraße, im folgenden Wetterburger Straße. So radeln wir durch Wetterburg und haben sogleich die erste, knackige Steigung zu meistern, ehe wir rechts via Hofgarten und Schlossstraße in die Stadtmitte von Bad Arolsen gelangen.

Für sehr lange Zeit, genau genommen von 1655 bis 1918, wählten die Graden und Fürsten von Waldeck-Pyrmont die wundervolle Stadt Bad Arolsen zu ihrer **Residenzstadt**. Ab 1929 war es dann die Hauptstadt des Freistaates Waldeck, ehe dieser dem Staat Preußen angeschlossen wurde. Die Namensgebung liegt übrigens noch länger zurück – die entsprang dem ehemaligen Augustinerinnen-Stift Aroldessen.

Diese glorreiche Geschichte lässt uns auf eine sehenswerte Stadt hoffen. Und wir werden nicht enttäuscht, denn schon gleich bei unserem Eintreffen gelangen wir zum prachtvollen **Schloss**. Dass man sich beim Bau an

Die Fürsten von Waldeck-Pyrmont hatten sich in Bad Aroslen gut eingerichtet

Versailles orientierte, ist bestens nachzuvollziehen. So bietet das Schloss eine würdevolle Kulisse für die Barock-Festspiele.

Bad Arolsen selbst gefällt uns mit seiner **Großen Allee**, die auf 1,6 km schurgerade durch die Stadt verläuft und von knorrigen Eichen gesäumt wird. Drum herum verlaufen die Straßen wie auf einem Schachbrett. Hier finden wir zahlreiche **historische Gebäude**, von denen viele barocken Ursprungs sind.

Weiter geht´s von Bad Arolsen, das wir über Schlossstraße und Hofgarten wieder verlassen. An der Wetterburger Straße schräg rechts versetzt geradeaus in die Kleine Allee, die wir direkt wieder nach links verlassen. So rollen wir entspannt hinunter in den Ort Remeker Feld. Vom Remeker Ring zweigen wir direkt wieder rechts ab und kommen immer geradeaus zum Ufer des Twistesees. Den See umrunden wir dann gegen den Uhrzeigersinn und kommen so wieder zurück zum Camp.

Tipp: Wer **abkürzen** mag, biegt am Ufer des Twistesees links ab auf den Uferweg und radelt auf deutlich kürzerem Weg über den Damm zurück zum Camp.

Der **Twistesee** ist nicht allzu groß, gehört aber zu den saubersten Seen Deutschlands und bietet ungemein viel Kurzweil. Zu den möglichen Aktivitäten zählen Relaxen im Strandbad, Adrenalin auf der Wasserskianlage oder lautloses Gleiten über das Wasser mit Segelboot oder Surfbrett. Wer es ganz ruhig mag, besucht die **Ornithologische Beobachtungsstation.**

Kartentipp:
ADFC-Regionalkarte Sauerland, 1:75.000,
ISBN 978-3-96990-147-2, € 10,95
ADFC-Regionalkarte Kassel / Nordhessen, 1:75.000,
ISBN 978-3-96990-109-0, € 9,95
Digital für Smartphones und Tablets:
www.fahrrad-buecher-karten.de/rk-digital

65 Radeln in der Börde

Vom **Twistesee** nach Warburg

CamperTouren Info

41 km, überwiegend auf separaten Radwegen, Radwegen neben der Straße sowie auf Nebenstraßen. Mehrere anstrengende Steigungen, regionale Wegweisung

Start / Ziel: Reisemobilhafen Twistesee, www.reisemobilhafen-twistesee.de

Auswahl weiterer Camps an der Strecke: Campingplatz Eversburg

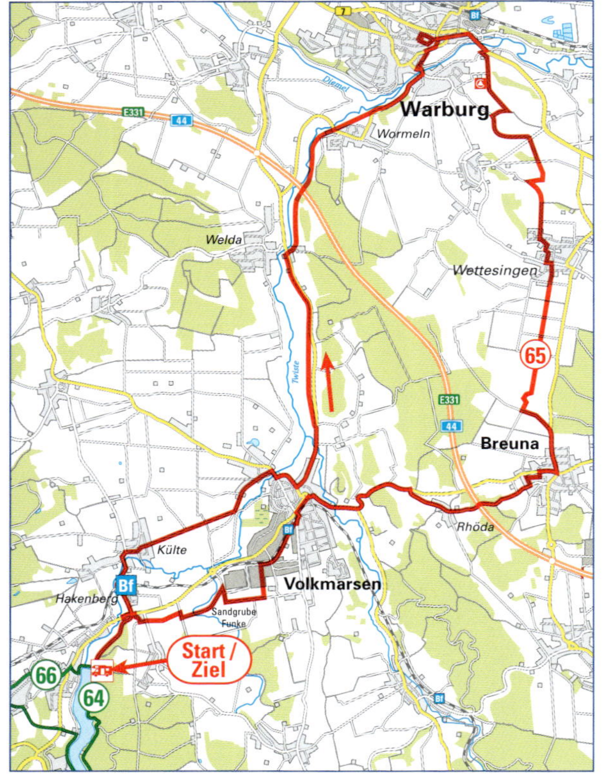

Los geht´s an der Ausfahrt des Camps, von der wir vor dem Damm nach rechts abbiegen. Bei „Am Hildebrand" biegen wir links ab und fahren via Hakenberg, Külte, Volkmarsen und Welda durch das Tal der Twiste. Nachdem wir die A44 passiert haben, wird es etwas anstrengender, bevor wir durch Wormeln nach Warburg gelangen.

Wir sind in der Volkmarser und der Warburger Börde unterwegs. Das bedeutet für uns, dass wir eine abwechslungsreiche, wegen der vielen Steigungen aber auch eine anstrengende Tour vor uns haben. Zur Belohnung können wir gleich drei schöne Kleinstädte und nicht minder schöne Dörfer genießen.

Unsere Tour führt uns gleich zu Beginn bei Hakenberg über die Landesgrenze nach NRW. Das Dorf hieß ursprünglich Havixburg, weshalb man davon ausgeht, dass die Siedlung einst zu Füßen einer Burg entstand. Heute bildet der neugestaltete „Dreiangel" den Dorfmittelpunkt – auf den Bänken können wir uns vor den Steigungen ausruhen. Der Nachbarort Külte liegt wieder in Hessen. Seit 1231 gibt es hier eine kleine Kirche.

Mit Welda erreichen wir einen Vorort von Warburg. Schön anzusehen sind die Kirche St. Kilian von 1220 und das barocke Schloss Welda, das 1737 fertiggestellt wurde und einen H-förmigen Grundriss hat.

Seit 2012 darf sich Warburg offiziell Hansestadt nennen. Malerisch war es aber schon davor, denn Warburg erstreckt sich auf einem Bergrücken und präsentiert eine **Stadtmauer** mit Türmen, die an Rothenburg erinnert. In die Befestigung fügen sich Johannes,- Sack-, Biermanns-, Franken-, Efeu- und Chattenturm

Warburg ist ein gutes Ziel für Fachwerk-Fans

harmonisch ein. Letzterer liegt etwas erhöht. Zudem wurde er mit einer modernen **Aussichtsplattform** ausgestattet, so dass wir von hier einen phänomenalen Blick über die Stadt genießen können. Im Innern der Mauern finden wir eine unglaubliche Anzahl historischer Stein- und **Fachwerkhäuser** – rund 500 von ihnen sind auf dem Stadtgebiet unter Denkmalschutz gestellt worden. Zu diesem Ensemble zählen auch das fachwerk-geschmückte **Eckmänneken-Haus** und die Kirchen St. Maria in Vienea und Johannes Baptist.

Tipp: Wer sich einige heftige Steigungen ersparen möchte, radelt auf derselben Strecke von Warburg wieder retour, auf der wir herkamen. Wer unserer Tour folgt, sollte eine gute Kondition oder ein **E-Bike** sein Eigen nennen.

Weiter geht´s von Warburg, das wir über die Kasseler Straße hinunter zur Diemel verlassen. Nachdem wir am Campingplatz Eversburg vorbeigeradelt sind, wird es richtig anstrengend. Von Wittenberg kurbeln wir hinauf nach Wettesingen. Die Steigung endet erst in Breuna. Von hier geht es fast ständig bergab – so passieren wir die A44, Rhöda und Volkmarsen, ehe wir mit kleineren Hügeln an der Sandgrube Funke vorbei zurück zum Camp kommen,

Das **Rathaus** von Volkmarsen ist ein Gedicht: Die Fassade besteht aus hellem Bruchstein, davor wurde eine Freitreppe gebaut, die von einem schiefergedeckten Türmchen gekrönt wird. In ähnlichem Stil präsentiert sich die 1260 errichtete **Pfarrkirche St. Marien**. Unseren Durst stillen wir mit **Volkmarser Sauerbrunnen**. Die Mineralwasserquelle hat inzwischen eine staatliche Anerkennung als Heilquelle. Der Sauerbrunnen gehört ebenso wie die Kugelsburg und der Bergbaustollen am Ralekesberg zum Volkmarser Geopark.

Kartentipp:
ADFC-Regionalkarte Sauerland, 1:75.000,
ISBN 978-3-96990-147-2, € 10,95
ADFC-Regionalkarte Kassel / Nordhessen, 1:75.000,
ISBN 978-3-96990-109-0, € 9,95
Digital für Smartphones und Tablets:
www.fahrrad-buecher-karten.de/rk-digital

66 Klettertour zwischen Diemel und Twiste

Vom **Twistesee** zum Diemelsee

CamperTouren Info

62 km, überwiegend auf separaten Radwegen, Radwegen neben der Straße sowie auf Nebenstraßen. Lange Tour mit diversen anstrengenden Steigungen, regionale Wegweisung

Start / Ziel: Reisemobilhafen Twistesee, www.reisemobilhafen-twistesee.de

Auswahl weiterer Camps an der Strecke: Campingplatz In der Hege, Campingplatz Goldbreite, Campingplatz Seeblick

Diese Tour ist etwas für E-Biker oder für echte „Bergziegen", denn auf der Strecke von rund 62 km geht es ständig auf und ab. Zur Belohnung können wir herrliche Fernblicke genießen, ein Stück des beliebten Diemel-Radwegs erkunden und ins kühle Nass des Diemelsees springen.

Los geht´s an der Ausfahrt des Camps, von der wir geradeaus über den Staudamm hinweg rollen. Nach rund 400 m biegen wir rechts und gleich wieder links ab auf die Burgstraße (später Wetterburger Straße). So radeln wir durch Wetterburg und haben sogleich die erste, knackige Steigung zu meistern, ehe wir rechts via Hofgarten und Schlossstraße in die Stadtmitte von Bad Arolsen gelangen. Bis Massenhausen geht es nochmals bergauf und rund 1 km nach dem Ortsausgang in der Abfahrt nach rechts weg. Via Canstein, Heddinghausen, Leitmar und Giershagen erreichen wir das Tal der Diemel, dem wir nach links folgen. Der Diemelradweg bringt uns mit weiterem Auf und Ab durch Padberg zum Ufer des Diemelsees. Hier biegen wir links ab und passieren die Staumauer, so dass wir Heringhausen erreichen.

Wenn wir bei der kleinen Kirche von Massenhausen genau hinsehen, entdecken wir noch die zugemauerten Schießscharten. Sie zeugen von ihrer Geschichte als **Wehrkirche**. Um sie herum gliedern sich verschiedene alte **Hofanlagen**.

Nur wenige Meter neben unserer Strecke liegt **Schloss Canstein**, das aus einer mittelalterlichen Burg hervorging. Würdevoll erhebt es sich auf einem Kalkstein hoch über dem eng eingeschnittenen Tal. Der Ort Canstein selbst gehört zu Marsberg und damit bereits zu NRW. Rund um den Ort wurde unrühmliche Geschichte geschrieben: Zwischen 1656 und

Die „Perle des Sauerlandes" schlängelt sich durch die Landschaft

1658 fanden hier 19 Hexenprozesse statt – meist mit tödlichem Ausgang für die Damen.

Giershagen wirbt mit dem Slogan „Das wahrscheinlich schönste Dorf im Sauerland". Ob das so ist? Machen Sie sich selbst ein Bild – rund um die Kirche **St. Fabian und Sebastian** entdecken wir einige historische Gebäude, darunter einige Fachwerkhäuser.

Tipp: Ob Pferdeprozession, **Schützenfest**, Meilerwoche oder Osterfeuer: In Giershagen wird Brauchtum immer noch hautnah gelebt. Wenn wir zur richtigen Zeit hier sind, können wir uns davon überzeugen, dass die Giershagener jeden Anlass nutzen, um zünftig zu feiern.

Die „Perle des Sauerlands" wird der **Diemelsee** gerne genannt und bezeugt damit, dass sich das Sauerland auf dem Territorium von Hessen und NRW erstreckt. Wir kommen von Helminghausen zur fast 200 m langen Staumauer, die den Fluss Diemel zu einer Fläche von rund 1,65 qkm aufstaut. Dabei liegt er herrlich eingebettet in die dicht bewaldete **Mittelgebirgslandschaft**, die uns beim Radeln schon zu einigen Schweißtropfen animierte.

Weiter geht´s von Heringhausen kräftig bergauf und im Zick-Zack durch die Natur nach Adorf. Hinter Adorf verlassen wir die Straße ein paar Meter nach dem Aussichtspunkt nach rechts und kommen durch Vasbeck, Massenhausen zurück nach Bad Arolsen. Von hier rollen wir auf demselben Weg wieder zurück zum Camp, auf dem wir herkamen.

Wer mehr über die Region erfahren möchte, besucht das **Visionarium Diemelsee** (in Diemelsee) in dem wir die Natur interaktiv sehen, berühren und erleben können.

Die Hauptstraße von Adorf verzückt uns mit schönen Fachwerkfassaden. Adorf entstand als kleiner Marktort um eine Wasserburg herum. Diese wurde später zu einem schmucken **Herrenhaus** umgebaut, das ebenfalls mit Fachwerk versehen ist.

Einige Pedalumdrehungen hinter Adorf werden unsere Mühen des Anstiegs belohnt, wenn wir vom **Aussichtspunkt** eine tolle Fernsicht genießen können.

Kartentipp:
ADFC-Regionalkarte Sauerland, 1:75.000,
ISBN 978-3-96990-147-2, € 10,95
ADFC-Regionalkarte Kassel / Nordhessen, 1:75.000,
ISBN 978-3-96990-109-0, € 9,95
Digital für Smartphones und Tablets:
www.fahrrad-buecher-karten.de/rk-digital

67 Zeitzeugen an der Lahn

Von **Weilburg** nach Limburg

CamperTouren Info

ca. 34 km ohne Abstecher, regionale Radweg-Beschilderung sowie Beschilderung als Lahntal-Radweg. Keine größeren Steigungen. Die Route führt meist über separate Radwege, einige Passagen auf losem Untergrund.

Start / Ziel: Campingplatz Odersbach, www.camping-odersbach.de

Auswahl weiterer Camps entlang der Strecke: Camping Gräveneck, Lahntours-Campingplatz Runkel, Wohnmobilstellplätze in Weilburg und Limburg

Eine echte Genießer-Tour wartet auf uns, denn wir folgen dem hervorragenden Lahntal-Radweg flussabwärts durch beschauliche Ortschaften. Unser Ziel ist Limburg, das uns mit seinem Dom und der Altstadt sofort begeistert.

Im kleinen Ort Odersbach, direkt vor den Toren der schönen Stadt Weilburg, liegt unser „**Campingplatz Odersbach**". Es ist einfach herrlich hier: Die Lahn fließt

direkt am Platz entlang, die Kinder amüsieren sich bei Minigolf, auf dem Spielpatz oder im Schwimmbad und die Erwachsenen freuen sich über 100 bestens gepflegte Touristenstellplätze.

Los geht's an unserem Campingplatz, den wir nach rechts über die Lahnbrücke hinweg verlassen. Auf der anderen Seite haben wir direkt Anschluss an den Lahntal-Radweg, dem wir flussabwärts folgen. Via Kirschhofen, Gräveneck und Fürfurt gelangen wir nach Villmar.

Im 1053 erstmals genannten Marktflecken Villmar wurde einst der bekannte „Lahnmarmor" abgebaut. Aus dieser Zeit stammt auch noch die **Marmorbrücke**, die hier über die Lahn führt. Wenn wir es genau nehmen, ist es kein Marmor. Bei dem „Lahnmarmor" handelte es sich um Kalkgestein, das poliert werden konnte und daher wie der edle Stein glänzte. In der Nähe des Bahnhofs erfahren wir im modernen **Lahn-Marmor-Museum** mehr zu diesem Naturgestein.

Schloss Weilburg prägt die Silhouette der Stadt

Heute empfängt uns ein farbenfrohes Rathaus im Ortskern, wo auch die **Pfarrkirche St. Peter und Paul** in die Höhe ragt. Ein Blick ins Innere lohnt sich wegen des wertvollen Hochaltars.

Weiter geht´s von Villmar, das wir den Schildern des Lahntal-Radwegs folgend über den Fluss hinweg verlassen. Drüben radeln wir durch Runkel, Dehrn und Dietkirchen nach Limburg. Hier steuern wir den Bahnhof an und lassen uns mit dem Zug zurück nach Weilburg bringen. Vom Weilburger Bahnhof aus sind es dann nur noch wenige Minuten flussabwärts über den Lahntal-Radweg und über die Brücke zurück zu unserem Campingplatz.

In Runkel müssen wir einen längeren Stopp einplanen, denn der Ort bietet uns an der Lahn ein wunderbares Fotomotiv: Zu Füßen der alten **Steinbrücke** schäumt ein Wehr das Wasser der Lahn auf, während die Ruine der **Burg Runkel** auf diese Szenerie herabblickt. Im Ortskern erwarten uns prachtvolle **Fachwerkhäuser**, darunter auch das Alte Rathaus, sowie das Schlosstor, die **Amtsapotheke**, die alte Lateinschule und weitere Highlights.

Nachdem wir in Dietkirchen über die eindrucksvolle Lage der **Lubentiusbasilika** hoch über unseren Köpfen gestaunt haben, rückt schon bald Limburg ins Blickfeld: Der **Limburger Dom** thront unübersehbar über der Stadt und präsentiert uns im Innern eine der besterhaltenen Ausstattungen aus dem 13. Jh in ganz Deutschland.

Auch zu Füßen des Doms gibt es reichlich zu sehen: In der Innenstadt reihen sich wunderschöne **Fachwerk- und Schieferfassaden** aneinander, so dass man kurzerhand die ganze Altstadt unter Denkmalschutz stellte. Besonders müssen wir das **Alte und das Neue Schloss**, den ehemaligen Burgmannensitz, Haus Staffel, das **Haus der sieben Laster** und natürlich die steinerne **Lahnbrücke** in Augenschein nehmen.

Tipp: Da die Tour bis Limburg nur 34 km lang ist, können wir nach dem Besuch der Stadt auch mit den Rädern wieder zurück zum Camp fahren. Oder wir radeln noch weiter durch das **Lahntal**, die mit Diez nach nur wenigen Minuten die nächste schöne Stadt bereithält.

Kartentipp:
ADFC-Regionalkarte Lahntal, 1:75.000, ISBN 978-3-96990-027-7, € 9,95
Digital für Smartphones und Tablets:
www.fahrrad-buecher-karten.de/rk-digital

68 Faszinierende Eindrücke in der Kubacher Kristallhöhle

Von **Weilburg** über Braunfels

CamperTouren Info

ca. 49 km ohne Abstecher, regionale Radweg-Beschilderung sowie teils Beschilderung als Lahntal-Radweg. Eine anstrengende Steigung in der zweiten Tourhälfte. Die Route führt meist über separate Radwege, einige Passagen auf losem Untergrund.

Start / Ziel: Campingplatz Odersbach, www.camping-odersbach.de

Auswahl weiterer Camps entlang der Strecke: Campingplatz Lahnblick, Wohnmobilstellplatz in Braunfels

Eine zweigeteilte Tour führt uns zunächst auf dem Lahntal-Radweg durch´s wunderschöne Weilburg. Später wird es anstrengend, wenn wir uns in den Naturpark Hochtaunus begeben.

Unser Camp ist mittels Brücke direkt an den **Lahntal-Radweg** angeschlossen. Auch Wanderer finden rund um die Anlage abwechslungsreiche Touren in verschiedenen Schwierigkeitsgraden. Besonders toll ist auch die **Slipanlage**, mit der Wasserwanderer mit ihren Booten direkt am Platz in die Lahn gleiten können.

Los geht's an unserem Campingplatz, den wir wieder nach links über die Brücke hinweg verlassen. Auf der anderen Flussseite folgen wir dem Lahntal-Radweg dieses Mal flussaufwärts. Auf bester Trasse rollen wir via Weilburg, Ahausen, Löhnberg und Biskirchen nach Solms.

Der Luftkurort Weilburg wird fast komplett von der Lahn umschlungen. Das brachte unsere Altvordern schon 1847 auf die Idee, einen **Schiffstunnel** anzulegen, um die Strecke zu verkürzen. Inzwischen gibt es für den Straßen- und den Bahnverkehr zwei weitere Tunnel.

Die Silhouette der Stadt wird geprägt von **Schloss Weilburg**, das weit oben auf einem Hügel thront. Die Herrschaften von Nassau-Weilburg hatten sich diesen angemessenen Amtssitz gegönnt. Vom **Marktplatz** mit seinem Neptunbrunnen erkunden wir die Altstadt. Dabei müssen wir uns auch das **höchste Stampflehmhaus Deutschlands** ansehen, das schon vor 1836 stand. Im Ort gibt es noch weitere Häuser, die mit dieser Technik errichtet wurden.

Weiter geht´s von Solms, wo wir das Lahntal verlassen und entlang der Krautgärtenstraße durch Oberndorf und vorbei an Braunfels radeln. Hinter Bonbaden verlassen wir das Solmsbachtal und zweigen links ab. Rund um

Überall im Lahntal werden wir von schmucken Ortskernen empfangen

Altenkirchen haben wir kräftige Steigungen zu verkraften, bis wir in Ernsthausen das Weiltal erreichen. Nun rollen wir vorbei an Edelsberg, Freienfels und Guntersau wieder zur Lahn. Dem gleichnamigen Radweg folgen wir einige Meter flussabwärts und gelangen dann wieder mit der Brücke zurück zu unserem Campingplatz.

Nachdem wir uns in Burgsolms im **Industrie- und Heimatmuseum** über die regionale Geschichte informiert haben, bauen wir einen kleinen Abstecher nach Braunfels ein, um uns das prachtvolle **Schloss Braunfels** anzusehen, das weithin sichtbar auf einem Berg gelegen ist. In der Altstadt gesellen sich perfekt erhaltene **Fachwerkhäuser** rund um den Marktplatz.

Tipp: Hinter Bonbaden wird es richtig anstrengend. Wer über keine allzu gute Kondition und auch nicht über ein E-Bike verfügt, sollte in Erwägung ziehen, ab Braunfels steigungsfrei wieder durch das **Lahntal** retour zu radeln.

Bei Altenkirchen können wir unsere Waden noch etwas mehr quälen und einen Abstecher zur **Aussichtsplattform** „Guck ins Loch" unternehmen. Der Begriff passt, denn wir schauen nicht nur auf die Wälder, sondern auch hinunter in einen großen Steinbruch.

Direkt am Weg liegt die Ruine der **Burg Freienfels.** Der gut erhaltene Bergfried sieht auf dem Bergsporn noch imposanter aus.

Eine Märchenwelt erwartet uns in der **Kubacher Kristallhöhle**, denn an den Wänden sorgen Perlsinter und Kalkspatkristalle für funkelnde Ansichten. Im **Geoinformationszentrum** erfahren wir auch, dass man die Höhle eher zufällig entdeckte, als man nach einer Tropfsteinhöhle suchte.

Kartentipp:
ADFC-Regionalkarte Lahntal, 1:75.000, ISBN 978-3-96990-027-7, € 9,95
Digital für Smartphones und Tablets:
www.fahrrad-buecher-karten.de/rk-digital

69 Bahnradweg Hessen – die ideale Biketrasse

Von **Hünfeld** über Bad Hersfeld

CamperTouren Info

ca. 76 km ohne Abstecher, regionale Radweg-Beschilderung sowie teils Beschilderung als Bahnradweg Hessen bzw. Fulda- und Haunetal-Radweg. Hügeliger Verlauf, am Anfang und Ende etwas stärkere Steigungen, so dass Kondition bzw. ein E-Bike Sinn machen. Die Route führt meist über separate Radwege, einige Passagen auf losem Untergrund.

Start / Ziel: KNAUS Campingpark Hünfeld, www.knauscamp.de

Auswahl weiterer Camps entlang der Strecke: Campingplatz Schlitz, Wohnmobilstellplätze in Bad Hersfeld und Hünfeld

Auf hügeliger, teils auch anstrengender Trasse sind wir unterwegs nach Bad Hersfeld. Die meisten Passagen verlaufen auf besten Radwegen, die auf die klangvollen Namen „Fulda-Radweg", „Haunetal-Radweg" oder „Bahnradweg Hessen" getauft wurden.

Das Hünfelder Land ist eine sanft modellierte Landschaft mit saftig-grünen Hügeln. Und mittendrin liegt unser „**KNAUS Campingpark Hünfeld**". Unser rollendes Heim findet einen Stellplatz auf der weitläufigen Wiese oder unter Schatten spendenden Bäumen. Da die Anlage meist parzelliert ist, finden auch große Wohnmobile oder Wohnwagen hier ausreichend Platz.

Los geht's an unserem Campingplatz, den wir über die lange Zufahrt und an der Querstraße nach links den Berg hinauf verlassen. Dann geht's bergab durch Ober-, Michels- und Fraurombach nach Schlitz. Hier treffen wir auf den Fulda- und den Bahnradweg Hessen. Deren Schilder geleiten uns zuverlässig via Unterschwarz, Niederjossa, Niederaula und Asbach nach Bad Hersfeld.

Bad Hersfeld empfängt uns mit einer einladenden **Fußgängerzone** und schönen Einkehrmöglichkeiten. Frisch gestärkt schauen wir uns die vielen **Fachwerkhäuser** in der **Altstadt** an.

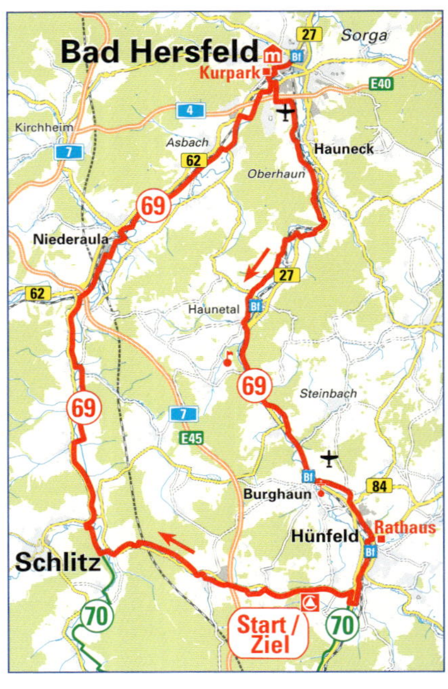

Tipp: „Bad" Hersfeld – natürlich ist die Stadt auch ein bekannter Kurort. Auch ein 6,5 ha großer **Kurpark** darf hier natürlich nicht fehlen. Hier können wir uns vom anstrengenden Radeln und von der quirligen Innenstadt bestens erholen. Den gesunden Schluck Wasser dazu gibt es im **Quellpavillon**, der in direkter Nähe zum Kurhaus und zur Wandelhalle steht. Eingebettet ist das

Das Rathaus markiert die Mitte von Bad Hersfeld´s Altstadt

alles in einen Park, der 2009 in den **European Garden Heritage Network** aufgenommen wurde – ein adeliger Park, sozusagen.

Durch einen kleinen Park begeben wir uns zur **größten romanischen Kirchenruine Europas**. Eine bessere Kulisse könnte es für die **Bad Hersfelder Festspiele** sicherlich nicht geben. Mehr über die Geschichte der Kirche und der Stadt erfahren wir im **Stadtmuseum**, das in einem noch erhaltenen Flügel untergebracht ist.

Weiter geht´s von Bad Hersfeld, das wir auf der Europaallee verlassen, um die Autobahn zu unterqueren, dahinter eine Schleife zu radeln und ab hier dem Haunetal-Radweg zu folgen. Die Schilder weisen uns den Weg, der immer wieder knackige Anstiege bereithält, durch Oberhaun, Hermannspiegel, Odensachsen, Neukirchen Rhina und Burghaun nach Hünfeld. Die Stadt verlassen wir über die Straße An der Bahn und Fuldaer Straße, queren in einem Bogen die B27 und haben dann noch eine letzte Steigung (Schilder Richtung Schlitz) zu verkraften, um zurück zum Camp zu gelangen.

Auf der anderen Flussseite thront **Schloss Hohenwehrda** auf einer Anhöhe, das heute ein Internat ist – hier lässt es sich ganz besonders schön lernen.

Rechts neben unserem Radweg liegt in deutlich erhöhter Lage der Ort Burghaun, wo es noch Reste der **Wehranlagen** zu sehen gibt, hinter denen sich die barocke Pracht zweier Kirchen erhebt. Die **Kirche Mariä Himmelfahrt** wurde genau dort erbaut, wo einst Burg Haune stand.

Für Hünfeld müssen wir wieder einen längeren Aufenthalt einplanen, denn rund um das prachtvolle **Rathaus** gibt es viel zu sehen, wie z.B. das **Bonifatius-Kloster**, die erhöht stehende Kirche St. Jakobus oder das **Konrad-Zuse-Museum**. Das widmet sich nicht nur dem Erfinder des ersten Computers, sondern auch der regionalen Geschichte.

Kartentipp:
ADFC-Regionalkarte Rhön, 1:75.000, ISBN 978-3-96990-066-6, € 9,95
Digital für Smartphones und Tablets:
www.fahrrad-buecher-karten.de/rk-digital

70 Hessisches Kegelspiel

Von **Hünfeld** über Fulda

CamperTouren Info

a. 58 km ohne Abstecher, regionale Radweg-Beschilderung sowie teils Beschilderung als Bahnradweg Hessen bzw. Fulda-, Milseburg- und Haunetal-Radweg. Hügeliger Verlauf mit drei größeren Steigungen, so dass Kondition bzw. ein E-Bike sinnvoll erscheinen. Die Route führt meist über separate Radwege, einige Passagen auf losem Untergrund.

Start / Ziel: KNAUS Campingpark Hünfeld, www.knauscamp.de

Auswahl weiterer Camps entlang der Strecke: Wohnwagen- und Wohnmobilstellplätze in der Fulda-Aue bei Fulda

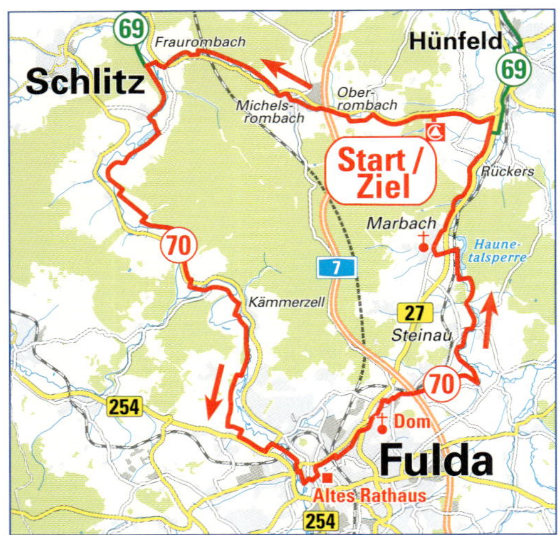

Die hügelige Region macht uns nur dreimal etwas schwere Beine, wenn es bergauf geht. Ansonsten rollen wir auf hervorragenden Radwegen, die an Fulda und Haune entlang laufen und am Wegesrand reichlich Abwechslung bieten.

Die Region, in der wir unser Domizil auf Zeit bezogen haben, wird auch „**Hessisches Kegelspiel**" genannt. Damit wird passend umschrieben, dass es hier weite Flusstäler mit Auen gibt, die eingebettet in eine Hügellandschaft liegen. Es ist also alles angerichtet für einen idealen Radel- und Wanderurlaub. Sage und schreibe **6.000 km Wanderwege** und erstklassige Rad-Trassen sorgen für ungetrübten Genuss.

Los geht's an unserem Campingplatz, den wir wieder an der Querstraße nach links den Berg hinauf verlassen. Via Ober-, Michels- und Fraurombach gelangen wir auf den Fulda- und den Bahnradweg Hessen, dem wir nach links folgen. Den Schildern nach radeln wir durch Kämmerzell nach Fulda.

Rund 200.000 Menschen wohnen in Fulda. Und sie genießen eine hervorragende Symbiose aus moderner Einkaufsstadt und historischem Ambiente. Dass Fulda eine **Bischofsstadt** ist, wird uns eindrucksvoll mit dem **Dom St. Salvator** vor Augen geführt. Das Gotteshaus blickt über einen großen Platz, was seine glanzvolle Architektur nochmals unterstreicht. Wenn die Wallfahrer hierher pilgern, um das **Grab des Heiligen Bonifatius** zu ehren, ist der Platz voller Menschen.

Die Fuldaer Michaeliskirche wurde bereits 822 fertiggestellt und gilt damit als eines der älteste Gotteshäuser Deutschlands. Noch ein Superlativ? Die Wandmalereien in der St.-Andreas-Kirche sind die ältesten nördlich der Alpen!

Aber nicht nur Freunde der sakralen Kunst kommen in Fulda auf ihre Kosten. Ein echter Eyecatcher ist das **Alte Rathaus** mit seinen farbenfrohen Arkaden, dem Fachwerk und den putzigen Türmchen. Danach schauen wir uns das Paulustor, das Kanzlerpalais, die **Orangerie** und das Adelspalais an. Dabei stellen wir fest, dass der Begriff **Barockviertel hier wirklich angebracht ist**.

So klangvoll der Name, so prachtvoll das Bauwerk: Der Dom St. Salvador

Weiter geht´s von Fulda, das wir über Scharnhorst-, Tannenberg- und Leipziger Straße verlassen. Der Hessische Radfernweg R3 führt uns, nachdem wir die B27 gekreuzt haben, über Dresdner-, Königsberger und Steinauer Straße heraus aus Fulda. Nachdem wir über die A7 hinweggeradelt sind, geradeaus auf dem Milseburgradweg. Im Haunetal verlassen wir diesen und folgen dem Haunetal-Radweg nach links vorbei an Steinau, Marbach und Rückers. Kurz darauf links den Schildern Richtung Schlitz folgend den Berg hinauf und zurück zum Camp.

Die alte Handelsstraße „Via Regia" war der Grund, das Steinau den Beinamen „An der Straße" erhielt. Heute nennt sie sich auch gerne Brüder-Grimm-Stadt, was sich im **Märchenbrunnen** vor dem Rathaus wiederspiegelt. Die berühmten Märchenschreiber verlebten einst ihre Kindheit in Steinau – klar, dass es auch das Grimm-Haus hier gibt. Noch imposanter als dieser Fachwerk-Bau ist allerdings die Burg, deren **Bergfried** noch heute von furchteinflößender Größe ist. Ansehen müssen wir uns auch die Reste der **Stadtmauer**, den Marstall, das Amtshaus und die vielen **Fachwerkhäuser** in der Altstadt.

Tipp: Am Wegesrand liegt die **Haune-Talsperre**. Sie bedeckt eine Wasserfläche von 75 ha und hat sich zu einem beliebten Naherholungsgebiet entwickelt.

Zum Ende der Tour hin widmen wir uns in Marbach **Kirche St. Aegidius** mit dem hübschen Pfarrhaus und der mystischen **Mariengrotte**.

Kartentipp:
ADFC-Regionalkarte Rhön, 1:75.000, ISBN 978-3-96990-066-6, € 9,95
Digital für Smartphones und Tablets:
www.fahrrad-buecher-karten.de/rk-digital

71 Teiche, Mönche und ganz viel Fachwerk

Von **Goslar** über Vienenburg

CamperTouren Info

ca. 37 km ohne Abstecher, regionale Radweg-Beschilderung. Eine kurze Steigung, auf dem Rückweg stetige Steigung. Die Route führt meist über separate Radwege, einige Passagen auf losem Untergrund.

Start / Ziel: Harz Camp Goslar, www.harz-camp-goslar.de

Auswahl weiterer Camps entlang der Strecke: Wohnmobilstellplätze in Vienenburg und Goslar (Alpaca Camping)

Es fällt schon etwas schwer, sich in der ruhigen Idylle unseres Camps im Harz auf die Fahrräder zu schwingen und los zu radeln. Doch es lohnt sich, denn wir durchrollen zunächst die herrliche Altstadt von Goslar, ehe wir mit Vienenburg eine liebenswerte Ortschaft und mit den gleichnamigen Kiesteichen eine weitläufige Wasserlandschaft kennenlernen.

Herrlich ruhig ist es rund um unser Urlaubsdomizil, das den Namen „**Harz Camp Goslar**" trägt. Unser Camp liegt außerhalb der Stadt und mitten im Wald – aber auch auf einem Berg, so dass am Ende der Tour immer noch eine „Bergwertung" auf uns wartet. Bei den großzügig dimensionierten Stellplätzen wird Wert auf das Gemeinsame gelegt: Wohnmobile stehen neben Wohnwagen und auch die tollen kleinen Miet-Holzhütten stehen mittendrin. Holzdesign ist auch das dominierende Element im modernen Sanitärcenter, in dem es auch Miet- und Familienbäder gibt.

Los geht's an der Ausfahrt unseres Campingplatzes, die wir nach links auf der Clausthaler Straße verlassen. In entspannter Abfahrt rollen wir nach Goslar, das wir links über den Nonnenweg in einem Linksbogen durchfahren. Bevor wir auf den Wohnmobilparkplatz Füllekuhle treffen, biegen wir rechts ab und unterqueren die Bahnschienen. Rechts in die Heinrich-Pieper-Straße und parallel zur Straße Grauhöfer Landwehr erreichen wir Hahndorf. Wir biegen rechts in die Försterbergstraße, weiter geradeaus durch Immenrode erreichen wir Vienenburg, das wir nord-östlich um den Vienenburger See umradeln.

Das Grundstück ist zwar nicht zugänglich, aber dennoch sind die Ruinen der **Vienenburg** sehr imposant. Während die wuchtigen Mauern teils zerstört sind, ragt der exakt zylin-

Erst aus der Luft wird deutlich wie strategisch Burg Vienenburg angelegt wurde

drisch gearbeitete Bergfried immer noch weit in die Höhe.

Tipp: Ein Abstecher von rund 14 km führt nach Hornburg, das im Mittelalter mit gleich 5 Toren geschützt wurde, von denen heute nur noch das **Dammtor** erhalten ist. Der Ortskern besteht aus einer Sammlung bestens erhaltener historischen Häuser wie Neidhammelhaus, Altes Zeughaus, Rathaus sowie diverser Fachwerkhäuser, die an teils engen Gassen stehen. Über die Szenerie wacht weit oben auf dem Berg **Burg Hornburg**, die mehrfach zerstört, aber immer wieder neu aufgebaut wurde.

Zurück in Vienenburg schauen wir uns den **Kaisersaal** und das klar gegliederte Bahnhofsgebäude von 1840 an, in dem es ein **Eisenbahnmuseum** gibt. Am nördlichen Stadtrand liegt der **Vienenburger See**, der mit einem Spielpatz, Café und einem Bootsverleih Gäste aus Nah und Fern anlockt.

Weiter geht´s von Vienenburg, das wir über die Wiedelaher und Kaiserstraße verlassen, um dann rechts in Unter dem Amte abzubiegen. Wir radeln durch den Naturpark Geopark Harz-Braunschweiger Land-Ostfalen und haben rechterhand zahllose große und kleine Seen parallel zur Oker. Wir treffen wir mit einem stetig steigenden Radweg auf die B6, biegen dahinter rechts und gleich wieder links ab und erreichen so die Ortschaft Oker. Rechts-links-links und wir gelangen parallel zur Bundesstraße auf Am Sudmerberg wieder nach Goslar. Ab der Innenstadt wählen wir dieselbe Strecke für den Rückweg, auf der wir herkamen. Es geht noch weiter bergauf, bis wir entlang der Clausthaler Straße wieder zurück zu unserem Camp gelangen.

Direkt, nachdem wir den Ort verlassen haben, rollen wir mitten durch die **Vienenburger Kiesteiche**. Wo sich einst der Kies aus dem Harz ablagerte, die vom Oker mitgespült wurden, kann sich seit vielen Jahren die Natur frei entfalten. Seltene Fisch-, Vogel- und Amphibienarten fühlen sich nun hier heimisch. Der Fluss namens **Oker** ist an dieser Stelle noch jung. Sie legt insgesamt 128 km zurück, bis sie bei Müden in die Aller fließt.

Kartentipp:
ADFC-Regionalkarte Braunschweig u. Umgebung, 1:75.000, ISBN 978-3-96990-124-3, € 10,95
ADFC E-Bike-Karte Harz, 1:75.000, ISBN 978-3-96990-106-9, € 9,95
Digital für Smartphones und Tablets:
www.fahrrad-buecher-karten.de/rk-digital

72 Hexensuche im Harz

Von **Goslar** über Wolfshagen

CamperTouren Info

ca. 26 km ohne Abstecher, regionale Radweg-Beschilderung sowie teils als Harz-Rundweg. Mehrere „knackige" Steigungen im zweiten Teil der Radrunde. Die Route führt meist über separate Radwege, einige Passagen auf losem Untergrund.

Start / Ziel: Harz Camp Goslar, www.harz-camp-goslar.de

Auswahl weiterer Camps entlang der Strecke: Campingplatz am Krähenberg, Wohnmobilstellplatz in Goslar

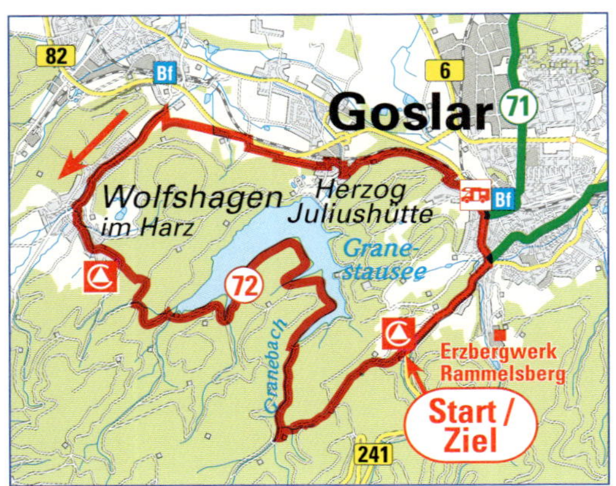

Nachdem wir uns nochmals dem Charme der Goslarer Innenstadt hingegeben haben, radeln wir auf dem Harz-Rundweg. Die fliegende Hexe weist uns den Weg, der dann auch etwas anstrengender wird. Dafür geht's durch herrlich grüne Natur.

Einfach. Gut. Futtern – Treffender könnte der Slogan der „**Futterscheune**" nicht sein, In diesem platzeigenen Restaurant werden wir bestens mit süßen oder herzhaften Leckereien versorgt. Den Kaffee oder das Pils können wir bei gutem Wetter dazu auch auf der Terrasse genießen.

Los geht's wieder an unserem Camp, das wir nach links entlang der Clausthaler Straße verlassen, um bei der großen Abzweigung nach schräg links auf den Nonnenweg abzubiegen, der später in die Von-Garßen-Straße übergeht. Ab hier folgen wir den Schildern des Harz-Rundweges, die uns meist in der Nähe der Schienen in den Ort Herzog-Juliushütte lotsen.

Die Geschichte Goslars reicht weit zurück: Schon 979 wurde an dieser Stelle der Sitz einer **Kaiserpfalz** erwähnt.

Tipp: Etwas außerhalb der Stadt liegt das **Erzbergwerk Rammelsberg.** Als Welterbe von der UNESCO geschützt, erzählt es uns von einer mehr als 1.000-jährigen Bergbaugeschichte.

Ein strahlenförmig gepflasterter Marktplatz markiert die **Altstadt** von Goslar, die von der UNESCO unter Schutz gestellt wurde. Von seiner Mitte blicken wir in alle Richtungen auf imposante historische Gebäude wie das **gotische Rathaus** mit seinem Huldigungssaal, **Kaiserworth** (das ehemalige Gildehaus) oder das **Kaiserringhaus**. Ansehen müssen wir uns natürlich auch die **Kaiserpfalz**, die seinerzeit für den reisenden König als „Unterkunft" gebaut wurde. An funkelnden kleinen **Wasserläufen** spiegeln sich Fachwerkhäuser und an jeder Ecke gibt es wieder etwas zu fotografieren. Besonders interessant sind der **Schlauchturm**, die Reste der Stadtbefestigung mit dem Weberturm, das Bäckergildehaus, die Marktkirche St. Cosmas, der ehemalige Dom, der **Werderhof**, die Kemenate Röver, der Zwinger und das Siemenshaus. Letzteres

„Strahlend“ – der Marktplatz von Goslar

war das Stammhaus der berühmten Familie, die heute weltweit Elektrowaren verkauft.

Auf einem Teil unserer Strecke folgen wir den Schildern des **Harz-Rundweges**, der auf 310 km eine richtig große Runde durch diese herrliche Landschaft zieht. Seit 1995 könnte der Radweg nicht passender gekennzeichnet sein, denn wir folgen einer fliegenden Hexe.

Kaum zu glauben, aber in Wolfshagen stand im wahrsten Sinne des Wortes die Wiege eines weltberühmten Unternehmens: Im Jahr 1797 wurde hier **Henry E. Steinway** geboren, der sich mit Klavieren unter der Marke Steinway & Sons ein Denkmal setzte.

Der jüngste Stausee im Harz

Weiter geht´s von Herzog-Juliushütte auf dem Harz-Rundweg mit Steigung durch Wolfshagen. Am Ortsende zweigen wir links ab und gelangen mit einem kräftigen Anstieg ans Ufer des Granestausees, den wir gegen den Uhrzeigersinn umrunden. In einer Spitzkehre rollen wir geradeaus und folgen ein Stück dem Granebach. An der Stelle, wo es ein wenig flacher wird, links – und dann heißt es: Kräftig durchschnaufen, denn es geht nochmals steil nach oben. Zur Belohnung rollen wir dann durch den Wald bequem bergab, nehmen an der Weggabelung den rechten Weg (Nonnenweg) und gelangen so zurück zu unserem Camp.

Die **Granetalsperre** wurde 1969 fertiggestellt und ist damit der jüngste Stausee im Harz. Dabei wird er vielfältig genutzt: Als Trinkwasserspeicher, zur Stromgewinnung, als Hochwasserschutz, aber auch zum Auffüllen der Wasserläufe bei Niedrigwasser.

Kartentipp:

ADFC E-Bike-Karte Harz, 1:75.000, ISBN 978-3-96990-106-9, € 9,95

Digital für Smartphones und Tablets:

www.fahrrad-buecher-karten.de/rk-digital

73 Vom geheimnisvollen Brocken in den dichten Wald

Von **Elbingerode** zum Brocken

CamperTouren Info

25 km, überwiegend auf separaten Radwegen, Radwegen neben der Straße sowie auf kleineren Straßen. Einige kurze, knackige Steigungen, regionale Wegweisung

Start / Ziel: Camping Am Brocken, www.campingambrocken.de

Auswahl weiterer Camps an der Strecke: Harz-Camping am Schierker Stern

Wir lassen uns von der Brockenbahn auf den sagenhaften Berg bringen, der an der ehemaligen innerdeutschen Grenze liegt. Dann rollen wir in teils rasanter Fahrt hinunter, genießen dichten Wald und gute Luft. Dabei müssen wir aber auch einige Strecken auf der Straße zurücklegen, was wegen der schönen Natur aber leichter fällt.

Los geht´s an der Ausfahrt des Camps, von der wir am Naturbad vorbei hinunter zur Heinrich-Georg-Neuss-Straße fahren und dort rechts und nochmals rechts auf die Brockenstraße abbiegen. Die ersten rund 5 km sind zwar landschaftlich schön, vom Radeln her aber weniger, denn wir nutzen die etwas ansteigende Straße, bis wir zum Bahnhof Drei Annen Hohne gelangen. Hier setzen wir uns in die Brockenbahn und lassen und auf den Berg hinaufbringen.

Drei Annen Hohne – wir wundern uns über den sonderbaren Namen des Bahnhofs. Als die Brockenbahn erbaut wurde, plante man einen Halt ein für das Gasthaus Drei Annen und das Forsthaus Hohne. Die Station wurde zunächst „Signalfichte" getauft. Als diese der Witterung zum Opfer fiel, wurde die Haltestelle in Hohne umbenannt. Das Gasthaus Hohne ist noch heute ein beliebtes Ausflugs- und Einkehrerziel. Der Begriff „Drei Annen" hingegen tauchte bereits 1770 in den Urkunden auf, als hier Silber und Kupfer abgebaut werden sollte.

Die Brockenbahn bringt uns bequem auf 542 m Höhe

Wir starten mit der **Brockenbahn** an unserem Bahnhof auf 542 m Höhe, bevor uns die Schmalspurbahn mit 1 m Spurbreite schnaufend genau 600 m weiter nach oben bringt. Heute sind es fast nur Touristen, die mit der Bahn fahren. Das war früher anders, denn bis 1988 wurden Baumaterial, Öl und Kohle mit ihr transportiert. Der Grund? Oben auf dem Brocken waren Grenztruppen der DDR und Sowjet-Soldaten stationiert, die von hier den Westen ausspionieren sollten.

Weiter geht´s vom Brocken nun erstmal ausschließlich bergab. Die Schilder weisen uns den Weg hinunter über die Brockenstraße. Die Knochenbrecherkurve trägt ihren Namen nicht ohne Grund – also hier nach dem ersten Kilometer vorsichtig fahren! Auch später gilt es aufzupassen, um die Schilder nicht zu verpassen und um weder sich selbst noch die Fußgänger zu gefährden. Dann rollen wir durch den langgezogenen Ort Schierke, den wir über die Hagenstraße und dann weiter geradeaus den Mandelhölzer Fußweg verlassen. Nach einer weiteren Haarnadelkurve endet die Abfahrt, wir gesellen uns neben die Bahnschienen und erreichen wieder Drei Annen Hohne. Von hier radeln wir auf derselben Strecke zum Camp zurück, auf der wir herkamen.

Genau 1.142,2 m ist er hoch, der Brocken, der im Volksmund auch gerne **Blocksberg** genannt wird. Er ragt damit höher hinaus als irgendein anderer Berg in Norddeutschland. Natürlich gibt es auch einen Gipfelstein, den wir fotografieren müssen. Viele Sagen ranken sich um den geheimnisvollen Berg, was vielleicht daran liegt, dass er sich gerne in Nebel oder Wolken hüllt. Auch ein Brockengespenst gibt es hier oben. Viele der Sagen haben mit **Hexen** zu tun, auf die wir im Harz öfters „treffen".

Tipp: Der Besuch des **Brockenhauses** ist Pflicht, denn dort erfahren wir alles Wissenswerte über den Nationalpark Harz. Dazu gehört auch die Erklärung, warum das hier einst „Stasi-Moschee" genannt wurde.

Vom Brocken führen viele Wanderwege herab durch die dichten Wälder, auch einen **Goetheweg** gibt es, denn auch der fühlte sich vom Berg anzogen. Einer der Wege führt nach Braunlage, das mit einer sehr guten **touristischen Infrastruktur** aufwarten kann.

Der **Luftkurort** Schierke ist einer der Urlaubs-Hotspots der Region. Malerisch in den Bergen eingebettet, können wir hier bestens einkehren, das schmucke **Rathaus** und die Bergkirche ansehen.

Kartentipp:
ADFC E-Bike-Karte Harz, 1:75.000, ISBN 978-3-96990-106-9, € 9,95
Digital für Smartphones und Tablets:
www.fahrrad-buecher-karten.de/rk-digital

74 Hügelige Harzer Hexen-Runde

Von **Elbingerode** zum nach Braunlage

CamperTouren Info

32 km, überwiegend auf separaten Radwegen, Radwegen neben der Straße sowie auf kleineren Straßen. Einige kurze, knackige Steigungen, dadurch anstrengend, regionale Wegweisung

Start / Ziel: Camping Am Brocken, www.campingambrocken.de

Auswahl weiterer Camps an der Strecke: Campingplatz Braunlage

Bei dieser Tour bekommen unsere Waden zu spüren, dass es auch im Mittelgebirge richtig anstrengend werden kann: Die kurzen, aber knackigen Steigungen summieren sich zu 440 Höhenmetern auf. Als Entschädigung gibt es wundervolle Natur und einen der Touristen-Hotspots im Harz.

Klein, fein und ungemein romantisch – so könnte man den **Campingplatz am Brocken** in der Nähe von Elbingerode beschreiben. Unser mobiles Zuhause steht auf einer saftigen Wiese, während sich die Kinder auf dem Spielplatz amüsieren. Um uns herum ungeheuer ruhige Natur und klare Luft – das ist Erholung pur!

Los geht´s an der Ausfahrt des Camps, von der wir am Naturbad vorbei hinunter zur Heinrich-Georg-Neuss-Straße fahren, dort rechts abbiegen und die Brockenstraße geradeaus in den Roterweg überqueren. Dieser bringt uns schnurgerade hinaus aus der Stadt. Bei den letzten Häusern geradeaus „Am Ahrendfeld", direkt links und später bei der Weggabelung schräg rechts. Nachdem wir das große Werk passiert haben, wird´s richtig anstrengend, ehe wir den Ort Elend erreichen. Den dortigen Kreisel verlassen wir über die Braunlager Straße, in der Linkskurve rechts (Alte Braunlager Straße) und kurz darauf links. Das ist wieder sehr anstrengend. Einfacher, allerdings auf der Straße, geht´s, wenn wir direkt der Landstraße folgen. Auf diese treffen wir später ohnehin wieder und gelangen ins Herz von Braunlage.

Unsere Tour führt uns durch eine Region, die geologisch als Elbingeröder Komplex bezeichnet wird. Dies sind mehrere „Sättel" und „Mulden", die einst aus Riffen und Kalkalgen entstanden, als es hier noch ein Meer gab. Der dadurch vorhandene Kalk ist ein wertvoller Rohstoff, der an vielen Stellen abgebaut wird. Wir bekommen dies auch am Wegesrand zu

Die mystische Landschaft passt bestens zu den Harzer Sagenwelten

sehen, wenn wir an dem großen **Kalksteintagebau** vorbei radeln.

Das kleine Örtchen Elend entstand im 18. Jh. um eine Eisenhütte herum. „Elend" wird es auch für uns, denn hinter dem Ort geht's steil den Berg hinauf.

Unten an der B27 steht ein **Mahnmal** zur deutschen Teilung und Wiedervereinigung an der ehemaligen innerdeutschen Grenze.

Wunderschön eingebettet in die Höhenzüge des Harzes empfängt uns der **Luftkurort** Braunlage. Wanderwege durchziehen die Region bis in eine Höhe von 971 m, die am Wurmberg erreicht werden. Als bedeutender Fremdenverkehrsort hält Braunlage reichlich **Einkehrmöglichkeiten** für uns bereit.

Ruhe und Erholung finden wir im weitläufigen **Kurpark**, der sich um den Kurteich herumschlängelt. Am Rande steht auch das **Heimatmuseum**, in dem wir mehr über die Region erfahren.

Tipp: Die Hexen sind in und um Braunlage „allgegenwärtig". Besonders viele Hexen sind natürlich in der **Walpurgisnacht** unterwegs. Dann gibt es einen Umzug, an dem Bewohner und Besucher in schaurige Kostüme gewandet durch den Ort ziehen. Begleitet wird dies durch ein Fest im Kurpark.

Weiter geht´s von Braunlage zunächst wieder in den Ort Elend zurück, wie wir hierher kamen. Den Kreisel dort verlassen wir dieses Mal nach rechts über die Hauptstraße und folgen dieser durch das Tal bis zum Örtchen Rohtehütte. Hier biegen wir links ab, schnaufen tief durch und kurbeln den Berg hinauf, ehe es wieder herab nach Elbingerode geht. Von hier folgen wir Roterweg und Georg-Neuss-Straße wieder zurück zum Camp.

Die Ortsnamen Rothehütte und Königshütte deuten darauf hin, dass wir bei unserer Radtour auf den Spuren der Industrialisierung wandeln. Hier wurden u.a. Erze in großem Stil verarbeitet. Einen sehr fotogenen **Wasserfall** finden wir mit einem kleinen Abstecher bei Königshütte, während ein längerer Abstecher entlang der Bode nach Rübeland führt, wo es Höhlen zu besichtigen gibt.

Kartentipp:
ADFC E-Bike-Karte Harz, 1:75.000, ISBN 978-3-96990-106-9, € 9,95
Digital für Smartphones und Tablets:
www.fahrrad-buecher-karten.de/rk-digital

75 Der Bergwitzsee – einst Tagebau, heute Naturidyll

Von **Wittenberg** über Pretzsch

CamperTouren Info

ca. 72 km ohne Abstecher, regionale Radweg-Beschilderung sowie teils Beschilderung als Elbe-Radweg bzw. Radweg Berlin-Leipzig. Keine größeren Steigungen. Die Route führt meist über separate Radwege, einige Passagen auf losem Untergrund.

Start / Ziel: MCE Marina-Camp Elbe, www.marina-camp-elbe.de

Auswahl weiterer Camps entlang der Strecke: Bergwitzsee-Resort, Campingpark und Wohnmobilhafen Am Großen Lausiger Teich

Die erste Tour rund um die Lutherstadt Wittenberg führt uns flussaufwärts über den mehrfach ausgezeichneten Elbe-Radweg bis Pretzsch. Auf dem Rückweg rollen wir zwar öfters über kleine Straßen, lernen aber dafür ganz bezaubernde kleine Orte kennen.

Die Lage unseres **„MCE Marina-Camp Elbe"** könnte gar nicht besser sein: Die von Bäumen beschattete und von Wasser umspülte Anlage lässt uns eher an einen Park als einen Campingplatz denken. Der Elbe-Radweg läuft direkt vor dem Gelände entlang und gleich auf der anderen Seite der Elbe liegt die geschichtsträchtige Innenstadt von Wittenberg – so steht dem spannenden Urlaub nichts im Wege!

Los geht's an unserem Campingplatz, den wir über die Zufahrtsstraße und dann nach links über die Elbbrücke hinweg verlassen. Wir befinden uns direkt auf dem Elbe-Radweg, der hinter der Brücke rechts abzweigt, ein Stück neben der B187 verläuft und sich dann rechts ans Ufer gesellt. Hohndorf, Prühlitz, Gallin, Elster und Listerfehrda liegen auf dem Weg, bis wir nach rechts die Schwarze Elster überqueren. Nachdem wir auch durch Schützberg, Klöden, Kleindröben und Mauken geradelt sind, passieren wir die Elbe mit der Gierseilfähre und gelangen nach Pretzsch.

Schon im Jahre 965 tauchte der Ort Klöden zum ersten Mal in den Büchern auf. Die lange Geschichte ist für uns greifbar, denn **Schloss Klöden** und die **Kirche Zum Heiligen Kreuz** entführen uns direkt ins Mittelalter.

Ein echtes Erlebnis ist die kurze Fahrt mit der **Gierseilfähre**. Die spezielle Technik macht es möglich, mit der Kraft des Wassers von einem Ufer zum anderen überzusetzen – nur schwimmen wäre noch ökologischer.

Tipp: Ein kurzer Abstecher führt nach Bad Schmiedeberg, das uns mit einem schmucken **Rathaus** und einer historischen Innenstadt empfängt. Ein herrlicher Mix aus Baustilen ist der **Kaiser-Wilhelm-Turm**, von dessen Plattform aus wir einen überwältigenden Fernblick genießen können. Die müden Radler-Muskeln können wir in Schmiedeberg auch kurieren, denn die Stadt ist **Moor-, Mineral- und Kneippheilbad.**

Abwechslungsreich: Der Kaiser-Wilhelm-Turm

Unser Zwischenziel Pretzsch beeindruckt uns mit dem strahlend weißen und wegen der schieren Größe weithin sichtbaren **Renaissance-Schloss Pretsch**. Es entstand aus einer ehemaligen Burg, wird heute als Kinder- und Jugendheim genutzt und liegt inmitten eines Landschaftsparks.

Weiter geht´s von Pretzsch, das wir an der Elbe entlang flussabwärts verlassen. Via Trebitz, Schnellin, Kemberg, Reuden, Bergwitz, Klitzschena, Kienberge und Pratau gelangen wir wieder zurück zu unserem Campingplatz.

Kemberg reiht sich nahtlos in die Reihe der schönen Orte entlang unserer Radrunde ein: Hier schauen wir uns das aufwändig gestaltete **Rathaus**, die pittoresken Häuser und die **Stadtkirche St. Marien** an. Hier war Luther zu 14 Predigten, so dass der Ort eine bedeutende Rolle in der Reformation spielte.

Der Ort Bergwitz empfängt uns mit einer recht seltenen **Bockwindmühle**, die ab 1848 als Getreidemühle ihre Dienste verrichtete.

Rund um Bergwitz wurde bis 1955 im Tagebau Kohle abgebaut – übrig blieb der tolle **Bergwitzsee**, an dem wir uns bestens von den bisherigen Kilometern erholen können. Der Sprung ins kalte Wasser des rund 1,7 qkm großen Sees lohnt sich, denn das Wasser ist außergewöhnlich sauber. **Badestellen** gibt es rund um den See reichlich, darunter auch welche für FKK-Anhänger und welche für Hunde.

Kartentipp:
ADFC-Regionalkarte Welterberegion Anhalt/Dessau/Wittenberg,
1:75.000, ISBN 978-3-87073-806-8, € 8,95
Digital für Smartphones und Tablets:
www.fahrrad-buecher-karten.de/rk-digital

76 Weite Natur in der Kropstädter Heide

Von **Wittenberg** über Kropstädt

CamperTouren Info

ca. 55 km ohne Abstecher, regionale Radweg-Beschilderung sowie teils Beschilderung als R1 bzw. Radweg Berlin-Leipzig. Einige kleinere Steigungen im ersten Teil, insgesamt aber keine großen Anstiege. Die Route führt meist über separate Radwege, einige Passagen auf losem Untergrund.

Start / Ziel: MCE Marina-Camp Elbe, www.marina-camp-elbe.de

Keine weiteren Camps entlang der Strecke

Nachdem wir uns der geschichtsträchtigen Lutherstadt Wittenberg gewidmet haben, drehen wir eine Runde durch den noch recht jungen Naturpark Fläming. Der Name ist Programm: Wir rollen entspannt durch kleine Orte und ruhige Natur.

Von unserem Campingplatz erreichen wir in wenigen Minuten die Innenstadt von Wittenberg. Hier dreht sich alles um die Reformation, denn an der Tür der **Schlosskirche** mit ihrem 88 m hohen Turm soll Luther die wichtigen 95 Thesen angeschlagen haben, was die Kirchenwelt revolutionierte. In der **Ruhmes- und Gedächtnishalle der Reformation** ist ein Nachbau der **Thesentür** zu sehen. Das **Lutherhaus**, das eigentlich ein Kloster war, beherbergt das Reformationsgeschichtliche Museum mit der Lutherstube und eine Sammlung von Lutherschriften. In direkter Umgebung steht das **Melanchtonhaus**, wo an das Leben des engsten Verbündeten Luthers erinnert wird.

Tipp: Um etwas auszuruhen, steuern wir zwischendurch den **Volkspark Piesteritz** an. Eine „flatterhafte" Alternative ist die Tropenlandschaft „Alaris" mit einem **Schmetterlingspark**.

Zurück in der City besuchen wir den **Marktplatz** mit einem Denkmal von Luther und Melanchton. Rund herum gruppieren sich farbenfrohe Häuser und die **Stadtkirche St. Marien** gibt ein tolles Fotomotiv ab. In den Reigen der Fotomotive schiebt sich das **Rathaus** mit einer Ausstellung zur Christlichen Kunst.

Luther und Melanchton sehen sich tief in die Augen

Los geht's an unserem Campingplatz, den wir wieder über die Zufahrt und dann links über die Brücke verlassen. Dieses Mal hinter der Brücke links entlang des Dessauer Rings, vor dem Bahnhof rechts und über die Schienen. Wir folgen ab hier dem Europaradweg R1 durch die Altstadt von Wittenberg. Geradeaus über die B2 führt uns die Breitscheidstraße aus der Stadt hinaus. Weiter geradeaus auf der Weinbergstraße, es geht schon die ganze Zeit merklich bergauf. Wir folgen dem R1 bis Berkau, wo wir die Route verlassen und weiter auf der Straße „Berkau" geradeaus nach Kerzendorf weiterfahren. Auch hier steigt unsere Strecke an. Boßdorf, Lobbese und Marzahna liegen auf unserem Weg nach Kropstädt.

Wir sind im **Naturpark Fläming** unterwegs. Die rund 824 qkm große Fläche wurde erst 2005 unter Schutz gestellt, um eine bestmögliche Symbiose aus Naturschutz, Tourismus, aber auch Handwerk und Wirtschaft zu realisieren.

Unweit unseres Weges liegt **Schloss Kropstädt**, das 1865 fertiggestellt wurde. Nachdem das Anwesen in der DDR als Mütter- und Säuglingsheim und später als Hotel genutzt wurde, befindet es sich heute in privater Hand, so dass uns der Zutritt verwehrt bleibt.

Weiter geht´s von Kropstädt, das wir auf der Straße nach Wergzahna verlassen. Dort biegen wir rechts ab und rollen via Rahnsdorf, Zahna (ab hier folgen wir dem Radweg Berlin-Leipzig), Bülzig, und Labetz zurück nach Wittenberg. Hier steuern wir das Elbufer an, wo wir mit der Brücke den Fluss überqueren, um am anderen Ufer am Campingplatz unsere Radtour zu beenden.

In Zahna müssen wir einen Stopp einplanen, denn die Stadt hält nicht nur Einkehrmöglichkeiten, sondern auch einige Sehenswürdigkeiten für uns bereit. Wie z.B. das farbenfroh gestaltete **Stift Zum Heiligen Geist**, das als Hospital 1336 vom Herzog gegründet wurde. Nicht minder spannend anzusehen ist das **Rathaus**, das seit 1897 die Stadtmitte markiert. Das ehemalige Wohnhaus eines Flämingbauern beherbergt heute das **Bauernmuseum**, in dem landwirtschaftliche Geräte gezeigt werden.

Kartentipp:
ADFC-Regionalkarte Welterberegion Anhalt/Dessau/Wittenberg, 1:75.000, ISBN 978-3-87073-806-8, € 8,95
Digital für Smartphones und Tablets:
www.fahrrad-buecher-karten.de/rk-digital

77 Unglaublich viel zu sehen beiderseits der Elbe

Von **Wittenberg** über Dessau

CamperTouren Info

ca. 84 km ohne Abstecher, regionale Radweg-Beschilderung sowie teils Beschilderung als Elbe-Radweg. Keine größeren Steigungen. Die Route führt meist über separate Radwege, einige Passagen auf losem Untergrund.

Start / Ziel: MCE Marina-Camp Elbe, www.marina-camp-elbe.de

Auswahl weiterer Camps entlang der Strecke: Campingplatz Marina Coswig, Waldcamping Olympiasee

Selten gibt es auf einer Radtour so viel zu sehen, wir auf dieser Radrunde. Wir gleiten auf dem perfekten Elbe-Radweg und genießen Wörlitz und Luisium jeweils mit Schloss und Park. Zwischendurch tauchen wir in Dessau und Coswig tief in die Geschichte ein.

Unser Camp liegt auf wahrlich historischem Boden: Schon im 16. Jh wurde das Gelände am **Brückenkopf** militärisch genutzt. Nachdem 1990 die russischen Besatzer abgezogen waren, wurden viele Gebäude abgerissen, andere verfielen. Erst 2000 kauften private Investoren das Anwesen und sorgten mit viel Kraft und Finanzen dafür, dass ein **Hotel**, ein Campingplatz und eine Marina entstanden.

Los geht's an unserem Campingplatz, den wir über die Zufahrtsstraße und dann nach rechts verlassen. Auch hier sind wir direkt auf dem Elbe-Radweg, der nach wenigen Metern rechts abzweigt und uns nach Wörlitz bringt. Hier zweigen wir links ab und radeln via Horstdorf, Brandhorst, Oranienbaum und Pötnitz nach Dessau.

Die 112 ha großen **Wörlitzer Anlagen** sind einfach großartig: Seit 1764 gesellen sich rund um den Wörlitzer See die Bereiche **Schlossgarten**, Schochs Grab, Weidenheger, Neumarks Garten und Neue Anlagen. Erstklassige Parks mit klaren Strukturen und Blumenschmuck, dazu das dreigeschossige **Schloss**, die Synagoge, das Gotische Haus, die **St.-Petri-Kirche**, Haus Hamilton, das Pantheon oder der **Venustempel**. Hier verfliegt die Zeit im Nu.

Tipp: Die Streckenlänge und die vielen Sehenswürdigkeiten lassen die Überlegung reifen, die Tour in **zwei Teilen** zu radeln: An

Über 112 ha erstrecken sich die wunderbaren Wörlitzer Anlagen

einem Tag bis Dessau und mit der Bahn zurück nach Wittenberg, am anderen Tag mit der Bahn nach Dessau und auf in den zweiten Teil!

Kaum weitergeradelt, halten wir in Oranienbaum schon wieder an und widmen uns dem Ensemble aus Stadt, Schloss und Park. Eingebettet in den weitläufigen Garten sind das dreiflügelige **Schloss** und die 175 m lange **Orangerie**, im chinesischen Garten gibt es ein Teehaus und eine Pagode.

Dessau verbinden wir sofort mit dem **Bauhaus**, das 1996 von der UNESCO zum Weltkulturerbe erklärt wurde und 1919 die Keimzelle einer ganz besonderen Architektur wurde. Walter Gropius designte hier richtungsweisende Gebäude mit kubischen Formen und Glasfassade. In der Ebertallee wurde dazu ein **Museum** eingerichtet. Ebenfalls in Dessau steht ein **Technikmuseum**, welches die Flugzeugentwicklungen Hugo Junkers darstellt, der auch die „Ju52/3" konstruierte.

Im Stile der Neorenaissance wurde Dessaus **Rathaus** errichtet. Es bildet den Kern der Altstadt, wo wir historische Gebäude entdecken wie Schloss Georgium oder den Johannbau, der das Museum für Stadtgeschichte beherbergt.

Weiter geht´s von Dessau, das wir auf dem Elbe-Radweg am Wallwitzsee vorbei flussabwärts verlassen. Ganz in der Nähe unserer Route liegen Schloss Luisium und der Sieglitzer Park, ehe wir durch Vockerode nach Wörlitz gelangen. Hier folgen wir den Schildern des Elbe-Radwegs mit der Gierseilfähre über den Fluss hinweg nach Coswig und dann weiter flussabwärts nach Wittenberg. Nun nur noch über die Brücke und wir sind wieder am Camp.

Auf dem Rückweg sorgen **Schloss und Park Luisium** für einen Stopp. Fürst Franz schenkte einst seiner Gattin einen Teil des hiesigen Gartens zum Geburtstag. Ganz in der Nähe bekommen wir Kuschel-Gelüste auf dem **Alpakahof**.

Coswig begrüßt uns am anderen Elbufer mit seinem stolzen Schloss, aber auch das Rathaus, die Nikolaikirche und die alte Siedlung namens Unterfischerei müssen wir uns ansehen.

Kartentipp:
ADFC-Regionalkarte Welterberegion Anhalt/Dessau/Wittenberg,
1:75.000, ISBN 978-3-87073-806-8, € 8,95
Digital für Smartphones und Tablets:
www.fahrrad-buecher-karten.de/rk-digital

78 Von Schloss zu Schloss

Von **Lübbenau** über Lübben

CamperTouren Info

ca. 54 km ohne Abstecher, regionale Radweg-Beschilderung sowie teils Beschilderung als Gurken- bzw. als Spree-Radweg. Keine größeren Steigungen. Die Route führt meist über separate Radwege, einige Passagen auf losem Untergrund.

Start / Ziel: Spreewald-Natur-Camping „Am Schlosspark", www.spreewaldcamping-schloss.de

Auswahl weiterer Camps entlang der Strecke: Spreewald Caravan- und Wohnmobilpark Dammstraße, Spreewaldcamping Lübben, Camping „Am Mühlberg", Camping Am See Hindenberg, Wohnmobilstellplätze in Lübbenau und Lübben

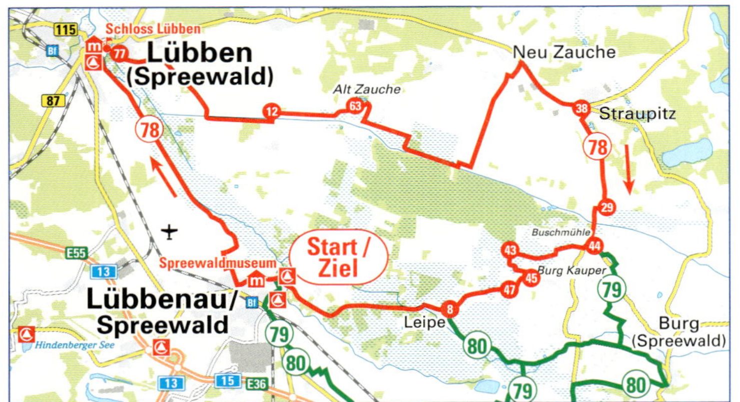

Auf unserer ersten Tour lernen wir gleich zwei der größeren Städte im Spreewald kennen. Dabei stellen wir fest, dass es sowohl in Lübbenau als auch in Lübben stattliche Schlösser und eine ganze Reihe weiterer Sehenswürdigkeiten zu entdecken gibt.

Spreewald-Natur-Camping Am Schlosspark: Der Name unseres Campingplatzes weckt hohe Erwartungen. Und die werden ganz bestimmt auch erfüllt, denn wir beziehen unser Domizil auf Zeit auf einer top gepflegten Anlage. Eine Lichtung im dichten Spreewald bietet Platz für die Stellplätze, die teils direkt am Wasser liegen.

Los geht's an unserem Campingplatz, den wir über die Zufahrt und rechts über die Straße „Schlossbezirk" verlassen, um dann in großer Richtung stets geradeaus (Ehm-Welk-Straße, Topfmarkt und Karl-Marx-Straße) durch die Innenstadt von Lübbenau zu rollen. Wir befinden uns hier auf dem Spree-Radweg, der uns mit mehrmaligem Abbiegen aus Lübbenau hinaus und auf schnurgerader Strecke nach Lübben hinein geleitet.

Lübbenau nennt sich gerne „Tor zum Spreewald" – und das passt auch bestens, denn mit rund 16.000 Einwohnern zählt die Stadt zu den größten in der Region, was für uns Gäste eine hervorragende Infrastruktur bedeutet: Beste Einkehr- und Shopping-Möglichkeiten, Unterkünfte aller Art und vor allem einen wunderbaren historischen Stadtkern.

Hier finden wir viele, bestens erhaltene **Fachwerkhäuser** und die unübersehbare **Sankt-Nikolai-Kirche**, deren Glocken 1917 eingeschmolzen wurden, um Kriegsgerät damit herzustellen.

Tipp: Im sogenannten **Torhaus** am Topfmarkt ist das **Spreewald-Museums** untergebracht. Hier erfahren wir mehr über diese

Eine Kahnfahrt gehört im Spreewald immer dazu

ganz besondere Region, aber auch über die sorbische Tradition und Sprache, die hier noch immer gelebt wird.

Bekannt ist Lübbenau auch für seinen großen **Spreewaldhafen**, von dem aus Kahnfahrten in die weitläufige Region angeboten werden. Die Kähne bestehen aus Holz und werden seit Jahrhunderten mit Holzstangen bewegt.

Die Kreisstadt Lübben wurde 1999 zum staatlich anerkannten Erholungsort geadelt. Den Erholungswert können wir hautnah erleben, wenn wir die Stadt erkunden, wie z.B. rund um **Schloss Lübben**, wo es sich vor prachtvollen Fassaden bestens speisen lässt. In dem Schloss ist heute das **Stadt- und Regionalmuseum** untergebracht. Auch auf die Kultur der sorbischen/wendischen Bewohnern der Region wird hier ausführlich eingegangen. Die Sorben bzw. Wenden sind eine Bevölkerungsgruppe, die seit langer Zeit in dieser Region lebt, ihre eigene Sprache pflegt und sogar eine eigene Flagge nutzt.

Weiter geht´s von Lübben, wo wir die Schlossinsel entlang der B87 (Knotenpunkte 81, 75) verlassen, rechts in den Mühlendamm einbiegen (Knoten 82), um dann geradeaus über den Punkt 77 auf der Friedrich-Ludwig-Jahn-Straße dem Gurken- bzw. Spree-Radweg zu folgen. Deren Schilder bringen uns durch Alt Zauche, Neu Zauche und Straupitz nach Buschmühle. Hier radeln wir nicht weiter nach Burg, sondern orientieren uns an den Gurken-Radweg-Schildern, die uns via Knotenpunkte 44, 42, 41, 43, 45, 47 und 8 nach Leipe und wieder zurück nach Lübbenau lotsen. In der Kurve des Leiper Wegs rechts, über die kleine Brücke und dahinter rechts. So gelangen wir wieder zurück zu unserem Camp.

Auch der Ort Burg-Kauper war lange Zeit nur auf dem Wasserweg zu erreichen. Bis heute ist das Bild einer **Streusiedlung** erhalten geblieben.

Kartentipp:
ADFC-Regionalkarte Spreewald/Berliner Seengebiet,
1:75.000, ISBN 978-3-96990-094-9, € 9,95
Digital für Smartphones und Tablets:
www.fahrrad-buecher-karten.de/rk-digital

79 Einmal Leinöl, bitte!

Von **Lübbenau** über Straupitz

CamperTouren Info

ca. 47 km ohne Abstecher, regionale Radweg-Beschilderung sowie teils Beschilderung als Gurken- bzw. als Spree-Radweg. Keine größeren Steigungen. Die Route führt meist über separate Radwege, einige Passagen auf losem Untergrund.

Start / Ziel: Spreewald-Natur-Camping „Am Schlosspark", www.spreewaldcamping-schloss.de

Auswahl weiterer Camps entlang der Strecke: Spreewald Caravan- und Wohnmobilpark Dammstraße, Wohnmobilstellplatz in Lübbenau

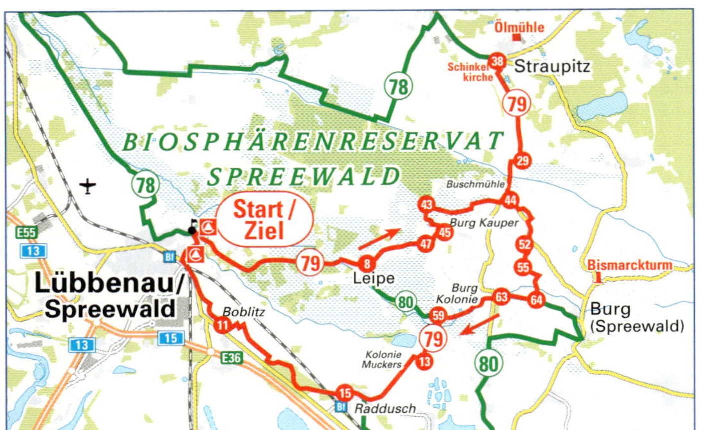

Durch das Biosphärenreservat Spreewald radeln wir auf dem bestens gekennzeichneten Gurken-Radweg. Der geleitet uns zuverlässig durch die teils urwüchsige Landschaft und durch schöne, kleine Ortschaften.

Wie der Name unseres Camps vermuten lässt, liegt **Schloss Lübbenau** auch nur einen kleinen Spaziergang weit entfernt. Die malerische **Innenstadt** mit ihrem bekannten Kahnhafen grenzt direkt an den Schlossbereich. Und auch der **Gurken- bzw. der Spree-Radweg** verlaufen direkt beim Camp, so dass die Orientierung leicht fällt.

Los geht's an unserem Campingplatz, den wir über die Zufahrt und rechts über die Straße „Schlossbezirk" verlassen. Nach wenigen Metern links und geradeaus über den kleinen Steg, dann links und geradeaus in den Leiper Weg. Die Schilder des Gurken-Radwegs führen uns über die Knotenpunkte 8, 47, 45, 43, 41, 42, 44, 29 und 38 durch Leipe, Burg-Kauper und Buschmühle nach Straupitz.

Wir sind im **Biosphärenreservat Spreewald** unterwegs, das eine Fläche von 475 qkm bedeckt. Feuchtwiesen, Niederungswälder und Ackerflächen werden von einem Labyrinth aus Wasserläufen durchzogen. Diese teils natürlichen, teils künstlich angelegten Fließe summieren sich auf eine unglaubliche Gesamtlänge von 1.575 km. Das sorgt für eine **einzigartige Artenvielfalt**, zu der auch seltene Vögel, Fische, Muscheln, Schnecken, Lurche und Libellen zählen. Mehr als Grund genug für die UNESCO, dieses Refugium unter Schutz zu stellen.

Tipp: Und was gehört noch auf das Pflichtprogramm? Natürlich von den köstlichen **Spreewald-Gurken** probieren, die es hier überall zu kaufen gibt! Die geschmacklichen Unterschiede sind wirklich bemerkenswert.

In der Straupitzer Mühle kaufen wir gesundes Leinöl

Der berühmte Architekt K.-F. Schinkel plante einst die imposante **Dorfkirche** von Straupitz. Die beiden Türme mit den quadratischen Grundrissen konnten wir schon von weitem erkennen.

Ebenso unübersehbar ist die etwas abseits des Ortskerns stehende **Holländer-Windmühle**. Bei einem spannenden Besuch im Innern können wir uns davon überzeugen, dass sie noch voll funktionsfähig ist. Dabei erkennen wir auch, dass es drei Mühlen in einer sind: Es wird Holz gesägt, Korn gemahlen und Öl hergestellt. Das bekömmliche Leinöl kommt mit in die Radtasche als Souvenir.

Weiter geht´s von Straupitz, das wir auf derselben Strecke verlassen, auf der wir herkamen. Hinter Buschmühle zweigen wir am Punkt 44 links ab und folgen den Schildern (Knoten 48, 49, 51, 52, 55, 64) Richtung Burg. Via Burg-Kolonie, Kolonie Muckers, Raddusch und Boblitz (Knoten 63, 58, 59, 62, 13, 14, 15, 11, 7) erreichen wir Lübbenau. Nun müssen wir nur noch den Schildern zum Schloss folgen, um zurück zu unserem Campingplatz zu gelangen.

Ein kurzer Abstecher führt uns in die Ortsmitte von Burg (Spreewald), dessen Gemeindegebiet schon in der Jungsteinzeit besiedelt war. Auch in der Bronzezeit lebten Menschen auf dem **Schlossberg**. Die folgende spätbronzezeitliche Wallburg war die größte und bedeutendste Burganlage der Lausitzer Kultur. Auch später gab es nur auf den höher gelegenen Stellen einige wenige Häuser, denn das Niedermoor war nur schwer zugänglich. Erst später wurde die Region urbar gemacht, die Siedler kamen und der heutige Ort wuchs heran. Der Schlossberg ist aber bis heute der markanteste Fleck im Ort, denn hier ragt der **Bismarckturm** in die Höhe. Wenn wir auf die 28 m hohe **Plattform** steigen, genießen wir einen unglaublichen Blick über den Spreewald. Ganz in der Nähe steht die **Arena Salix**, eine „Burg", die aus lebendigen Weiden gestaltet wurde.

Kartentipp:
ADFC-Regionalkarte Spreewald/Berliner Seengebiet, 1:75.000, ISBN 978-3-96990-094-9, € 9,95
Digital für Smartphones und Tablets:
www.fahrrad-buecher-karten.de/rk-digital

80 Fließe und Gurken

Von **Lübbenau** über Vetschau

CamperTouren Info

ca. 42 km ohne Abstecher, regionale Radweg-Beschilderung sowie teils Beschilderung als Gurken- bzw. als Spree-Radweg. Keine größeren Steigungen. Die Route führt meist über separate Radwege, einige Passagen auf losem Untergrund.

Start / Ziel: Spreewald-Natur-Camping „Am Schlosspark", www.spreewaldcamping-schloss.de

Auswahl weiterer Camps entlang der Strecke: Spreewald Caravan- und Wohnmobilpark Dammstraße, Camping im Spreewald „Zelten Am Ostgraben", Camping Am Mühlberg, Wohnmobilstellplätze in Lübbenau und Burg

Eine entspannte Tagestour führt uns entlang der gemütlichen Fließe und durch noch gemütlichere Dörfer. In jedem der Orte, die wir durchradeln, gibt es Historisches zu entdecken, Gurken zu kosten und Kähne zum Mitfahren.

Ein Spreewald-Urlaub ohne Bootstour? Das geht gar nicht! Da sich unser Camp in direkter Nachbarschaft zu einem der ganz großen Kahnhäfen befindet, bietet sich eine **Kahnfahrt** durch die **Fließe** an. Wer es lieber etwas individueller mag, mietet sich ein **Kanu** oder ein Stand-Up-Paddelboard und erkundet die Wasserwege auf eigene Faust.

Los geht's an unserem Campingplatz, den wir über die Zufahrt und rechts über die Straße „Schlossbezirk" verlassen. Nach wenigen Metern links und geradeaus über den kleinen Steg, dann links durch die Kurve des Leiper Wegs. Wir befinden uns hier auf dem Gurken-Radweg. Die lustigen Schilder führen uns durch Leipe, Burg-Kolonie, Burg (Spreewald), Naundorf und Suschow nach Vetschau (Knotenpunkte 8, 9, 59, 58, 63, 64, 66, 68, 71, 67, 61, 12, 27, 19).

Nur einen Steinwurf von unserem Campingplatz entfernt steht **Schloss Lübbenau**. Die strahlend weiß getünchte Anlage wurde 1839 fertiggestellt und 2015 um den Nordwestflügel erweitert.

Die Gebäude rund um das Schloss sind der älteste Teil von Lübbenau – einst stand an dieser Stelle eine Wasserburg, die um 1600 herum zu einem Renaissance-Schloss umgestaltet wurde. Das Hauptgebäude wird heute als Hotel genutzt und auch die Nebengebäude wie mehrere Fachwerkhäuser, **Orangerie** oder **Alte Kanzlei** sollten wir uns ansehen.

Tipp: An unserem Wegesrand liegt Lehde, ein **Inseldorf**, in dem die Zeit stehenge-

In Lehde wurde die Zeit eingefroren

blieben zu sein scheint. Ablagerungen von Schwemmsand bildeten einst kleine Inseln, die hier Kaupen genannt wurden. Und auf diesen Kaupen errichte man nach und nach verschiedene Gebäude. Diese typischen **Spreewaldhäuser** stehen komplett unter Denkmalschutz. Sie waren über viele Jahrhunderte nur auf den Fließen zu erreichen. Erst seit 1929 gibt es eine Verbindung auf dem Landweg.

Burg hat sich zu einem der Touristenzentren der Region entwickelt. Dazu trägt auch die **Spreewaldtherme** bei. Die Therme und ein Reha-Zentrum profitieren davon, dass dem Solewasser eine heilende Wirkung nachgewiesen und ein **Heilquellenbetrieb** eingerichtet wurde.

Familie Adebar gestattet uns per Kamera einen Einblick in ihr Familienleben. Dies und noch vieles mehr erleben wir im **Weißstorchzentrum**. Das befindet sich mitten in Vetschau, das uns auch mit historischen Fassaden empfängt. Zu denen gehören auch das 1540 erbaute **Stadtschloss** und die **Wendisch-Deutsche Doppelkirche**.

Weiter geht´s von Vetschau, das wir auf dem Gurken-Radweg verlassen, den wir kurz hinter den Bahnschienen nach links verlassen, um durch Göritz nach Raddusch zu radeln (Knoten 14). Den Ort verlassen wir beim Knoten 15 auf dem Groß-Lübbenauer Weg und rollen via Boblitz (Punkt 11) nach Lübbenau (Knoten 7). Hier folgen wir den Wegweisern zum Schloss, die uns auch zurück zum Campingplatz führen.

Auf unserem Weg zurück zum Camp kommen wir durch Raddusch, einem der ältesten und größten **Spreewalddörfer**. In der Region wurde einst Kohle im Tagebau gewonnen. Dabei wurde ein **slawischer Burgwall** sorgfältig ab- und dann an gleicher Stelle wieder aufgebaut. Hier erfahren wir mehr über die Ur- und Frühgeschichte der Niederlausitz.

Kartentipp:
ADFC-Regionalkarte Spreewald/Berliner Seengebiet,
1:75.000, ISBN 978-3-96990-094-9, € 9,95
Digital für Smartphones und Tablets:
www.fahrrad-buecher-karten.de/rk-digital

81 Natur von Menschenhand

Vom **Senftenberger See** nach Großräschen

CamperTouren Info

41 km, überwiegend auf separaten Radwegen, Radwegen neben der Straße sowie auf Nebenstraßen, keine größeren Steigungen, regionale Wegweisung

Start / Ziel: Komfortcamping Senftenberger See, www.senftenberger-see.de/de/komfortcamping.html

Auswahl weiterer Camps an der Strecke: Seecamping Geierswalde, Wohnmobilstellplatz Tätzschwitz, Wohnmobilstellplatz Großkoschen

Es soll einmal Europas größte künstliche Wasserlandschaft werden: Das Lausitzer Seenland. Die ehemaligen „Löcher" der Tagebaue, in denen einst Braunkohle gewonnen wurde, entwickeln sich zu einem tollen Urlaubs- und Radelrevier.

Wunderschöne, gepflegte Stellplätze in Nischen, die mit Büschen eingefasst sind, dazu beste Sanitäranlagen und nur ein paar Schritte bis ans Wasser: Camperherz, was begehrst Du mehr? All´ das finden wir auf dem **Komfortcamping Senftenberger See.** Zelte und Wohnmobile stehen am Hafencamp unter schattigen Bäumen, während sich die Kinder auf dem Abenteuerspielplatz oder am flachen Strand vergnügen. Wer das eigene Boot mitbringt, findet direkt am Camp Liegeplätze, und wer kein mobiles Zuhause dabei hat, übernachtet in Mietunterkünften.

Los geht´s an der Ausfahrt des Camps, von der wir über die Schwarze Elster rollen und dahinter gleich rechts abbiegen. Im Zick-zack geht es durch Senftenberg, ehe wir links in die Rostocker Straße abbiegen, die in die Wilhelm-Piek-Straße übergeht. Dann links parallel zur Klettwitzer Straße und hinter der B169 rechts, Linksbogen und wieder rechts in den kleinen Weg. Am Querweg rechts, die nächste links und in grober Richtung Norden gelangen wir nach Freienhufen, wo wir rechts fahren nach Klein-Räschen.

Wir sind direkt an der „Grenze" zwischen Nieder- und Oberlausitz unterwegs. Der kleine Ort mit dem interessanten Namen Freienhufen empfängt uns mit seiner strahlend weiß getünchten **Dorfkirche.** Das Innere ziert eine barocke Kanzel aus dem Jahre 1683.

Nicht minder schön ist die **Stadtkirche** von Großräschen, die sich am Marktplatz hinter dem Wasserspiel erhebt. Die **Internationale Bauausstellung Fürst-Pückler-Land** hat hier im Ort seinen Hauptsitz, wes-

Kanada? Nein, der Senftenberger See

halb Großräschen gerne als IBA-Hauptstadt bezeichnet wird. Sichtbar wird das am wuchtigen Gebäude und den IBA-Terrassen am See. Schön anzusehen ist auch der sogenannte Kurmärker Großräschen, mit dem Wettigs Hof daneben.

Die Stadt vollzieht eine herrliche Wandlung von einer Bergbau- zu einer touristischen Seestadt – eine **Marina** und eine **Seebrücke** gibt es auch schon. Sie liegt mitten im Lausitzer Seenland. Durch die Flutung der Tagebaue entsteht bis Ende der 2020er Jahre Europas größte künstliche Wasserlandschaft

Tipp: Wer Gefallen am Seenland gefunden hat, folgt den Ufern von **Partwitzer**, **Blunoer Süd-** und **Sabrodter See** und radelt weiter nach Spremberg mit seinem eindrucksvollen Historischen Stadtkern.

Weiter geht´s von Klein-Räschen noch ein Stückchen geradeaus, dann am Ufer des Großräschener Sees vorbei. Vor Sedlitz links und wir gelangen ans Ufer des Sedlitzer Sees, den wir im Uhrzeigersinn umrunden, um an Lieske und am Flugplatz Kleinkoschen vorbei in den gleichnamigen Ort zu kommen. Hier biegen wir am Ufer rechts ab und folgen dem Senftenberger See gegen den Uhrzeigersinn, bis wir wieder zurück im Camp sind.

Rund 1.300 ha Wasserfläche bedeckt der **Senftenberger See**, der damit einer der größten künstlich angelegten Seen in Deutschland ist. Früher hörte er auf den Namen Speicherbecken Niemtsch und entstand aus dem ehemaligen gleichnamigen Tagebau, der zwischen 1967 und 1972 geflutet wurde. Ein Teil des ehemaligen Abraums aus dem Tagebau wurde dazu genutzt, in der Mitte des Sees eine 250 ha große **Insel** aufzuschütten. Sie wurde 1981 zum Naturschutzgebiet erklärt.

Kartentipp:
ADFC-Regionalkarte Niederlausitz / Lausitzer Seen, 1:75.000,
ISBN 978-3-96990-024-6, € 9,95
Digital für Smartphones und Tablets:
www.fahrrad-buecher-karten.de/rk-digital

82 Kohle, Wind und Wasser an einem Themenweg

Vom **Senftenberger See** zur Abraumförderbrücke F60

CamperTouren Info

54 km, überwiegend auf separaten Radwegen, Radwegen neben der Straße sowie auf Nebenstraßen. Etwas hügelig, aber ohne größere Steigungen, regionale Wegweisung

Start / Ziel: Komfortcamping Senftenberger See, www.senftenberger-see.de/de/komfortcamping.html

Keine weiteren Camps entlang der Strecke

Wir sind auf Teilen der Kohle, Wind und Wasser-Tour unterwegs. Der Titel der Thementour leitet sich aus dem ab, was in der Region markant ist: Die ehemaligen Braunkohle-Tagebaue, die Seen in den gefluteten „Löchern" und die Windmühlen und -räder, die erneuerbare Energie nutzen.

Los geht´s an der Ausfahrt des Camps, von der wir wieder über die Schwarze Elster rollen und dahinter gleich rechts abbiegen. Im Zickzack geht es durch Senftenberg, ehe wir links neben die Rostocker Straße abbiegen, die in die Wilhelm-Piek-Straße übergeht. Dann links an die Klettwitzer Straße und hinter der B169 weiter schräg links entlang dieser Landstraße. Nachdem wir die A13 gequert haben, biegen wir links auf die Schillerstraße durch Schipkau. Am Ortsende rechts-links in die Kostebrauer Straße, die leider keinen durchgängigen Radweg aufweist. Dafür führt sie uns in großem Bogen um das ehemalige Tagebaugebiet, vorbei an Kostebrau nach Lichterfeld.

Senftenberg hat sich zu einem beliebten Urlaubs- und Ausflugsziel entwickelt. Die Lage ist aber auch toll: Direkt am Ufer des gleichnamigen Sees gelegen, gibt es inzwischen einen schmucken Stadthafen und in der Umgebung jede Menge **Strandfeeling**. Das Stadtzentrum wird vom **Marktplatz** markiert, um den herum sich eine sehenswerte **Altstadt** gruppiert. Hier steht auch das außergewöhnliche **Rathaus**: Der alte Teil von 1929 hat ein sehr steiles Dach mit 72,9° Gefälle. Seit dem Jahr 1999 schmiegt sich ein Anbau daran, der so gut gelang, dass er mit einem Architekturpreis ausgezeichnet wurde. Eines der schönsten Gebäude der Stadt ist die **Adler-Apotheke** mit einer üppig verzierten Fassade.

Von der Altstadt aus Richtung See liegen Reste der alten Festungsanlage und die ehemalige **Lehragksmühle**. Diese stand einst außerhalb der Stadt Richtung Schipkau. An dieser Stelle hier befand sich einst die Senftenberger Amts- oder Schlossmühle, die am ehemaligen Schlossteich lag. Die Mühle arbeitete zeitweise mit bis zu zehn Wasserrädern.

Lang belagert, aber nie gestürmt: Schloss Sallgast

Entspannung bieten nicht nur der See, sondern auch der grün gestaltete Neumarkt, der **Schlosspark** und die **Gartenstadt Marga** in der Nähe unseres Radwegs, die zudem noch gut erhaltene Bergarbeiter-Häuser präsentiert.

In der Nähe unserer Radrunde können wir eindrucksvolle Weitblicke genießen: Den Aussichtsturm bei Hörlitz und am **Aussichtspunkt Kostebrau**.

Nach einigen Radel-Kilometern bekommen wir im „**Besucherbergwerk Abraumförderbrücke F60**" (in Lichterfeld-Schacksdorf) einen guten Eindruck davon vermittelt, wie es möglich war, hier die Landschaft „von links nach rechts zu krempeln": Die F60 war bis 1992 im Braunkohletagebau aktiv und wird aufgrund der riesigen Dimensionen gerne „liegender Eifelturm der Lausitz" genannt.

Tipp: Ein kleiner Abstecher führt uns in die Sängerstadt Finsterwalde mit seinem **Schloss** und einigen schönen alten Häusern sowie dem **Rathaus** am Markt. Der 54 m hohe eckige **Wasserturm** ist weithin sichtbar.

Weiter geht´s von Lichterfeld via Klingmühl, Sallgast, Henriette, Annahütte, Herrnmühle, Klettwitz zu den ersten Häusern von Schipkau. Von hier radeln wir auf derselben Strecke, auf der wir herkamen, zurück zum Camp.

Toll anzusehen ist das weiß getünchte **Schloss Sallgast** mit seinem Treppengiebel und dem Turm. Es ging aus der Wasserburg Zuschak hervor, die im 12. Jh erbaut und im 30jährigen Krieg belagert, aber nicht eingenommen wurde.

Kartentipp:
ADFC-Regionalkarte Niederlausitz / Lausitzer Seen, 1:75.000, ISBN 978-3-96990-024-6, € 9,95
Digital für Smartphones und Tablets:
www.fahrrad-buecher-karten.de/rk-digital

83 Die Kutscher von Cottbus

Vom **Senftenberger See** nach Cottbus

CamperTouren Info

47 km, überwiegend auf separaten Radwegen, Radwegen neben der Straße sowie auf Nebenstraßen. Etwas hügelig, aber ohne größere Steigungen, regionale Wegweisung

Start / Ziel: Komfortcamping Senftenberger See, www.senftenberger-see.de/de/komfortcamping.html

Auswahl weiterer Camps an der Strecke: Spree-Camp, Caravanstellplatz Spreeauenpark

Dieses Mal sind wir in grober Richtung Norden unterwegs im Lausitzer Seenland. Nachdem wir weitere Gewässer umrundet haben, rollen wir geradewegs in die zweitgrößte Stadt Brandenburgs. Und das lohnt sich, denn in Cottbus gibt es viel zu erleben!

Los geht´s an der Ausfahrt des Camps, von der wir rechts noch vor der Schwarzen Elster abbiegen und dem Ufer des Sees folgen. Später biegen wir links ab, radeln durch den Schlosspark und durch die Innenstadt von Senftenberg, die wir über Bahnhof- und rechts Laugkstraße verlassen. So kommen wir vorbei am Sedlitzer See zum gleichnamigen Ort. Über die Schienen zum Großräschener, dann wieder zurück zum Sedlitzer See. In Lieske links und via Welzow Neupetershain und Raakow nach Drebkau.

Ein „neues" Wahrzeichen der Region steht an der Einmündung des Sornoer Kanals in den Sedlitzer See: Der 30 m hohe sogenannte **Rostige Nagel** ist ein aus Stahl gefertigter Aussichtsturm. Wer die 162 Stufen erklommen hat, genießt einen phänomenalen Blick über das **Lausitzer Seenland**.

Toll anzusehen ist die farbenfrohe evangelische **Kirche** von Welzow. Sie sticht heraus aus den vielen anderen Bauten, die in der Stadt meist aus Backstein errichtet wurden. Dass dies auch schön aussehen kann, belegen das Rathaus und das Feuerwehrhaus.

Auf unserer Radtour entdecken wir immer wieder schwer auszusprechende Ortsnamen. Es sind die Übersetzungen der Orte, die wir durchfahren, ins Sorbische. Hier in der Region wird die sorbische Tradition noch vielerorts intensiv gelebt. Auch in Drebkau versuchen

Farbenfroh präsentiert sich Schloss Branitz

wir, den komplizierten sorbischen Ortsnamen auszusprechen. Da dies aussichtslos erscheint, widmen wir uns dem **Rathaus** mit seinem interessanten Turm und der Kirche.

Weiter geht´s von Drebkau vorbei an Schorbus, Klein Oßnig und Klein Gaglow, ins Herz von Cottbus, wo unsere Tour am Bahnhof endet. Von hier bringt uns die Bahn in etwa einer halben Stunde nach Senftenberg. Vom Bahnhof sind es dann nur noch ein paar Minuten mit dem Rad zurück zum Camp.

Tipp: Bei Cottbus haben wir Anschluss an einen der schönsten Themenradwege des Landes: Der **Gurkenradweg** ist nicht nur mit den putzigen Schildern einer radelnden Gurke perfekt gekennzeichnet. Er führt auch durch die urwaldartige Landschaft des **Spreewaldes** mit seinen gelebten Traditionen.

Nachdem wir in Schorbus erstaunt sind über die Größe der **Dorfkirche**, bereiten wir uns vor auf die Großstadt. Nachdem wir uns durch die Vororte in die City gequält haben, werden wir entschädigt vom herrlichen **Altmarkt**. Wunderschöne historische Gebäude gruppieren sich rund um den Platz, auf dem wir dann in einem der Biergärten oder Cafés dafür sorgen können, dass die Kalorienhaushalte wieder aufgefüllt werden. Auf die Szenerie blickt die **Oberkirche St. Nikolai** herunter. Wer sich bilden mag, besucht das Apotheken- oder das Wendische Museum. Auf dem Pflichtprogramm steht aber der Besuch des **Branitzer Parks**. Dies ist das Meisterwerk von Hermann Fürst von Pückler-Muskau, der hier seine grünen Träume realisierte. Im Park stehen auch zwei **Pyramiden**. In der Seepyramide ist die letzte Ruhestätte des Fürsten und seiner Frau Lucie.

Kartentipp:
ADFC-Regionalkarte Niederlausitz / Lausitzer Seen, 1:75.000,
ISBN 978-3-96990-024-6, € 9,95
Digital für Smartphones und Tablets:
www.fahrrad-buecher-karten.de/rk-digital

84 Mit der Unstrut zur Kur- und Rosenstadt

Von **Mühlhausen** nach Bad Langensalza

CamperTouren Info

ca. 30 + 4 km ohne Abstecher, regionale Radweg-Beschilderung sowie teils Beschilderung als Unstrut-Radweg bzw. als Unstrut-Werra-Radweg. Einige Hügel, aber keine größeren Steigungen. Die Route führt meist über separate Radwege, einige Passagen auf losem Untergrund.

Start / Ziel: Campingplatz am Schwanenteich, www.campingplatz-am-schwanenteich.de

Auswahl weiterer Camps entlang der Strecke: Wohnmobilstellplätze in Mühlhausen und Bad Langensalza

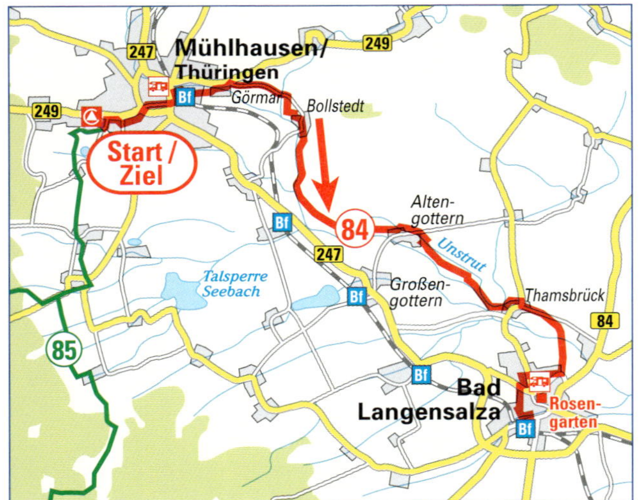

Los geht's an unserem Campingplatz, den wir nach links über die Poppenröder Gasse verlassen, um kurz darauf rechts in die Schwanenteichallee einzubiegen. Wir befinden uns hier auf dem Unstrut-Werra-Radweg, dessen Schilder uns zielsicher durch Mühlhausen und am Bahnhof vorbei leiten. Dann gesellen sich auch noch die Schilder des Unstrut-Radweges dazu. Auf etwas hügeligen Wegen radeln wir durch Görmar und Bollstedt nach Altengottern.

Der Unstrut-Radweg geleitet uns auf guten, etwas welligen Wegen in die blühende Kurstadt Bad Langensalza. Direkt zu Beginn der Tour werden wir von der herrlichen Altstadt Mühlhausens verzaubert.

Direkt vor den Toren der schönen Stadt Mühlhausen finden wir unseren „**Campingplatz am Schwanenteich**". Das klingt genau so idyllisch, wie es ist: Unser mobiles Heim findet einen Stellplatz auf einer sattgrünen Wiese im Schatten hoher Bäume. Und der Schwanenteich ist meist nur einen Steinwurf von unserer Parzelle entfernt – herrlich!

Mühlhausen empfängt uns mit einer perfekt erhaltenen **Stadtmauer**. Auch der **Wehrgang** des Mauerrings ist noch vorhanden. Stilecht gelangen wir durch das **Äußere und Innere Frauentor** in die Altstadt, in der die Zeit stehengeblieben zu sein scheint. Wir staunen über das **Rathaus** mit dem Reichsstädtischen Archiv, das **Poppenröder Brunnenhaus**, den Peterhof, den **Rabenturm** und natürlich die **Kirche St. Marien**, das zweitgrößte Gotteshaus Thüringens. Auch die Divi-Blasi-Kirche und die Petrikirche dürfen wir bei der Runde durch die Stadt nicht vergessen.

Auf unserer Tour folgen wir dem Verlauf der **Unstrut**, die bei Kefferhausen ihren

Damals wie heute stark bewehrt: Mühlhausen

Ursprung hat und nach 192 km den wasserreichsten Zufluss der Saale bildet. An unserem Wegesrand schöne Ortschaften wie Görmar, dessen Ortskern gesäumt wird von historischen **Fachwerkhäusern**. Auch **Schloss Altengottern** lohnt einen Blick – in dem prachtvollen Anwesen ist heute eine gemeinnützige Einrichtung untergebracht.

Stille Winkel in Bad Langensalza

Bad Langensalza erhielt seinen Titel für die sieben Schwefelquellen am Ort. Das Schwefel-Sole-Wasser des **Heilbades** kuriert eine ganze Reihe von Krankheiten.

Tipp: Eine echte Farbexplosion ist der **Rosengarten**. Etwa 450 Rosenarten erblühen hier auf einer Fläche von 18.000 qm, was auch den Beinamen „Rosenstadt" mehr als rechtfertigt. Die Fläche wurde einst als Fabrikgelände genutzt. Wer nicht genug von der Natur bekommt, besucht auch den Schlösschenpark, den **Japanischen Garten** und das Arboretum.

Weiter geht´s auf dem Unstrut-Radweg von Altengottern nach Thamsbrück. Hier schnaufen wir nochmals etwas durch, denn es gibt nun drei kleine Anstiege zu verkraften, bis wir die Innenstadt von Bad Langensalza erreichen. Hier steuern wir den Bahnhof an und fahren mit dem Zug zurück nach Mühlhausen. Dort angekommen, folgen wir für rund 4 km den Wegweisern des Unstrut-Werra-Radwegs auf etwas ansteigender Strecke durch die Stadt, biegen später links in die Popperröder Gasse ein und erreichen wieder unseren Campingplatz.

Auch Bad Langensalza hat eine gut erhaltene **Stadtmauer**, hinter der sich eine abwechslungsreiche und farbenfrohe **Altstadt** verbirgt. Hier finden wir die Marktkirche, das Rathaus, die Bergkirche und einige prachtvolle **Fachwerkhäuser** an.

Kartentipp:
ADFC-Regionalkarte Erfurt u. Umgebung,
1:75.000, ISBN 978-3-87073-839-6, € 8,95
Digital für Smartphones und Tablets:
www.fahrrad-buecher-karten.de/rk-digital

85 Ob wir eine Wildkatze entdecken?

Von **Mühlhausen** über Mihla

CamperTouren Info

ca. 63 km ohne Abstecher, regionale Radweg-Beschilderung sowie teils Beschilderung als Unstrut-Werra- bzw. Lahntal-Radweg. Zwei kräftige Steigungen, die eine gewisse Kondition oder ein E-Bike erfordern. Die Route führt meist über separate Radwege, einige Passagen auf losem Untergrund.

Start / Ziel: Campingplatz am Schwanenteich, www.campingplatz-am-schwanenteich.de

Auswahl weiterer Camps entlang der Strecke: Campingplatz Palumpa-Land, Naturcampingplatz Ebenshausen, Campingplatz am Urwald-Life-Camp, Wohnmobilstellplatz in Mühlhausen

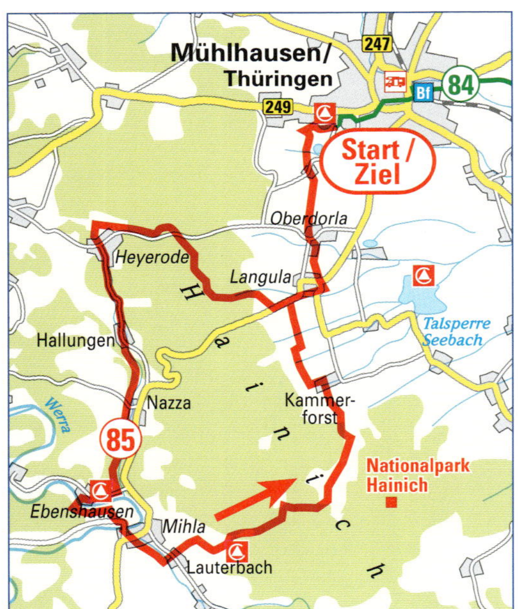

Zugegeben: Die Chance, eine der scheuen Wildkatzen zu entdecken, ist recht gering. Vielleicht unsichtbar, aber doch in unserer Nähe sind sie aber bestimmt, wenn wir auf hügeliger Strecke durch den herrlichen Naturpark Eichsfeld-Hainich-Werratal radeln.

Na, hoffentlich passt das Wetter bei unserem Aufenthalt in Mühlhausen, denn direkt neben unserem Camp erwartet uns das moderne **Freibad** mit mehr als 1.100 qm Wasserfläche. 500 qm Solarmatten sorgen dafür, das Wasser zu erwärmen. Wenn das Wetter doch mal streikt, besuchen wir die nicht weit entfernte **Thüringentherme** mit ihrer Saunalandschaft.

Los geht's an unserem Campingplatz, den wir nach rechts über die Poppenröder Gasse verlassen. An der Kreuzung links und sofort wieder links in den Thomasteichweg. Wir folgen den Schildern des Unstrut-Werra-Radwegs durch Oberdorla nach Langula, wo wir am Ortsende die Freiwillige Feuerwehr rechts liegen lassen, nach 1 km rechts abzweigen und die erste, deutliche Steigung zu verkraften haben. In Heyerode haben wir den Berg geschafft und wir rollen bergab via Hallungen, Nazza und Ebenshausen nach Mihla.

In Heyerode begeistert uns das aus Bruchstein und Fachwerk gefertigte **Bahnhofsgebäude**, bevor wir auf dem weiteren Weg an der Unter- bzw. der **Obermühle** vorbeikommen. Schon 1548 gab es eine Mühle an dieser Stelle. In Nazza angekommen, können wir, genau wie in vielen anderen Orten auf unserer Rundfahrt, bestens erhaltene **Fachwerkhäuser** bestaunen, während uns von oben aus dem Berg die Ruine von **Burg Haineck** zuwinkt.

Der kleine Ort Mihla hat mit dem **Grauen Schloss** und dem **Roten Schloss** gleich zwei exquisite Sehenswürdigkeiten aus

Der Baumkronenpfad ist nichts für Menschen mit Höhenangst

dem 16. Jh zu bieten. Letzteres ist ein echter Fachwerk-Traum!

Weiter geht´s von Mihla, das wir auf der Schul-, später Ziegeleistraße verlassen. Nach wenigen Minuten in Lauterbach links in die Neue Straße, rechts in die Hauptstraße, links in die Bergstraße und direkt wieder links in die Harsbergstraße (später Hohe Straße). Nun geht es steil bergauf. Wir treffen im Wald auf den Rennstieg und die Steigung haben wir gemeistert. Hier rechts, wenig später in der Rechtskurve links und wenig später nochmals links. Nun rollen wir bergab, wählen bei dem sich teilenden Weg den linken und gelangen nach Kammerforst. Durch Langula und Oberdorla kommen wir wieder nach Mühlhausen, wo wir rechts in die Poppenröder Gasse einbiegen, um unsere Tour am Campingplatz zu beenden.

Wir radeln durch den 75 qkm großen **Nationalpark Hainich**. Die Flora und Fauna ist hier so besonders, dass der Hainich auch in das **UNESCO-Weltnaturerbe Buchenurwälder und Alte Buchenwälder** aufgenommen sowie von der European Wilderness Society zum **WILDForrest-Gebiet** erklärt wurde.

Das bietet Raum für viele seltene Käfer und Vögel, aber auch für **Fledermäuse**, die hier in 15 unterschiedlichen Arten vorkommen. Die berühmtesten, wenngleich meist „unsichtbaren" Bewohner des Hainichs sind die **Europäischen Wildkatzen**. Die bis zu 7,3 kg schweren Katzen sind deutlich kräftiger als die uns umgebenden Stubentiger. Da die Wildkatze unter Schutz gestellt wurde, können sich die Bestände europaweit wieder erholen, so dass sich auch hier im Hainich immer mehr dieser eleganten Tiere heimisch fühlen.

Kartentipp:
ADFC-Regionalkarte Erfurt u. Umgebung,
1:75.000, ISBN 978-3-87073-839-6, € 8,95
Digital für Smartphones und Tablets:
www.fahrrad-buecher-karten.de/rk-digital

86 Highlight-Runde

Von **Melchendorf** in die Erfurter Innenstadt

CamperTouren Info

10 km, überwiegend auf Radwegen neben der Straße sowie auf Nebenstraßen, auf der Rückfahrt eine langgezogene, aber nicht allzu anstrengende Steigung, regionale Wegweisung

Start / Ziel: Wohnmobilpark „Trautmann“ in Erfurt-Melchendorf, www.caravan-erfurt.de

Auswahl weiterer Camps an der Strecke: Caravanstellplatz Am Kleinen Ring, Caravanstellplatz an der Eichenstraße (je 3 bzw. 4 Stellplätze)

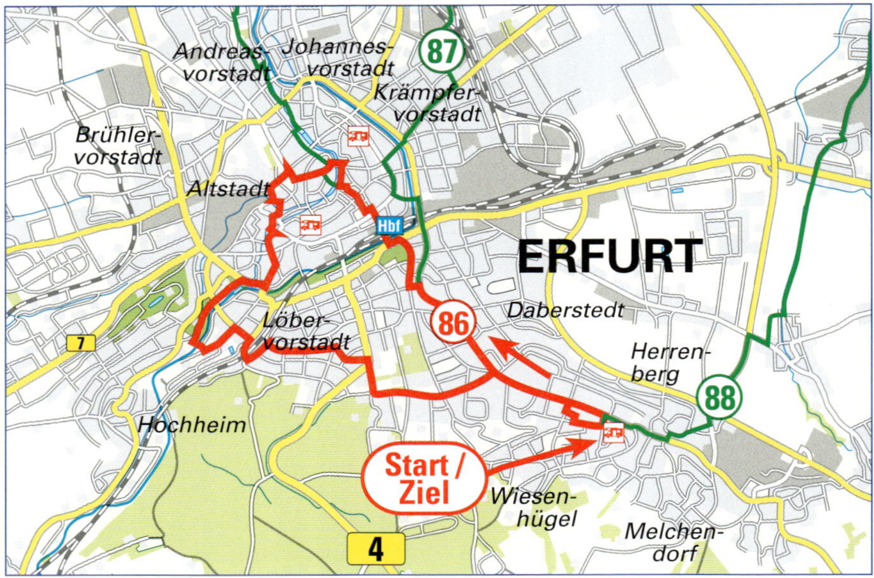

Erfurt ist nicht nur die Landeshauptstadt von Thüringen, sondern auch ohne Frage eine der schönsten Städte Deutschlands.

Zum „Warmradeln“ rollen wir von unserem Wohnmobilpark im Ortsteil Melchendorf ganz entspannt hinunter in die Innenstadt. Nachdem wir die Sehenswürdigkeiten ausgiebig genossen haben, kehren wir in einem kleinen Bogen zurück zum Camp.

Los geht´s an der Ausfahrt des Camps, von der wir links und sofort wieder rechts abbiegen. Dann rechts in den Muldenweg und über die breite Kranichfelder Straße mitsamt Straßenbahnschienen hinweg. Auf der anderen Straßenseite links auf den Radweg Richtung Innenstadt. Wir bleiben in Hauptrichtung auf Am Schwemmbach und Clara-Zetkin-Straße. Rund 2,6 km nach dem Tourstart biegen wir links ab in die Friedrich-List- dann rechts in die Windhorststraße. Diese bringt uns am Stadtpark vorbei zum Ufer des Gera-Flutgrabens, den wir mit der Brücke etwas links versetzt überqueren. Wir queren den Bahnhof, radeln über die Bahnhofstraße und bleiben in gro-

Fest in der Hand der Kirche: Die Erfuter Innenstadt

ber Richtung immer geradeaus, so dass wir zur Krämerbrücke gelangen.

Eine schmucke breite Treppe mit Wasserspielen am anderen Ende führt in den **Erfurter Stadtpark**. Das 6,5 ha große Areal wurde 1908 an der Stelle angelegt, an der sich einst ein Teil der Stadtbefestigung befand.

Im Jahre 1117 wurde erstmals eine Brücke über die Gera erwähnt. Heute empfängt uns hier die phantastische **Krämerbrücke**, die das älteste profane Bauwerk Erfurts ist und eines der Wahrzeichen der Stadt darstellt. Die beidseitige, geschlossene Bebauung mit Fachwerkhäusern macht sie einzigartig. Wir passieren auf ihr den sogenannten Breitstrom, womit die Gera gemeint ist, und gelangen zur Altstadt mit dem großartigen 81,26 m hohen **Erfurter Dom**. In schwindelerregender Höhe klingt die Gloriosa. Sie ist die größte freischwingende, aus dem Mittelalter stammende Glocke der Welt. Direkt neben dem Dom erhebt sich die katholische Severikirche mit ihren drei charakteristischen spitzen Türmen.

Es ist schwer, sich von diesem einmaligen Ensemble auf dem Domberg zu lösen – doch direkt dahinter lockt gleich die nächste Sehenswürdigkeit: Die **Zitadelle Petersberg** ist eine der größten und besterhaltenen Festungsanlagen Europas. Erzbischof Johann Philipp von Schönborn gab sie 1665 in Auftrag. Die Baumeister schufen seinerzeit eine imposante Anlage im neuitalienischen Stil, die bis heute begeistert.

86

Geschützt durch die Zitadelle…

Tipp: Wer genügend Zeit hat, sollte einen Besuch im **Thüringer Zoopark Erfurt** einplanen, denn schließlich ist er mit 63 ha der flächenmäßig drittgrößte Zoo Deutschlands. 1959 gegründet, bietet er 326 Tierarten eine geschützte Heimat.

…grasen weiter unten die Yaks im Zoo

Weiter geht´s von der Krämerbrücke, auf der wir das Ufer der Gera wechseln. Auf der anderen Seite geradeaus über Fischmarkt und Markstraße zum Domplatz. Hier links, dann am Dom vorbei und dort links „An den Graden". Links Fischersand, rechts „Lange Brücke", Eichenstraße und geradeaus über den Juri-Gagarin-Ring hinweg. Unser Radweg verläuft parallel zur Löberstraße, quert Bahnhof, Flutgraben sowie Kaffeetrichter und geht in die Arnstädter Straße über. Es geht etwas bergauf, an der Thüringenhalle links in die Werner-Seelenbinder-Straße und am Ende der Steigung rechts in die Kranichfelder Straße. Von dieser müssen wir nur noch einmal rechts abbiegen, um zurück zum Camp zu gelangen.

Direkt an die Altstadt schließt sich der 1,5 ha umfassende **Brühler Garten** an, der inzwischen unter Denkmalschutz steht. Noch etwas weiter liegt rechterhand von unserer Strecke der **Egapark** mit der **Zitadelle Cyriaksburg**,

... während uns die Krämerbrücke ins Mittelalter entführt

dem Waldpark und dem Waldlehrpfad. Der Name Egapark ist die Kurzfassung für die Erfurter Gartenbauausstellung, die 1961 hier ausgerichtet wurde. Auf dem anderen Ufer kommen wir über den **„Kaffeetrichter“**. Dieser verkehrstechnisch wichtige Straßenplatz erhielt seinen Namen von einem Café, das ein Herr Trichter einst hier betrieb.

Kartentipp:
ADFC-Regionalkarte Erfurt und Umgebung, 1:75.000,
ISBN 978-3-87073-839-6, € 8,95
Digital für Smartphones und Tablets:
www.fahrrad-buecher-karten.de/rk-digital

87 Erfurter Seentour

Vom **Erfurt** nach Ringleben

CamperTouren Info

50 km, überwiegend auf Radwegen neben der Straße sowie auf Nebenstraßen. Auf der Rückfahrt eine langgezogene, aber nicht allzu anstrengende Steigung. Regionale Wegweisung

Start / Ziel: Wohnmobilpark „Trautmann" in Erfurt-Melchendorf, www.caravan-erfurt.de

Auswahl weiterer Camps an der Strecke: Caravanstellplatz Am Kleinen Ring, Caravanstellplatz am Eichenstraße (je 3 bzw. 4 Stellplätze), Campingplatz Erfurt am See

Auf dieser Tour erleben wir Erfurt mit allen Sinnen: Wir rollen wieder durch die Innenstadt und können uns nochmals an den Sehenswürdigkeiten erfreuen. Dann geht es hinaus ins Grüne. Eine große Anzahl von Seen liegt am Wegesrand und bietet uns immer wieder die Möglichkeit, ins Wasser zu springen.

Bis zu 20 Wohnmobile bzw. Gespanne kommen auf dem **Wohnmobilpark Trautmann** unter, der durch seine gute Lage besticht: Er ist zentrumsnah und doch außerhalb der Umweltzone, was vor allem Fahrer älterer Fahrzeuge entgegenkommt. Sanitäranlagen sind vorhanden, ebenso alle erforderlichen Ver- und Entsorgungsmöglichkeiten. Besonders schön ist das gärtnerisch gestaltete „Drumherum", das mit seinem blühenden Grün dem Beinamen „Park" alle Ehre bereitet.

Los geht´s an der Ausfahrt des Camps, von der wir wie bei der Tour zuvor links und sofort wieder rechts abbiegen. Dann rechts in den Muldenweg und über die breite Kranichfelder Straße mitsamt Straßenbahnschienen hinweg. Auf der anderen Straßenseite links auf den Radweg Richtung Innenstadt. Wir bleiben in Hauptrichtung auf Am Schwemmbach und Clara-Zetkin-Straße. Rund 2,6 km nach dem Tourstart biegen wir links ab in die Friedrich-List- dann rechts in die Windhorststraße. Diese bringt uns am Stadtpark vorbei zum Ufer des Gera-Flutgrabens, den wir mit der Brücke etwas links versetzt überqueren. Wir queren den Bahnhof, radeln über die Bahnhofstraße fahren hinter dem Juri-Gagarin-Ring links (Augustmauer) und die nächste rechts in die Mühlgasse (später schräg rechts Borngasse), bis wir auf die Schlösserstraße treffen und links abbiegen können. Dann rechts in den Fischmarkt und links in die Michaelisstraße. Auf dieser bleiben wir eine ganze Zeit und folgen

Einer von vielen Seen auf unserer Tour: Der Alpstedter See

ihr durch den kleinen Links-Schlenker. Später geht sie in die Moritzstraße über, bevor wir rechts in die Straße „Venedig" abzweigen und die Gera überqueren. Hinter der Brücke rechts und dann auf den nächsten Kilometern immer in Ufernähe. So kommen wir raus aus der Stadt, passieren Gispersleben, Kühnhausen, Elxleben, Walschleben und gelangen nach Ringleben, wo wir rechts abbiegen.

DAS Venedig liegt im Norden der Andreasvorstadt und bekam seinen Namen durch die vielen Inseln, die hier von der Gera umschlungen werden. So rollen wir durch eine parkähnliche Landschaft, dien einst von vielen **Mühlen** geprägt war.

Deutlich größer, nämlich 9 ha groß, ist der **Nordpark**. Er war mit seinen großen Grünflächen von Beginn an als Volkspark konzipiert. Rund um den nahegelegenen **Berliner Platz** gibt es eine Fußgängerzone mit Statuen, aber auch die in der DDR weit verbreiteten Plattenbauten. Dasselbe gilt auch für den Moskauer Platz, der sich fast anschließt.

Kurz bevor die Gera das Stadtgebiet von Erfurt verlässt, fließt sie am 100 m langen und 15 m hohen **Naturdenkmal Rote Wand** vorbei. In dem rötlichen Schilfsandstein lässt sich in die Erdgeschichte „eintauchen".

Tipp: Wer vom Radeln müde geworden ist, kann in Ringleben-Gebesee in die **Bahn** steigen und sich bequem nach Erfurt zurück gondeln lassen.

Weiter geht´s von Ringleben, nach Haßleben, wo wir rechts abbiegen. Durch Riethnordhausen und Nöda kommen wir zum Alperstedter See. Von hier radeln wir via Stotternheim und Hohenwinden wieder zurück nach Erfurt. Am Henry-Pels-Platz links in die Hugo-John-Straße, dann links Salzstraße und rechts Innsbrucker Weg und wir sind am Nordstrand. Von hier etwas an den Bahnschienen entlang, dann rechts Heckersteig, links Greifswalder, rechts Leipziger Straße, Leipziger Platz, Krämpferbrücke, links Juri-Gagrin-Ring, links Trommsdorffstraße, über den Flutgraben und weiter rechts am Fluss entlang unter den Bahnschienen durch, hoch zur Clara-Zetkin-Straße und weiter geradeaus. Auf dieser Straße radeln wir auf demselben Weg wieder zurück zum Camp, den wir herkamen.

Die Rückfahrt wird sehr abwechslungsreich: Nacheinander passieren wir verschiedene Seen, darunter **Alperstedter See**, Ringsee, Klingesee, Luthersee und Stotternheimer See. In einigen der Seen können wir uns abkühlen, am **Nordstrand** gibt es sogar eine **Wasserski-Anlage** an der Halbinsel. Wer nicht selber auf die Kufen steigen mag, vergnügt sich am Badestrand.

Kartentipp:
ADFC-Regionalkarte Erfurt und Umgebung, 1:75.000,
ISBN 978-3-87073-839-6, € 8,95
Digital für Smartphones und Tablets:
www.fahrrad-buecher-karten.de/rk-digital

88 Goethe, Schiller und andere kulturelle Genüsse

Von **Erfurt** nach Weimar

CamperTouren Info

26 km, überwiegend auf separaten Radwegen, Radwegen neben der Straße sowie auf Nebenstraßen. Etwas hügelige Tour mit mehreren kleinen Steigungen. Regionale Wegweisung sowie Beschilderung der Thüringer Städtekette.

Start / Ziel: Wohnmobilpark „Trautmann" in Erfurt-Melchendorf, www.caravan-erfurt.de

Auswahl weiterer Camps an der Strecke: Wohnmobilstellplatz Herrmann-Brill-Platz in Weimar

Kultur pur erwartet uns am Ende unserer Tour: Kaum eine Stadt Deutschlands kann auf eine solch glorreiche Historie zurückblicken wie Weimar.

Nachdem wir uns ausgiebig den berühmten Figuren und der herrlichen Altstadt gewidmet haben, lassen wir uns bequem mit der Bahn zurück nach Erfurt gondeln.

Los geht´s an der Ausfahrt des Camps, von der wir rechts und gleich wieder rechts abbiegen auf die Kranichfelder Straße. An deren Ende links versetzt geradeaus in die Haarbergstraße und links in die Hermann-Brill-Straße. Diese vollzieht eine Rechts-Links-Kurve. In der Linkskurve rechts halten. Unser Weg trifft auf die Wilhelm-Wolf-Straße, neben der wir nach links weiterradeln. An der großen Kreuzung geradeaus parallel der Konrad-Adenauer-Straße. An der nächsten Kreuzung rechts in die Rudolstädter Straße und wieder links durch den Ort Urbich, hinter dem Linderbach sofort links und wir erreichen schon bald den gleichnamigen Ort, den wir geradeaus durchfahren. In der Ortsmitte rechts zum Edmund-Schäfer-Platz, den wir links umradeln. An der Querstraße links Am Weiherweg und schräg rechts auf der Azmannsdorfer Straße heraus aus dem Ort. Hinter den Schienen treffen wir auf die Kirchstraße, die in die Vieselbacher Straße übergeht und rechts abknickt. Hier haben wir Anschluss an den Radwanderweg „Thüringer Städtekette". Vieselbach und Wallichen liegen auf unserem Weg nach Niederzimmern.

Die **Talsperre Hopfgarten** dient zum einen der Regulierung des Flüsschens Gamme und zum anderen genau wie die nahe gelegene **Vieselbach-Talsperre** der Wasserversorgung.

Weimars Stadtschloss ist ein wirklich stattliches Schloss

Das Wasser wird auch für die Landwirtschaft gebraucht, die in unserer Radel-Region großflächig betrieben wird. Der Staudamm ist rund 15 m hoch und 368 m lang. Am Nordstrand finden wir einen einladenden Badestrand.

Tipp: Wer Gefallen an der Region und am Themenradweg **„Thüringer Städtekette"** gefunden hat, kann sich auf rund 230 km in beide Richtungen weiterbewegen. In unserer Fahrtrichtung rollen wir so durch namhafte Städte wie Jena, Gera nach Altenburg. In der anderen Richtung liegen Erfurt, Gotha und Eisenach auf dem Weg.

Weiter geht´s von Niederzimmern durch Hopfgarten und Tröbsdorf nach Weimar, wo wir uns zunächst die Sehenswürdigkeiten ansehen und dann den Hauptbahnhof ansteuern. Hier steigen wir in die Bahn und lassen uns zurück nach Erfurt bringen. Wer nach der Tour müde ist, fährt mit der Straßenbahn (Richtung Melchendorf) zurück zum Camp, wer noch fit ist, kurbelt die langgezogene Steigung wieder hinauf. Via Carl-Zeiss-Straße, Am Schwemmbach und Kranichfelder Straße ist dies recht schnell geschafft.

„Kulturstadt Weimar" – allein dieser selbst gewählte Titel verspricht uns eine unglaubliche Fülle an Sehenswertem. Die Herderkirche und das **Stadtschloss** mit seinem großartigen **Schlossturm** markieren den historischen Stadtkern. Dieser erlebte ein „goldenes Zeitalter", in dem Herzogin Anna Amalia wirkte und ein „silbernes Zeitalter", in dem Großherzogin Sophie lebte. Zu dieser Zeit kam auch Richard Wagner hierher, was zur Folge hatte, dass Liszt 1850 die Uraufführung der Nibelungen in Weimar durchsetzte. Unser Streifzug durch die Innenstadt führt uns vorbei am historischen **Rathaus**, Stadthaus, Villa Saukel, **Anna-Amalia-Bibliothek**, Stadtkirche St. Peter und Paul und zahlreichen anderen historischen Gebäuden. Nachdem wir uns in den Museen wie z.B. dem Bauhaus-Museum am Theaterplatz weitergebildet haben, widmen wir uns den Berühmtheiten der Stadt. Dafür besuchen wir das Liszt-Haus, Goethes Wohnhaus mit Goethe-Nationalmuseum und **Schillers Wohnhaus mit Schillermuseum**. Die beiden letzteren „Promis" finden wir gemeinsam auf einem Denkmal wieder.

Kartentipp:
ADFC-Regionalkarte Erfurt und Umgebung, 1:75.000,
ISBN 978-3-87073-839-6, € 8,95
Digital für Smartphones und Tablets:
www.fahrrad-buecher-karten.de/rk-digital

89 Drei auf einen Streich

Vom **Kulkwitzer See** zum Cospudener See

CamperTouren Info

34 km, überwiegend auf separaten Radwegen, Radwegen neben der Straße sowie auf Nebenstraßen. Keine größeren Steigungen. Regionale Wegweisung

Start / Ziel: Campingplatz am Kulkwitzer See, www.leipzigseen.de/uebernachten/campingplaetze/campingplatz-kulkwitzer-see

Auswahl weiterer Camps an der Strecke: Wohnmobilstellplatz Caravaning am Elsterstausee

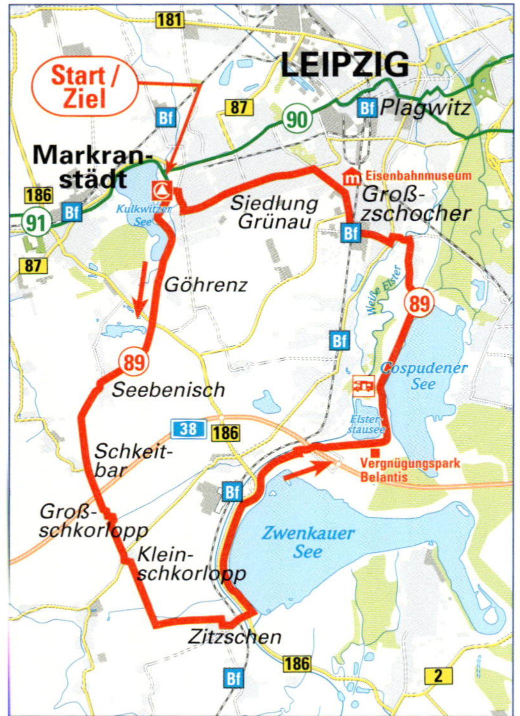

Direkt vor den Toren Leipzigs wurde die Landschaft einst komplett von „links nach rechts gekrempelt": Ab 1864 wurde hier zunächst untertägig, dann im Tagebau, Kohle gewonnen. Die entstandenen Löcher wurden ab 1963 geflutet, so dass uns hier heute das Mitteldeutsche bzw. Leipziger Seenland Freizeitvergnügen am und auf dem Wasser beschert.

Die Lage könnte schöner nicht sein: Auf einer Halbinsel im **Kulkwitzer See** liegt der gleichnamige **Campingplatz**, der uns alle Annehmlichkeiten bietet, die wir von einem guten Platz erwarten: Schöne Stellplätze mit besten Sanitäranlagen – und alles am glasklaren Wasser des Kulkwitzer Sees. Hier kommen Wassersportler also voll auf ihre Kosten, egal ob Baderatten am Sandstrand oder Freizeitkapitäne auf dem Wasser.

Los geht´s an der Ausfahrt des Camps, von der wir rechts und gleich wieder rechts in die Seestraße abbiegen. Wir radeln im Uhrzeigersinn am Ufer des Kulkwitzer Sees entlang. An der Südspitze des Sees biegen wir links und sofort wieder rechts ab, um uns neben die Straße Plagwitz-Pörsten zu gesellen. Immer geradeaus passieren wir Göhrenz, Seebenisch, zweigen schräg links ab und gelangen via Schkeitbar, Groß- und Kleinschkorlopp sowie (links) Zitzschen zum Ufer des Zwenkauer Sees, den wir im Uhrzeigersinn umrunden. „Belantis" umfahren wir links und gelangen zum Ufer des Cospudener Sees.

Der **Kulkwitzer See** ist ein echtes Eldorado für Wassersport-Fans geworden: Segeln, Surfen, Bootfahren, Wasserskilaufen: Alles ist auf dem Wasser möglich. Wem das zu „nass" ist, der klettert im Hochseilgarten oder relaxt einfach nur an einem der vielen Badestrände.

Nachdem wir den ersten See verlassen haben, rollen wir ein Stück auf einer alten **Bahntrasse**, die einst Leipzig, Plagwitz und

Letzte (Rad-) Runde für heute am Cospudener See

Pörsten verband. Beste Bedingungen also für ein entspanntes Radeln!

Am **Zwenkauer See**, dem drittgrößten des Seenlandes, radeln wir parallel zum Ufer, zur Straße, zur Bahn und zur **Weißen Elster**. Zwischendurch erblicken wir in der Ferne das höchste Gebäude Leipzigs.

Wer Zeit genug hat, besucht Belantis, den größten Freizeitpark Ostdeutschlands, der sich über 27 ha erstreckt und mehr als 60 teils rasante Shows und Attraktionen bietet.

Der **Cospudener See** entstand ebenfalls durch den Braunkohle-Tagebau. Er war der erste „Restsee", der sich hier im Leipziger Seenland bildete.

Weiter geht´s vom Cospudener See, dessen Ufer wir nach links, also im Uhrzeigersinn, folgen. Am Nordende des Sees weiter links in den Lauerschen Weg, der uns nach Großzschocher bringt, das wir über Brückenstraße, links-rechts Gerhard-Ellrodt-Straße durchfahren. Direkt hinter den Schienen rechts in den Weidenweg und wieder rechts auf die Rippachtalstraße. Von dieser zweigen wir links in die Schönauer und wieder links in die Ratzelstraße ab. An deren Ende rechts und gleich wieder links – so erreichen wir wieder unser Camp.

Tipp: Das Wasser der **Weißen Elster** stammt teils aus einer Quelle fast genau an der deutsch-tschechischen Grenze, ehe es in Leipzig in der Staustufe gebremst wird. Ein Radweg begleitet den Fluss von der Quelle bis zur Mündung in die Saale.

Ganz in der Nähe unseres Radwegs liegt das **Eisenbahnmuseum Bayerischer Bahnhof** zu Leipzig. Auf dem Gelände des ehemaligen Bahnbetriebswerks erfahren wir mehr über die Historie der Eisenbahn und können beim Betrachten der alten Loks und Waggons in alten Zeiten schwelgen.

In den 1970er und 80er Jahren wurde die **Großwohnsiedlung Grünau** im Westen Leipzigs angelegt, an der wir gegen Ende der Tour vorbei radeln. Sie zählte seinerzeit zu den größten Plattenbausiedlungen der DDR. Dies stand zwar nicht für architektonische Genüsse, aber für einen planmäßig angelegten Stadtteil mit einer kompletten eigenen Infrastruktur.

Kartentipp:
ADFC-Regionalkarte Leipzig und Umgebung, 1:75.000,
ISBN 978-3-87073-883-4, € 8,95
Digital für Smartphones und Tablets:
www.fahrrad-buecher-karten.de/rk-digital

90 Historik-Tour in Leipzig

Vom **Kulkwitzer See** nach Leipzig

CamperTouren Info

30 km, überwiegend auf separaten Radwegen, Radwegen neben der Straße sowie auf Nebenstraßen. Keine größeren Steigungen, regionale Wegweisung.

Start / Ziel: Campingplatz am Kulkwitzer See, www.leipzigseen.de/uebernachten/campingplaetze/campingplatz-kulkwitzer-see

Keine weiteren Camps entlang der Strecke

Wir starten in eine kurze, aber sehr unterhaltsame Tour, die uns zu Beginn und zum Ende am wunderschönen Karl-Heine-Kanal entlang in die Innenstadt Leipzigs führt. Nachdem wir kulturelle, aber auch kulinarische Highlights genossen haben, rollen wir wieder zurück zu unserer Oase am See.

Los geht´s an der Ausfahrt des Camps, von der wir links und am Schiffsrestaurant gleich wieder rechts abbiegen. Geradeaus gelangen wir auf die Lützner Straße. Dem Radweg folgen wir immer weiter, bevor wir am Karl-Heine-Kanal nach rechts abzweigen und am Ufer des Kanals entlang radeln. Das Riverboat zeigt uns, dass sich unser Radweg entlang des Kanals dem Ende zuneigt. Gegenüber des Boots links durch den Grünstreifen, an dessen Ende rechts in die Weißenfelsstraße. Direkt wieder links in die Nonnenstraße, dann rechts mit der Ernst-Mey-Straße über die Weiße Elster, an der Querstraße links und in der Linkskurve schräg rechts in den Park auf der Anton-Bruckner-Allee. Auch nachdem wir das Elsterflutbett überquert haben, in grober Richtung stets geradeaus durch die Grünanlagen. Später am Kreisel geradeaus am Neuen Rathaus vorbei und via Philipp-Rosenthal-Straße zur Prager Straße, der wir noch ein Stück nach rechts zum Völkerschlacht-Denkmal folgen.

Der **Karl-Heine-Kanal** ist einfach wundervoll: Auf seiner Länge von 3,3 km wird er von 15 Brücken überspannt und verbindet die Weiße Elster mit dem Lindenauer Hafen von Leipzig. Der Leipziger Rechtsanwalt Carl Heine sorgte 1856 dafür, dass der Kanal angelegt wurde, damit Schiffe aus der Stadt bis zur Saale fahren konnten. Bis heute wird er von kleinen Booten befahren. Das gesamte Ensemble steht inzwischen unter Denkmalschutz. Dazu gehört auch das sogenannte **Stelzenhaus** im Ortsteil Plagwitz, in dem sich ab 1939 eine Wellblechfabrik befand.

Der Ort bietet uns weitere Fotomotive aus der Industriekultur, wie die ehemalige **Sächsische Wollgarnfabrik**, die ehemalige Fabrik von Mey und Edlich, das „Kunstkraftwerk“ oder die **Könneritzbrücke**, über die wir später auch noch rollen werden.

Ein kurzer Abstecher über die Prager Straße zum **Völkerschlachtdenkmal** gehört zum Pflichtprogramm, denn mit 91 m Höhe ist es eines der größten Denkmäler des Konti-

Im Stadtgeschichtlichen Museum erfahren wir alles Wissenswerte über Leipzig

nents. Aus dem „See der Tränen um die gefallenen Soldaten" erhebt sich seit 1913 dieses weithin sichtbare Monument. Es erinnert an die Völkerschlacht im Jahre 1813. Seinerzeit erlebte hier Napoleon eine empfindliche Niederlage gegen die Truppen aus Schweden, Preußen, Österreich und Russland.

Weiter geht´s wieder zurück über die Prager Straße. Ein Abstecher in die Innenstadt ist durchaus zu empfehlen. Um zurück zum Camp zu gelangen, radeln wir am besten auf genau derselben Strecke wieder retour, auf der wir herkamen.

Über eine halbe Million Menschen leben in Leipzig, das damit die achtgrößte Stadt der Republik ist und seit jeher ein kulturelles und wirtschaftliches Zentrum der Region darstellt. Dementsprechend prall gefüllt ist unsere Liste der Sehenswürdigkeiten.

Tipp: Wenn wir schon soviel Kalorien verbrennen beim Radeln, können wir auch die regionalen Spezialitäten kosten: Eher deftig ist das **Leipziger Allerlei** mit Gemüse und Flusskrebsen, während die **Leipziger Lerchen** mit Marzipan gefüllt sind.

Die ersten Anlaufstellen in der City sind die **Nikolaikirche**, an der damals die Wiedervereinigung Deutschlands durch Demonstrationen maßgeblich mitgestaltet wurde, das **Alte Rathaus** mit dem stadtgeschichtlichen Museum und das älteste Kaffeehaus Deutschlands. Von den vielen weiteren Museen seien vor allem das Sport- und das **Deutsche Buch- und Schriftenmuseum** erwähnt. Letzteres gilt als das älteste seiner Art weltweit. Musikfreunde werden sich eher auf das Grassimuseum mit seinen Instrumenten konzentrieren.

Auf unserer Rückfahrt rollen wir durch den **Johannapark**, der in den Clara-Zetkin-Park übergeht und eine grüne Oase inmitten der Großstadt darstellt. Besonders schön sind der **Palmengarten** und der Teich mit Blick auf die Lutherkirche.

Kartentipp:
ADFC-Regionalkarte Leipzig und Umgebung, 1:75.000,
ISBN 978-3-87073-883-4, € 8,95
Digital für Smartphones und Tablets:
www.fahrrad-buecher-karten.de/rk-digital

91 Erst zum Schloss oder erst zum Baden?

Vom **Kulkwitzer See** nach Merseburg

CamperTouren Info

53 Km, überwiegend auf separaten Radwegen, Radwegen neben der Straße sowie auf Nebenstraßen. Leicht hügelige Tour, aber keine größeren Steigungen, regionale Wegweisung

Start / Ziel: Campingplatz am Kulkwitzer See, www.leipzigseen.de/uebernachten/campingplaetze/campingplatz-kulkwitzer-see

Keine weiteren Camps entlang der Strecke

Das Seenland wird uns auch auf dieser Tour eine herrliche Umgebung liefern. So radeln wir ganz entspannt vorbei an mehreren Seen in die historische Innenstadt von Merseburg. Nachdem wir alles ausgiebig genossen haben, geht's in einer Runde wieder zurück zum Kulkwitzer See.

Los geht´s an der Ausfahrt des Camps, von der wir zunächst zum Ufer des Sees radeln. Den See umrunden wir gegen den Uhrzeigersinn und zweigen fast genau am gegenüberliegenden Ufer rechts ab nach Markranstädt. Dessen Zentrum erreichen wir über die Leipziger Straße. Vor dem Bahnhof her über die Eisenbahnstraße, dann passieren wir die Gleise, biegen links-rechts-links ab und fahren ein Stück parallel zur Bahnlinie, ehe es rechts weg geht nach Altranstädt. Mit der Brücke queren wir die A9, rollen durch Kötzschau und rechts nach Schladebach. Dahinter wird's „blau": Schnurgerade rollen wir durch eine größere Anzahl von Seen, ehe wir durch Friedensdorf und Tragarth ins Herz von Merseburg gelangen.

Die strahlend weiße **St.-Laurentius-Kirche** markiert das Zentrum von Markranstädt. Die ältesten Teile stammen von 1518, während der Kirchturm noch um 1900 herum aufgestockt wurde. Im benachbarten Altranstädt gibt es ein **Schloss** mit Kirche und Pfarrhaus zu sehen. Nachdem wir den Ort wieder verlassen haben, kommen wir nach Sachsen-Anhalt, das uns mit dem Ort Kötzschau empfängt. Seit 2014 beherbergt das Bahnhofsgebäude ein informatives **Eisenbahnmuseum**.

Ein paar Minuten später fällt uns die Kirche von Schladebach etwas erhöht stehend ins Auge. Ganz in der Nähe liegt der **Elsterfloßgraben**. Er wurde im 16. Jh gegraben, um Holz zu transportieren. Heute gilt er als längstes technisches Denkmal Europas.

Königspfalz, Bischofssitz, Herzogsresidenz und immer noch schön: Schloss Merseburg

Merseburg ist ohne Frage eine der schönsten Städte weit und breit: Schon von weitem erblicken wir die tolle Skyline mit **Schloss** und **Dom St. Johannes der Täufer und Laurentius**. In der Südklausur des Domes verbirgt sich der wertvolle Domschatz, während im Schloss das Kunsthistorische Museum untergebracht ist. Eingebettet ist die Residenz in einem prachtvollen **Park**, der zurecht zum Projekt „Gartenträume Sachsen-Anhalt" zählt.

In der Innenstadt von Merseburg begeistern uns weitere historische Gebäude wie das **Alte Rathaus**, das **Ständehaus**, die Domapotheke oder das Zechsche Palais. Es macht großes Vergnügen, sich durch die Straßen treiben zu lassen und immer wieder neue Fotomotive zu entdecken.

Weiter geht´s von Merseburg, das wir entlang der Weißenfelser Straße Richtung Leuna verlassen. Via Ockendorf, Rössen, Kreypau und Wüsteneutzsch geht es wieder retour nach Kötzschau. Von hier nehmen wir denselben Weg wieder zurück zum Kulkwitzer See, den wir auf der Hinfahrt nahmen. So gelangen wir rasch wieder zurück ins Camp.

Noch bevor wir Merseburg verlassen, kommen wir vorbei am Vorderen und Hinteren **Gotthardteich**, wo wir nicht nur eine Fontäne, sondern auch ein Planetarium finden. Weitere grüne Lungen der Stadt bilden der Südpark, der Stadtpark und das **Naturschutzgebiet Saale-Aue**.

Tipp: Bei Ockendorf führt uns ein kleiner Abstecher vorbei an einem kleinen Badesee mit Strand zum Geiseltal- und zum **Runstädter See**, die wie so viele Seen in dieser Region aus einem alten Tagebau hervorgingen. Hier gibt es nicht nur weitere Bademöglichkeiten, sondern auch Anschluss an den **„Goethe-Radweg"**.

In der Nähe von Schladebach entdecken wir Schilder, die auf eine **„Tiefbohrung"** hinweisen. Hier ließ die Königlich Preußische Bergwerksverwaltung 1880 Bohrungen durchführen, um nach Solequellen und Steinkohle zu suchen. Eine Infotafel verrät uns mehr zum Thema.

Kartentipp:
ADFC-Regionalkarte Leipzig und Umgebung, 1:75.000,
ISBN 978-3-87073-883-4, € 8,95
Digital für Smartphones und Tablets:
www.fahrrad-buecher-karten.de/rk-digital

92 Ein Höhepunkt jagt den nächsten

Von **Wostra** in die Dresdner Innenstadt

CamperTouren Info

29 km, überwiegend auf separaten Radwegen, Radwegen neben der Straße sowie auf Nebenstraßen. Keine merklichen Steigungen. Regionale Wegweisung sowie teils Beschilderung des Elbe-Radwegs.

Start / Ziel: Campingplatz Wostra in Dresden,
www.dresden.de/de/leben/sport-und-freizeit/sport/campingplatz.php?shortcut=campingplatz

Auswahl weiterer Camps an der Strecke: Wohnmobilstellplätze in Dresden am Sachsenplatz, an der Wiesentorstraße und am Blüherpark

Dresden ist DER Touristen-Magnet in Sachsen. Alle Besucher, die hierher ins **„Elbflorenz"** kommen, beginnen direkt zu schwärmen. Den Beinamen erhielt Dresden wegen seiner tollen Lage im Tal der Elbe und wegen seiner barocken und fast schon als mediterran zu bezeichnenden Architektur. Die wertvollen **Kunstsammlungen**, die in den verschiedenen **Museen** und Ausstellungen zu sehen sind, trugen sicherlich auch zur Namensgebung bei.

Aus der ganzen Welt kommen Touristen nach Dresden, um sich von der Eleganz und der Pracht der Stadt gefangen nehmen zu lassen. Wir radeln ganz entspannt von unserem Camp über den Elbe-Radweg in die City und lassen uns auch in diese bezaubernde Welt entführen.

Los geht´s an der Ausfahrt des Camps, von der wir links abbiegen und zum Elbeufer rollen. Hier biegen wieder links ab und folgen dem Elbe-Radweg fast 14 km flussabwärts. In Höhe der Hofkirche verlassen wir das Ufer, biegen links ab und rollen an Hofkirche, Zwinger und Schloss vorbei.

Zu beiden Seiten der Elbe bietet sich für uns eine wunderbare Stadt, die überquillt an Sehenswertem.

Die Stadtbesichtigung beginnen wir am besten auf der **Augustusbrücke**. Von hier blicken wir auf eine der vermutlich am meisten fotografierten Skylines Europas: Die Augen schweifen von der **Semperoper** über **Zwinger**, **Katholische Hofkirche**, Residenzschloss und **Brühlschen Terrasse** zur den Brühlschen Gärten. Nur einen Steinwurf weiter erstreckt sich die tolle **Altstadt**, durch deren Gassen wir zur **Frauenkirche** geleitet werden. Deren Wiederaufbau wurde 2005 beendet, weshalb sie „weltweit als Symbol für Frieden und Versöhnung" gilt.

Ansehen müssen wir uns auch den **Fürstenzug**. 23.000 Fliesen aus Meißner Porzellan formen das überlebensgroße Bild, auf dem 34 Adelige des Fürstenhauses Wettin dargestellt sind. Mit 102 m Länge gilt es als größtes Porzellanbild der Welt.

„Elbflorenz" – der Begriff ist Progamm

Nicht vergessen dürfen wir einen Besuch in der **Neustadt**, die auf der anderen Elbseite liegt. Wir erreichen sie zu Fuß per Brücke und immer geradeaus über den Albertplatz hinweg. Oder einfach per Bahn. Der kurze Weg lohnt sich – aber nur, wenn man auch die **Hinterhöfe** der teils toll restaurierten Gebäude besucht. Hier hat sich eine alternative Szene entwickelt, die Kunst am Bau erleb- und sichtbar macht.

Tipp: Wer nicht durch die Stadt zurück radeln mag, fährt nach der Stadtbesichtigung wieder zurück zum Elbufer und rollt auf dem Elbe-Radweg wieder retour.

Weiter geht´s vom Dresdner Schloss über Postplatz, links Wilsdruffer Straße, rechts Altmarkt, links Kreuzstraße an der Kreuzkirche vorbei und geradeaus über die St. Petersburger Straße hinweg. Auf der anderen Seite etwas rechts versetzt in derselben Richtung weiter geradeaus durch den Park. Von der Lingnerallee rechts auf die Blüher Straße und gleich wieder links, dann immer geradeaus auf Helmut-Schön, dahinter Hauptallee durch den Blüher Park. Weiter geradeaus auf der Hauptallee durch den Großen Garten am Palaisteich vorbei. Am Ende der Grünanlage geradeaus entlang der Winterbergstraße. An deren Ende schräg links am Parkplatz der Rennbahn vorbei, dann links „Altdobritz" und direkt wieder links in die Lassalleestraße. Wenn diese sich teilt, rechts in die Salzburger Straße und auf dieser immer weiter (dann heißt sie Liehrstraße) bis zum Elbufer. Diesem folgen wir dann nach rechts, so dass uns der Elbe-Radweg zurück zum Camp geleiten kann. Um dort hin zu gelangen, müssen wir kurz hinter der Pillnitz-Fähre rechts abbiegen.

Das **Torhaus** an der Lingnerallee ist das einzige erhaltene Gebäude aus der Zeit der Neugestaltung des **Blüher Parks**, der im 18. Jh in dieser Form entstand. Später entstand im Blüher Park das Deutsche Hygiene-Museum, das inzwischen zu den meistbesuchten Dresdner Museen zählt. Es gilt als Forum für Wissenschaft, Kultur und Gesellschaft.

Der **Große Garten** macht seinem Namen alle Ehre, denn er erstreckt sich über 1,8 qkm. Das merken wir, denn wir radeln für 1,9 km durch diese herrliche Oase. Mittendrin steht das **Sommerpalais** mit dem Palaisteich.

Kartentipp:
ADFC-Regionalkarte Dresden und Umgebung, 1:75.000,
ISBN 978-3-96990-095-6, € 9,95
Digital für Smartphones und Tablets:
www.fahrrad-buecher-karten.de/rk-digital

93 Zu Füßen des Elbsandsteingebirges

Von **Wostra** nach Rathen

CamperTouren Info

43 km, überwiegend auf separaten Radwegen, Radwegen neben der Straße sowie auf Nebenstraßen. Im ersten Drittel drei merkliche Steigungen, Alternativroute möglich. Regionale Wegweisung sowie teils Beschilderung des Elbe-Radwegs.

Start / Ziel: Campingplatz Wostra in Dresden, www.dresden.de/de/leben/sport-und-freizeit/sport/campingplatz.php?shortcut=campingplatz

Auswahl weiterer Camps an der Strecke: Waldcamping Pirna, Caravanstellplatz Schlossplatz Pirna, Campingplatz Struppen

Eine ungemein abwechslungsreiche Tour erwartet uns hier: Nachdem uns die Altstadt von Pirna in längst vergangene Zeiten entführt hat, machen wir uns auf zu zwei Bergwertungen. Zur Belohnung genießen wir im zweiten Teil der Tour die unglaublichen Felsformationen des Elbsandsteigebirges mit der berühmten Bastei.

Los geht´s an der Ausfahrt des Camps, von der wir links abbiegen und zum Elbeufer rollen. Hier biegen wir dieses Mal rechts ab und folgen dem Elbe-Radweg flussaufwärts. Ab Heidenau schmiegt sich der Radweg zwischen Elbe und Bahnschienen, ehe wir Pirna erreichen. Auch dahinter geht es weiter am Ufer entlang, wobei es vor und nach Pötzscha richtig anstrengend wird. Nach einer entspannten Abfahrt gelangen wir nach Oberrathen. Hier passieren wir die Schienen, überqueren mit der Fähre die Elbe und erreichen Rathen.

Pirna ist eine wirkliche Perle an der Elbe: Rund um die stattliche Marienkirche finden wir eine herrliche, bestens restaurierte Altstadt. Beim Durchstreifen der Straßen und Gassen kommen wir vorbei am **Canalettohaus**, am Marktplatz mit seinem fachwerkgeschmückten **Rathaus**, am **Teufelserkerhaus** und an vielen weiteren, sehenswerten Gebäuden.

Blüht die Kamelie gerade?

Tipp: Die hier beschriebene Tour ist als Rundstrecke ausgelegt und weist hinter Pirna einige recht anstrengende Steigungen auf. Wer diese umgehen mag, überquert in Pirna per Brücke die Elbe und radelt dann auf diesem Ufer ohne größere Anstrengungen nach Rathen.

Schöner können wir kaum ans andere Ufer gelangen: Nach Rathen setzen wir mit der historischen **Gierseilfähre** über. Es erwartet uns ein entspannter **Kurort** mit vielen alten Fachwerkhäusern.

Noch Zeit und Kondition? Dann lassen Sie uns dem Elberadweg noch ein Stück weiter folgen. So kommen wir unterhalb der imposanten **Festung Königsstein** her und können bei Bad Schandau mittels Brücke das Ufer wechseln. Hier können wagemutige mit einem **Aufzug** in die „obere Etage" des Ortes gelangen. Der Aufzug ist ebenso alt wie außergewöhnlich.

Weiter geht´s von Rathen auf dem Elbe-Radweg flussabwärts. Ohne größere Steigungen radeln wie via Wehlen, Posta, wieder nach Pirna. Wer mag, wechselt hier schon das Ufer. Unsere Tour führt noch weiter rechtselbisch durch Pratzschwitz, Birkwitz und Söbrigen bis Pillnitz. Hier setzen wir mit der Fähre über, rollen auf der anderen Seite ein Stückchen wieder zurück, biegen rechts ab und gelangen wieder zurück zum Camp.

Was für eine Kulisse für unsere Radtour: Wir radeln zwischen Rathen und Wehlen direkt unterhalb der phantastischen Felsformationen des Elbsandsteingebirges. Am berühmtesten ist die Bastei mit Brücke und einer Aussichtsplattform. Hier ist ein Stopp mit anschließendem Aufstieg absolut Pflicht!

Seit dem 18. Jh sorgt **Schloss Pillnitz** für eine unverwechselbare Silhouette an der Elbe. Mehr über die Residenz erfahren wir im **Schlossmuseum**, das in den Räumen des Neuen Palais untergebracht ist. Das **Berg- und Wasserpalais** bietet Platz für das Kunstgewerbemuseum der Staatlichen Sammlungen. Nach all´ der Pracht entspannen wir uns im riesigen Park und statten dem Palmenhaus einen Besuch ab. Wer das Glück hat, im Frühling hier zu sein, genießt den Anblick von unzähligen Blüten an der 230 Jahre alten und fast 9 m hohen **Kamelie**.

Kartentipp:
ADFC-Regionalkarte Dresden und Umgebung, 1:75.000,
ISBN 978-3-96990-095-6, € 9,95
Digital für Smartphones und Tablets:
www.fahrrad-buecher-karten.de/rk-digital

94 Elbetal, Prießnitztal, Moritzburg – mehr Idylle geht nicht!

Vom **Dresden/Wostra** nach Moritzburg

CamperTouren Info

73 km, überwiegend auf separaten Radwegen, Radwegen neben der Straße sowie auf Nebenstraßen. Im ersten Drittel eine langgezogene Steigung mit über 100 Höhenmeter, dann keine Steigungen mehr. Regionale Wegweisung

Start / Ziel: Campingplatz Wostra in Dresden, www.dresden.de/de/leben/sport-und-freizeit/sport/campingplatz.php?shortcut=campingplatz

Auswahl weiterer Camps an der Strecke: Wohnmobilstellplätze in Dresden am Sachsenplatz, an der Wiesentorstraße und am Blüherpark, Campingplatz Oberer Waldteich in Boxdorf, Wohnmobilstellplatz Schloss Moritzburg, Stellplatz Werner Knopf und CaravaningPark schaffer-mobil in Dresden

Vor den Toren Dresdens liegt die Moritzburg mit einem Schloss, das ohne jeden Zweifel eines der schönsten Europas ist. Auf dem Weg von unserem Camp dorthin müssen wir eine ordentliche Steigung bewältigen, das Ziel entschädigt aber diese Mühen.

Der überschaubare **Campingplatz Wostra** liegt etwas außerhalb der Touristen-Metropole Dresden. In dichtes Grün eingebettet finden wir im Schatten von Bäumen und Hecken schöne Stellplätze auf sattgrüner Wiese. Direkt am Platz liegt der kleine **Badesee Wostra** mit einem FKK-Strandbad. Für uns Radler könnte die Lage des Plat-

Schloss Moritzburg ist ohne Frage eines der schönsten Fotomotive Deutschlands

zes nicht besser sein, denn mit nur wenigen Pedalumdrehungen sind wir auf dem Elbe-Radweg, einem der beliebtesten Fernradwege Deutschlands.

Los geht´s an der Ausfahrt des Camps, von der wir links abbiegen und zum Elbeufer rollen. Hier biegen wieder links ab und folgen dem Elbe-Radweg flussabwärts. Etwa 800 m, nachdem wir unter der Waldschlößchenbrücke hindurch geradelt sind, biegen wir rechts ab und überqueren mittels Fähre die Elbe. Am anderen Ufer links, gleich wieder rechts (Diakonissenweg), nochmals links Bautzener Straße und schräg rechts Prießnitzstraße. In der Kurve links Louisenstraße, zweite rechts Kamenzer Straße, die später „An der Prießnitz" heißt und deutlich ansteigt. Geradeaus über die Staufenbergallee in den Prießnitzgrundweg. Nach einiger Zeit gabelt sich der Weg (etwa bei Gesamtkilometer 19,3). Dort wählen wir den linken Weg, der über die Schienen hinweg hinein mit Steigung nach Klotzsche führt. Geradeaus über die Königsbrücker Landstraße, links in die Kieler und rechts in die Karl-Marx-Straße. Vor dem Flughafen links auf den Radweg neben der Hermann-Reichelt-Straße, die hinter der Autobahn Wilschdorfer Landstraße heißt. Hier ist der höchste Punkt der Tour erreicht. Später wechselt der Radweg die Straßenseite und verläuft durch Boxdorf. Am Ortsende rechts und dann den Schildern folgend über die Alte Dresdner Straße nach Moritzburg.

Bevor wir den Stadtbereich verlassen, radeln wir vorbei am **Militärhistorischen Museum**. Dies erstreckt sich neben der Garnisonkirche und der Offizierschule des Heeres.

Wir fahren durch das Prießnitztal – es geht zwar deutlich bergauf, dafür radeln wir aber durch wunderbare Natur an der Prießnitz entlang. Das Flüsschen **Prießnitz** ist nur rund 25 km lang, doch der Teil, den wir hier kennenlernen ist wunderschön: In teils engen Kurven verläuft sie durch die **Dresdner Heide**, die schon fast aussieht wie ein Urwald.

Etwas links von unserem Talweg liegt das Institut für Arbeit und Gesundheit der Deutschen Gesetzlichen Unfallversicherung. Ein **Bildungszentrum** auf dem Gelände der ehemaligen Sächsischen Landesschule, das eine

Hoch über Radebeul thront das Spitzhaus

Zeit lang als Kaserne genutzt wurde. Hier finden sich Experten aus ganz Deutschland ein, um sich in Themen des Arbeits- und Gesundheitsschutzes fortzubilden. Direkt daneben liegt die Fabrik eines namhaften Herstellers für Computerchips.

Klotzsche hat sich zu einem äußerst sehenswerten Vorort von Dresden entwickelt. Rund um das Rathaus finden wir eine ganze Reihe bestens restaurierter **Villen**, die mitunter aus der Zeit des Jugendstils stammen.

Unweit unseres Weges liegt der Stadtteil Hellerau. Möbelfabrikant Karl Schmidt gründete hier 1909 die **Gartenstadtsiedlung** Hellerau mit den „Dresdner Werkstätten für Handwerkskunst". Die Grundidee war seinerzeit die Einheit von Wohnen und Arbeit, Kultur und Bildung. So wurden weite Wege vermieden – schon vor weit über 100 Jahren der richtige Ansatz, der derzeit so aktuell ist wie selten zuvor.

Rund 100 Höhenmeter haben wir geschafft seit unserer Abkehr vom Elbtal. Eine ideale Lage also, um einen **Flughafen** zu bauen. Schon in der Weimarer Republik wurden hier Militärpiloten ausgebildet. Inzwischen ist es einer der wichtigsten Zivilflughäfen der Republik.

Tipp: Wer einmal den richtigen „Überblick" genießen möchte, steuert die ehemalige Turmholländer-Windmühle von Boxdorf an. Inzwischen wurde sie mit einer massiven Aussichtsplattform „gedeckelt".

In erhabener Lage thront die 47 m hohe **Moritzburger Kirche**. Sie blickt hinunter auf eine sehr sehenswerte Innenstadt mit alten Bauern- und Wohnhäusern, Villen, Rathaus und weiteren historischen Gebäuden. Dazu gehört auch der Rüdenhof mit einer **Käthe-Kollwitz-Gedenkstätte** sowie das Straßenwärterhaus in

dem heute ein Café untergebracht ist.

Unser eigentliches Ziel der Tour ist aber natürlich **Schloss Moritzburg**, das malerisch auf einer Insel mitten im Teich liegt. Wir könnten uns Stunden hier aufhalten, ohne alles gesehen zu haben, denn die Liste der Sehenswürdigkeiten ist lang: Moritzburger Teiche, Hafenanlage mit Leuchtturm, Parkanlage, Brunnen mit Grotte, Schlossgarten, Hellhaus, Fasanenschlösschen („Marcolinihaus"),mit Fasanerie und Fasanengarten, historischem Wildgehege, Waldschänke („Torwärterhaus")... ach, ist das schön hier!

Weiter geht´s von Moritzburg, das wir via „Markt" und Kötzschenbrodaer Straße verlassen. Wir rollen am Dippelsdorfer Teich entlang zum gleichnamigen Ort und weiter an Buchholz vorbei nach Friedewald. Nun wird es rasant, denn unser Weg führt auf den nächsten Kilometern bergab. Den Schildern folgend gelangen wir so nach Radebeul (Niederlößnitz/Kötschenbroda), das wir geradlinig auf der Moritzburger und der Bahnhofstraße durchfahren. Nachdem wir die Schienen unterquert haben, an der Festwiese links zum Ufer der Elbe, dem wir ein Stückchen flussabwärts folgen. Nachdem wir mit Bahn und Straße die Elbe überquert haben, gesellen wir uns wieder ans Ufer und radeln flussaufwärts. Die Schilder des Elbe-Radwegs lotsen uns zuverlässig und meist in Ufernähe über rund 26 km bis zurück zum Camp. Das erreichen wir, wenn wir rund 1,7 km nach der Pillnitz-Fähre links vom Elbe-Radweg abbiegen.

Seit dem 16. Jh gibt es den **Dippelsdorfer Teich**, der aus dem aufgestauten Lößnitzbach entsteht. Spektakulär fährt die Lößnitzgrundbahn auf einem 210 m langen Damm mitten „durch" das Wasser.

Die Schmalspurbahn nach Radebeul ist auch eine der Hauptattraktionen von Dippelsdorf. Dazu gehört auch das **Empfangsgebäude** des Bahnhofs Friedewald-Bad. Drum herum entdecken wir eine ganze Reihe alter Villen.

In Radebeul machen wir einen Abstecher in den Wilden Westen, denn in der **Villa Shatterhand** ist ein Museum für den berühmten Schriftsteller **Karl May** eingerichtet. Das Blockhaus im Garten nennt sich Villa Bärenfett, in ihr ist ein Indianer-Museum untergebracht. Der Autor selbst fand mit seiner Gattin die letzte Ruhestätte auf dem östlichen Friedhof in einem Nike-Tempel.

Nicht weit entfernt liegen **Schloss Hoflößnitz** mit kostbaren Wand- und Deckengemälden aus der Zeit des Frühbarock sowie weiter oben das **Spitzhaus** mit seinen Türmchen. 514 Stufen führen über die sogenannte Spitzhaustreppe dort hinauf.

Eine schöne Variante für die Rückfahrt führt uns über Kötzschenbroda. Dabei können wir uns das **Schloss Wackerbarths Ruh** mit einem barocken Garten ansehen. Der Dorfanger Kötzschenbroda hat sich zu einem beliebten Ausflugsziel entwickelt. Es ist aber auch toll, sich den **historischen Dorfkern** anzusehen und in einem Gewölbekeller einzukehren.

Kartentipp:
ADFC-Regionalkarte Dresden und Umgebung, 1:75.000,
ISBN 978-3-96990-095-6, € 9,95
Digital für Smartphones und Tablets:
www.fahrrad-buecher-karten.de/rk-digital

95 Oberlausitzer Geschichte zum Anfassen

Von **Bautzen-Burk** über Bautzen-Mitte

CamperTouren Info

ca. 18 km ohne Abstecher, regionale Radweg-Beschilderung. Hügelige Tour mit mehreren kleineren Steigungen, Grundkondition oder E-Bike sinnvoll. Die Route führt meist über separate Radwege, einige Passagen auf losem Untergrund.

Start / Ziel: Natur- und AbenteuerCamping Bautzen, www.camping-bautzen.de

Auswahl weiterer Camps entlang der Strecke: Wohnmobilstellplatz in Bautzen

Es gibt keine bessere Tour zum „Warmradeln" als diese hier: Wir rollen auf oft autofreien Wegen einmal um die Bautzener Talsperre. Wer von dem ständigen auf und ab nicht zu müde ist, besucht am Ende die herrliche Innenstadt von Bautzen. Oder wir nehmen uns für die vielen Sehenswürdigkeiten mehr Zeit und fahren separat in die City!

Mit 5 Sternen wurde unser Platz „**Natur- und AbenteuerCamping Bautzen**" ausgezeichnet. Schnell stellen wir fest, dass das auch mehr als gerechtfertigt ist. Schon die Stellplätze sind eine Wucht: Von 100 großen Parzellen, teils auf Terrassen gelegen, blicken wir auf den Bautzener See, der von dichtem Wald eingerahmt wird.

Los geht's an unserem Campingplatz, den wir an der Einfahrt zweimal nach links auf der „Nimschützer Straße" verlassen. An der nächsten Weggabelung rechts und wir sind auf dem Uferweg, der uns gegen den Uhrzeigersinn fast immer neben dem Wasser um den Bautzener See vorbei führt. Am Wegesrand liegen Niedergurig und Quatitz.

Einen herrlichen weiten Blick über den **Bautzener See** können wir genießen, wenn wir hinter dem Staudamm wieder ans Ufer zurückkehren. Um das Wasser aufzustauen, wurden bis 1977 zwei mächtige **Erdschüttdämme** errichtet.

Weiter geht´s von Quatitz auf unserem Weg entlang der Talsperre. Die Orte Dahlowitz, Neumalsitz und Teichnitz tangieren wir auf unserem Weg nach Bautzen, wobei die Innenstadt rechterhand liegt. Unsere Radrunde zweigt bei den ersten Häusern Bautzens von der Teichnitzer Straße rechts ins Mühlgässchen ab, von wo aus wir später über eine kleine Brücke die Spree queren. Dann radeln wir wie folgt: Halbrechts in die ansteigende Talstraße, in der Linkskurve rechts in die Breitscheidstraße, links Flinzstraße, an deren Ende

Atemberaubend: Die Skyline von Bautzen

rechts-links auf den Gesundbrunnenring, links-rechts-links auf die Otto-Nagel-Straße und mit weiterer Steigung in Ufernähe zurück zu unserem Camp.

Bei Teichnitz gab es wohl schon im 12. oder 13. Jh eine Wasserburg. Der nachfolgende **Herrensitz** musste leider 2013 abgerissen werden.

Tipp: Ein kleiner Abstecher führt in den **Saurierpark Kleinwelka.** Auf einer Fläche von 16 ha entdecken wir 200 Dinosaurier und andere Urzeitwesen in Originalgröße.

Bautzen gilt als „Zentrum der Sorben“, was wir schon am Ortsschild erkennen, auf dem auch „Budysin“ genannt wird. Von dem slawischen Volksstamm der Sorben leben rund 60.000 auf dem Gebiet der Lausitz. Mehr über deren Kultur erfahren wir im **Sorbischen Museum**, das in der **Ortenburg** untergebracht ist. Hier müssen wir den Rietschelgiebel mit der Figurengruppe „Allegorie der Tragödie“ genauer betrachten.

Der Besuch von Bautzen wird zu einem Ausflug in die lebendige Geschichte, denn in der Altstadt gibt es mehr als **1.000 Baudenkmäler**. Damit wir einen ersten Überblick erhalten, steigen wir auf einen der Türme – z.B. auf den namens „**Alte Wasserkunst**“ mit seiner 47 m hohen Aussichtsplattform. Hier gibt es zudem ein historisches Pumpwerk und ein technisches Museum.

Unübersehbar ist auch der **Dom St. Petri**. Seit der Reformation im Jahre 1524 ist der Dom eine Simultankirche, also eine evangelisch-lutherische und ebenso eine römisch-katholische Kirche. Nicht minder spektakulär ist der 56 m hohe **Reichenturm**. Er neigt sich um 1,41 m zur Seite und wird daher auch als „schiefer Turm“ bezeichnet. Unten ist der Turm quadratisch, weiter oben rund und dann wieder eckig.

Kartentipp:
ADFC-Regionalkarte Oberlausitz/Lausitzer Seen, 1:75.000, ISBN 978-3-96990-142-7, € 10,95
Digital für Smartphones und Tablets:
www.fahrrad-buecher-karten.de/rk-digital

96 Bunter Mix der Architektur-Stile in Görlitz

Von **Bautzen** nach Görlitz

CamperTouren Info

ca. 69 + 5 km ohne Abstecher, regionale Radweg-Beschilderung sowie teils Beschilderung als Radweg Sächsische Städteroute. Hügelige Tour mit mehreren kräftigen Steigungen, Grundkondition oder E-Bike sinnvoll. Die Route führt meist über separate Radwege, einige Passagen auf losem Untergrund.

Start / Ziel: Natur- und AbenteuerCamping Bautzen, www. camping-bautzen.de

Auswahl weiterer Camps entlang der Strecke: Wohnmobilstellplätze in Bautzen und Görlitz

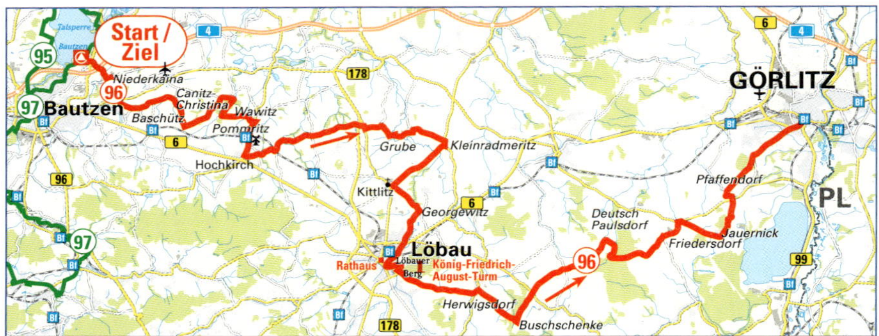

Auf hügeliger Strecke radeln wir entspannt durch die Oberlausitz und entdecken wunderbare Sehenswürdigkeiten am Wegesrand. Die Altstadt von Görlitz bildet als größtes Flächendenkmal Deutschlands das große Finale.

Wer seinen Caravan nicht mitbringt, bucht auf unserem „Natur- und AbenteuerCamp" eine **Mietunterkunft**. Hier reicht das Angebot von Westernhäusern über Finn-Kottas, Hogans (Indianerhäuser) und Holzhütten bis hin zu Stelzenhäusern, wo wir auf Höhe der Baumkronen übernachten.

Los geht's an unserem Campingplatz, den wir an der Zufahrtsstraße nach links über die Strandpromenade verlassen und sofort wieder rechts abbiegen. An der nächsten Querstraße biegen wir links ab auf die Straße An den Steinbrüchen und fahren immer geradeaus über die B 156 und A4 hinweg und treffen in Niederkaina auf den Radweg Sächsische Städteroute. Dieser folgen wir links und gleich wieder rechts aus dem Ort hinaus und folgen den Schildern weiter via Baschütz, Canitz-Christina, Drehsa, Hochkirch, Kohlwesa, Trauschwitz, Kleinradmeritz, Kittlitz und Georgewitz nach Löbau.

Auf unserer recht anstrengenden, weil hügeligen Tour gibt es immer wieder etwas zu entdecken, wie die efeubewachsene das **Gutshaus** von Niederkaina, die **Windmühle** von Pommritz oder die strahlend gelbe **Kirche** von Kittlitz

Tipp: Direkt neben unserem Radweg ragt der Löbauer Berg in die Höhe. Wenn die

Muskeln noch fit oder die Akkus noch voll sind, lohnt sich der Abstecher dort hinauf. Denn oben steht der 28 m hohe **König-Friedrich-August-Turm**. 1854 wurde er aus Eisenguss errichtet und gilt als der älteste noch stehende gusseiserne Turm des Kontinents. Beim Aufstieg entscheiden wir, ob wir auf die 24-, die 18- oder nur auf die 12-Meter-Plattform wandeln.

… und filigranes Gußeisen auf dem Löbauer Berg

Löbau empfängt uns mit einer gut erhaltenen Altstadt. Am **Altmarkt** steht das barocke **Rathaus** mit einer „Fleischbank", einem Ratskeller und einer Mondphasenuhr. Die **Badergasse** wird von bestens erhaltenen historischen Häusern gesäumt – so sah es in der Innenstadt überall aus, bevor es mehrfach brannte. Ansehen müssen wir uns auch die **Brücknersche Villa**, das **König-Albert-Bad** und das **Haus Schminke**. Dieses Werk der klassischen Moderne wird vielfach besucht, weil es im Bauhaus-Stil errichtet wurde.

Starke Mauern in Görlitz…

Weiter geht´s von Löbau, das wir auf der Herwigsdorfer Straße verlassen. Den Schildern unseres Fernradwegs folgend radeln wir durch Herwigsdorf, Friedersdorf, Jauernick und Pfaffendorf nach Görlitz. Hier steuern wir den Bahnhof an und setzen uns in den Zug, der uns in einer guten halben Stunde zurück nach Bautzen bringt. Vom Bahnhof aus sind es dann noch gute 5 km über Pauli-, Muskauer- und Nimschützer Straße zurück zu unserem Camp.

In Görlitz scheint die Zeit stehen geblieben zu sein, denn es gibt hier so viele historische Gebäude, dass die gesamte Altstadt unter Denkmalschutz gestellt wurde und damit das **größte Flächendenkmal Deutschlands** ist. Aus diesem Überangebot suchen wir uns das Heilige Grab (eine Reproduktion der Heiligen Stätte in Jerusalem), die **Dreifaltigkeitskirche**, die **Landskronbrauerei** und die barocken **Bürgerhäuser** für eine nähere Betrachtung aus.

Kartentipp:
ADFC-Regionalkarte Oberlausitz/Lausitzer Seen,
1:75.000, ISBN 978-3-96990-142-7, € 10,95
Digital für Smartphones und Tablets:
www.fahrrad-buecher-karten.de/rk-digital

97 Am Oberlauf der Spree

Von **Bautzen** über Wilthen

CamperTouren Info

ca. 52 km ohne Abstecher, regionale Radweg-Beschilderung sowie teils Beschilderung als Spree-Radweg. In der ersten Hälfte mehrere Steigungen mit insgesamt rund 150 Hm. Die Route führt meist über separate Radwege, einige Passagen auf losem Untergrund.

Start / Ziel: Natur- und AbenteuerCamping Bautzen, www. camping-bautzen.de

Auswahl weiterer Camps entlang der Strecke: Campingplatz Diehmen, Wohnmobilstellplatz in Bautzen

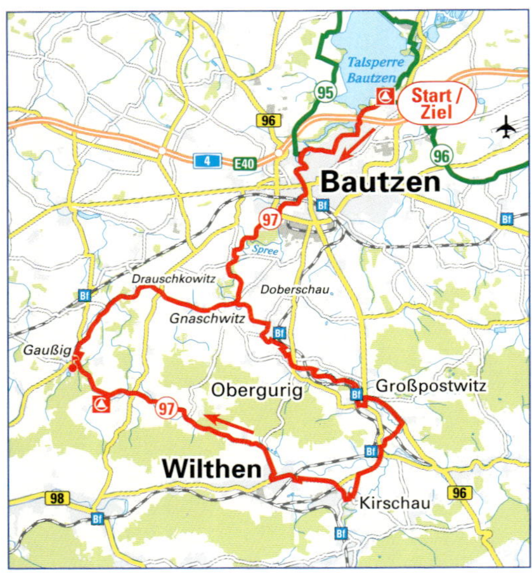

Der erste Teil unserer Radrunde widmet sich dem Spree-Radweg. Der ist hier aber gar nicht mehr so flach, wie wir es von einem Flussradweg erwarten. Nachdem wir einige kleinere Berge erklommen haben, rollen wir entspannt zurück nach Bautzen.

Wir campieren direkt am Ufer der **Talsperre Bautzen**, was natürlich vor allem für Wassersportfreunde ein echter Genuss ist. Familien genießen die grüne Liegewiese mit dem Sandstrand, während sich die Paddel-Freunde auf den Weg machen. Die Wasserfläche von rund 578 ha bietet da genug Platz für alle. Die touristische Nutzung ist nur ein „Nebeneffekt" der Talsperre. Vor allem dient sie dem Hochwasserschutz, der Wasserversorgung der Region, der Wasserregulierung und zur Energiegewinnung.

Los geht's an unserem Campingplatz, den wir auf dem Spree-Radweg nach rechts über die Strandpromenade verlassen, um in Ufernähe die A4 zu queren und der Otto-Nagel-Straße geradeaus zu folgen. Nach dem Linksschlenker biegen wir rechts auf den Gesundbrunnenring ein, den wir direkt wieder rechts-links in die Flinzstraße verlassen. An der Kreuzung rechts in die Breitscheidstraße, die an einer Gabelung zur Talstraße wird und uns links hinunter ans Ufer der Spree bringt. Der Spree-Radweg führt uns unterhalb der Bautzener Altstadt her und mit zwei kräftigen Steigungen vorbei an Doberschau. Die Schilder der Fernradtrasse weisen uns den Weg durch Schlungwitz, Singwitz und Obergurig nach Großpostwitz. Von hier radeln wir durch Kirschau nach Wilthen.

Obergurig bietet uns gleich mehrere schöne Fotomotive wie z.B. das **Herrenhaus** eines ehemaligen Rittergutes, die **steinerne Brücke** über die Spree und einige Fachwerkhäuser.

Äußerst farbenfroh empfängt uns Kirschau mit dem unübersehbaren, roten **Postamt**, der gelben **Johanniskirche** und weiteren historischen Gebäuden.

Würdevolle über die Spree in Obergurig

Tipp: Auf einem Kegel über der Spree finden wir nicht nur eine herrliche Aussicht, sondern auch die Reste von **Burg Körse**. Von der ehemaligen Höhenburg erkennen wir noch einen Torbogen und ein Stück der Ringmauer.

Als „**Stadt des Weinbrandes**" bezeichnet sich Wilthen, was daran liegt, dass hier seit 1700 in der Hardenberg-Wilthen AG Liköre, Spirituosen und natürlich Weinbrände produziert werden. Schön anzusehen ist auch das **Herrenhaus Wilthen**, in dem heute eine soziale Einrichtung untergebracht ist.

Rund um Wilthen sehen wir auch einige Bauernhäuser, die so nur im Oberlausitzer Bergland zu finden sind. Diese „**Umgebindehäuser**" werden gerne von Handwerkern genutzt, weil sich die Schwingungen der Maschinen hier nicht auf das Gebäude übertragen.

Weiter geht´s von Wilthen, das wir über die Mönchswalder Straße mit einer langen und kräftigen Steigung verlassen. Nun wird es einfacher, denn es geht bergab über Gaußig und Gnaschwitz nach Doberschau. Ab hier nehmen wir einfach dieselbe Strecke an der Spree und durch Bautzen zurück, auf der wir herkamen. So gelangen wir sicher wieder zurück ins Camp.

In Gnaschwitz gab es lange Zeit ein großes Sprengstoffwerk, das teils in unterirdischen Granitstollen produzierte. In Zeiten der DDR gab es einmal in der Woche Tests, die weithin zu hören waren.

Auf unserem Rückweg machen wir Halt bei **Schloss Gaußig**, das in der DDR als Ferienheim der Uni Dresden diente. Inzwischen ist das in einen **Rhododendronpark** eingebettete Barockschloss ein Hotel. Ansehen können wir uns die Kirche und den Schlosspark mit einem weitläufigen Wegenetz und dendrologischen Kostbarkeiten (z.B. einer der größten Tulpenbäume in Sachsen).

Kartentipp:
ADFC-Regionalkarte Oberlausitz/Lausitzer Seen,
1:75.000, ISBN 978-3-96990-142-7, € 10,95
Digital für Smartphones und Tablets:
www.fahrrad-buecher-karten.de/rk-digital

98 Einer der schönsten und ältesten Stadtkerne Deutschlands

Von **Bad Staffelstein** nach Bamberg

CamperTouren Info

ca. 36 km ohne Abstecher, regionale Radweg-Beschilderung sowie teils Beschilderung als Main-Radweg. Keine größeren Steigungen. Die Route führt meist über separate Radwege, einige Passagen auf losem Untergrund.

Start / Ziel: Kurcampingplatz Bad Staffelstein, www.kur-camping.de

Auswahl weiterer Camps entlang der Strecke: Campingplatz Gottesgarten, Camping Ebing, Wohnmobilstellplätze in Bad Staffelstein und Bamberg

Der Main-Radweg ist immer vorn dabei, wenn die besten Fernradwege Deutschlands prämiert werden. Also folgen wir einer perfekten Beschilderung und wählen das wunderschöne Bamberg als Ziel aus.

Ein schmuckes Fachwerkhaus empfängt uns am „**Kurcampingplatz Bad Staffelstein**". Gleich dahinter erstreckt sich das langgezogene Gelände zwischen zwei Seen. Von den Stellplätzen ist es also immer nur ein Katzensprung bis zum erfrischenden Wasser. Und auch der lauschige Kurpark von Bad Staffelstein liegt gleich nebenan!

Los geht's an unserem Campingplatz, den wir über die Seestraße verlassen, um an der Querstraße rechts abzubiegen. Die Straße können wir direkt wieder nach rechts verlassen. So rollen wir am Kurpark vorbei und treffen auf den Main-Radweg. Die Schilder des mehrfach prämierten Fern-Radweges geleiten uns durch Bad Staffelstein, Ebensfeld und Zapfendorf nach Rattelsdorf.

Ob am Anfang oder am Ende der Tour – oder bei einem kleinen Abendspaziergang vom Camp aus: Die Innenstadt von Bad Staffelstein müssen wir uns ansehen! Am **Marktplatz** finden wir das herrliche **Rathaus**. Um 1687 wurde Fachwerk auf einen spätmittelalterlichen Bau gesetzt. Von der ehemaligen Stadtbefestigung ist der **Bamberger Turm** von 1422 erhalten.

Tipp: Besuchen müssen wir unbedingt die **Basilika Vierzehnheiligen**, einen Wallfahrtsort. Hier soll einem Schäfer das Christkind mit 14 Kindlein erschienen sein und sich für die 14 Nothelfer eine Kapelle gewünscht haben. Danach kamen viele Pilger, so dass die Kapelle schnell zu klein war. Das größere, heutige Gotteshaus wurde von Balthasar Neumann entworfen.

Eine Basilika für 14 Heilige

Noch älter ist die Wallfahrt zum **Staffelberg**, eine 539 m hohe Erhebung des Fränkischen Jura, die schon seit rund 7.000 Jahren besiedelt ist. Da man dem Herrn an dieser Stelle besonders nahe war, kamen fromme Einsiedler an die Stelle, wo heute das kleine **Gasthaus** steht. Verehrt werden am Staffelstein gleich 16 Heilige. Allein der Ausblick, der als „**Scheffel-Blick**" bezeichnet wird, lohnt den Aufstieg.

Weiter geht´s über den Main-Radweg via Breitengüßbach, Kemmern und Hallstadt nach Bamberg. Hier steuern wir den Bahnhof an und lassen uns in einer guten halben Stunde wieder nach Bad Staffelstein zurückfahren. Aus dem Bahnhof kommend müssen wir uns nur links halten, die Schienen passieren, am Kreisel links und dann rechts am Kurpark vorbei radeln, um zurück zum Camp zu gelangen.

Heinrich II. wollte Bamberg auf sieben Hügeln zur „Hauptstadt der Welt" machen

Beeindruckendes Bauwerk in Bamberg

und ließ unglaubliche Bauwerke errichten, wie die Ursprünge des **Doms St. Peter und Georg** mit dem **Bamberger Reiter** und dem **Kaisergrab** von Riemenschneider. Voller Eleganz sind die **Neue Residenz** und die Alte Hofhaltung, in der wie das **Historische Museum** finden. Herrlich anzusehen ist auch das **Brückenrathaus**, das auf der Oberen und Unteren Brücke über der Regnitz zu schweben scheint. Rund um das Rathaus finden wir eine Altstadt, die zu den besterhaltenen Deutschlands zählt. Folgerichtig wurde sie ins Weltkulturerbe aufgenommen. Nach der spannenden Stadtbesichtigung widmen wir uns noch dem **Rauchbier**. Nicht allen schmeckt es, aber der Geschmack ist einfach unverwechselbar. Dies ist der ideale Auftakt für einen Besuch im **Fränkischen Brauereimuseum**. Hier wurde schon 1122 das erste Bier gezapft.

Kartentipp:
ADFC E-Bike-Karte Fränkische Schweiz,
1:75.000, ISBN 978-3-96990-054-3, € 9,95
Digital für Smartphones und Tablets:
www.fahrrad-buecher-karten.de/rk-digital

99 Bierprobe am Obermain

Von Kulmbach nach **Bad Staffelstein**

CamperTouren Info

ca. 48 km ohne Abstecher, regionale Radweg-Beschilderung sowie teils Beschilderung als Main-Radweg. Einige kleinere Steigungen. Die Route führt meist über separate Radwege, einige Passagen auf losem Untergrund.

Start / Ziel: Kurcampingplatz Bad Staffelstein, www.kur-camping.de

Auswahl weiterer Camps entlang der Strecke: Maincamping Lichtenfels, Wohnmobilstellplätze in Kulmbach und Bad Staffelstein

Bei dieser Tour starten wir mit einer Bahnfahrt nach Kulmbach. Da wir noch eine Radtour vor uns haben, widmen wir uns nur der Kulmbacher Bratwurst und das gleichnamige Bier wandert in unsere Packtaschen. Der Main-Radweg ist hier am Obermain etwas hügelig, aber dennoch sehr gut zu fahren.

Auf unserem Camp ist keine Zeit für Langweile: Wenn in den Seen noch keine Badetemperatur herrscht, gehen wir einfach ins **Hallenbad**. Oder wie wäre es mit einer ausgiebigen **Kanutour** auf dem Main? Kanus oder Boards für Stand-Up-Paddeling können wir ganz einfach mieten. Wer lieber hoch hinaus möchte, dreht eine Runde auf dem **Waldklettergarten** – schwindelfrei muss man hier schon sein!

Los geht's an unserem Campingplatz, den wir wieder zur Innenstadt von Bad Staffelstein verlassen. Hier steuern wir den Bahnhof an, steigen in die Bahn und lassen uns in einer guten Viertelstunde nach Kulmbach gondeln. Aus dem Bahnhof kommend links, an der nächsten Ecke wieder links in die Kulmbacher und nach wenigen Minuten nochmal links in die E.C.-Baumann-Straße. So gelangen wir auf den Main-Radweg, der uns via Pölz, Schwarzach und Fassoldshof nach Burgkunstadt bringt.

Das markanteste Bauwerk von Kulmbach ist die weit oberhalb der Stadt thronende **Plassenburg**. Der Aufstieg zu einer der deutschlandweit größten Festungen lohnt sich nicht nur wegen der Aussicht, sondern auch zum Besuch des Landschaftsmuseums Obermain und des **Deutschen Zinnfigurenmuseums**. Zu Füßen der Burg finden wir eine gut erhaltene **Altstadt**, die zum Teil noch mit der ehemaligen Stadtbefestigung umgeben ist. Weit über die Region hinaus bekannt ist die **Kulmbacher Brauerei**, die jedes Jahr das Epizentrum der sogenannten „Bierwoche" ist. Schon seit 1846 wird hier der Gerstensaft produziert. Zum Bier passt die **Kulmbacher Bratwurst**, die im „Bratwurststollen", einer Semmel mit Anis, serviert wird.

Die Plassenburg lockt mit bester Aussicht und einem Museum

Tipp: Wir beginnen diese Tour mit einer **Bahnfahrt** nach Kulmbach. Das hat den Charme, dass es auf unserer Radtour fast ständig bergab geht. Sportliche Naturen können freilich auch vom Camp aus auf dem Main-Radweg nach Kulmbach kurbeln und dann überlegen, dieselbe Strecke mit dem Rad wieder retour zu fahren.

Burgkunstadt empfängt uns mit einem wunderschönen **historischen Stadtkern**, aus dem die farbenfrohe katholische Pfarrkirche und das **Rathaus** hervorblicken. Beide stehen am Marktplatz, an dem wir auch das **Schustermuseum** finden. Dies blickt zurück auf jene Zeit, als Burgkunstadt eine der größten Schuh-Industrien des Landes unterhielt.

Weiter geht´s auf dem Main-Radweg von Burgkunstadt durch Strössendorf, Hochstadt, Michelau in Oberfranken und Lichtenfels nach Bad Staffelstein. Hier brauchen wir nur noch am Kurpark vorbei zu rollen, um zurück zu unserem Campingplatz zu gelangen.

Auf unserer weiteren Rückfahrt dürfen wir nicht vergessen, uns in Strössendorf das herrliche Ensemble aus **Schloss** und **Pfarrkirche**

Schönes rund ums Rathaus von Burgkunstadt

St. Katharina anzusehen. Danach rollen wir durch die „Korbstadt" Lichtenfels. Der Beiname entstand, als sich die Stadt im 19. Jh zu einem führenden Ort des Korbhandels entwickelte. Wenn wir unsere Blicke nach oben richten, entdecken wir überraschender Weise auch heute noch echte **Körbe**. Besser zu erkennen sind das **Stadtschloss**, das **Rathaus** und die leuchtend gelbe ehemalige **Synagoge**, in der heute eine kulturelle Begegnungsstätte untergebracht ist.

Kartentipp:
ADFC E-Bike-Karte Fränkische Schweiz,
1:75.000, ISBN 978-3-96990-054-3, € 9,95
Digital für Smartphones und Tablets:
www.fahrrad-buecher-karten.de/rk-digital